"Möge es helfen!"
Meiner lieben
Daniela von Ihrer
Mama
Sept. 2015

Susanne S. Weik

Kraftquelle Inneres Kind

Was uns nährt, tröstet
und lebendig macht

Susanne S. Weik
Kraftquelle Inneres Kind
Was uns nährt, tröstet
und lebendig macht

3. Auflage | 2013

©Lüchow in J. Kamphausen, Bielefeld 2011
www.weltinnenraum.de
info@j-kamphausen.de

Projektleitung: Monika Gehle
Lektorin: Regina Rademächers · Agentur Spu.K
Layout: Kerstin Fiebig · ad department Werbeagentur
Cover Design: Anne Kube, Halle (Motiv: photocase/Dragon30 - Little Girls Eye)
Druck: Westermann Druck Zwickau

Illustrationen: Kima Andrea Truzenberger, Bremen

Bibliografische Information der Deutschen Nationalbibliothek
Die Deutsche Nationalbibliothek verzeichnet diese Publikation
in der Deutschen Nationalbibliografie; detaillierte bibliografische Daten
sind im Internet über http://dnb.d-nb.de abrufbar.

ISBN 978-3-89901-391-7

Dieses Buch wurde auf 100% Altpapier gedruckt und ist alterungsbeständig.
Weitere Informationen hierzu finden Sie unter www.weltinnenraum.de

Alle Rechte der Verbreitung, auch durch Funk, Fernsehen und
sonstige Kommunikationsmittel, fotomechanische oder vertonte
Wiedergabe sowie des auszugsweisen Nachdrucks vorbehalten.

Susanne S. Weik

Kraftquelle Inneres Kind

Was uns nährt, tröstet und lebendig macht

Inhalt

Geleitwort 7

Teil 1 . Einführung und Reisevorbereitungen
Was ist das Innere Kind? 11
Für wen sich die Reise eignet 14
Informationen vor Reiseantritt 15
Treffen Sie Ihre Reisevorbereitungen 18
Lernen Sie Ihre Reisegefährten und Reisegefährtinnen kennen 21
Rastplatz auf einem Hügel: Die Spur des Inneren Kindes 26

Teil 2 . Kraftquellen einsammeln
Die Reise beginnt 29
Die Kraftquellen der Erwachsenenseite entdecken 30
Der Innere Garten 33
Die Erwachsenenseite bekommt einen Kraftort
und ein hilfreiches Wesen 36
Schätze der eigenen Kindheit bergen 38
Die schönen Plätze der Kindheit wiederentdecken 42
Für das Innere Kind einen Lieblingsort
in der Inneren Welt schaffen 43
Ein sicherer Ort für das Innere Kind im Alltag 46
Sich geliebt fühlen 48
Dem Inneren Kind ein Schutzwesen an die Seite geben 51
Rastplatz an einem See: In Liebe baden 55

Teil 3 . Miteinander ins Gespräch kommen
Der Dialog zwischen der Erwachsenenseite
und dem Inneren Kind 59
Die liebevolle Erwachsenenseite in sich stärken 65
Die Beziehung klären 68
Weitere Möglichkeiten des Dialogs 72
Dem Inneren Kind geben, was es braucht 77
Das Innere Kind nähren 79
Rastplatz in der Sonne: Rückblick auf die letzte Strecke 87

Inhalt

Teil 4. Dem kraftvollen Inneren Kind begegnen
Freude und Begeisterung 91
Ermutigung und Bestätigung 96
Vitalität und Lebendigkeit 98
Kreativität und Fantasie 103
Herzöffnung und Vertrauen 112
Rastplatz am Ufer: Alles ist im Fluss 116

Teil 5. Dem verletzten Inneren Kind begegnen
Stärkung und Klarheit 121
Geduld und Annahme 125
Mitgefühl und Trost 132
Wut und Selbstbehauptung 138
Rastplatz auf dem Berg: Überblick 147

Teil 6. Dem Inneren Kind eine neue Geschichte geben
Die Fähigkeiten der Erwachsenenseiten 149
Dem Inneren Kind in der Vergangenheit beistehen 156
Die kindlichen Glaubenssätze erkennen und loslassen 162
Die neuen Inneren Eltern 169
Eine neue Ankunft auf der Erde 174
Rastplatz zwischen Bäumen: Wer kommt denn da? 179

Teil 7. Weiter die Verbindung gestalten
Das Innere Kind und die anderen 185
Die Verbindung mit dem Inneren Kind im Alltag 191
Mit dem Inneren Kind in die Zukunft 204
Auf Wiedersehen 206
Danksagung 208
Zur Autorin & zur Illustratorin 210

Anhang
Zum Thema Traumatisierung 212
Arbeitsblatt zum Umgang mit dem Inneren Kind
in alltäglichen Situationen 215
Literaturverzeichnis 220

Unsere Zeit ist reif für die Begegnung mit dem Inneren Kind

Unsere Zeit braucht die Erinnerung an unsere tiefen Potenziale, an das uns innewohnende Gutsein, die zu uns gehörende Liebe, Freundlichkeit und den Wunsch, mit der Natur und den anderen Menschen in Frieden zu leben. Und die heilenden Inneren Kinder wissen davon. Sie spüren, dass wir verbunden sind mit allem, was lebt.

Wenn es uns mehr und mehr gelingt, uns selbst liebevoll und mit Verständnis anzunehmen, fällt es uns leichter, auch andere Menschen so zu nehmen, wie sie sind, und ihre Besonderheit wertzuschätzen. Dann sind wir zu einem wirklich friedlichen Zusammenleben fähig, und das braucht die Welt so sehr: auf familiärer, gesellschaftlicher, wirtschaftlicher und globaler Ebene.

Wenn wir genug haben an innerer Sicherheit, an Vertrauen, an Zuwendung, an Inspiration, dann brauchen wir – das heißt die vernachlässigten Inneren Kinder in uns – die anderen nicht mehr zu beneiden und zu bekämpfen, die angeblich mehr haben als wir. Wir können dann viel besser teilen: unsere Liebe, Ressourcen, Fähigkeiten, Träume, Hoffnungen, Stärken, Potenziale.

Kommen Sie mit auf diese Reise, die in Ihre faszinierende Innere Welt führt, um dort Harmonie und Frieden zu stiften!

Ich freue mich auf unsere gemeinsame Zeit.

Susanne Saheta Weik

Geleitwort

Lilli war ein lustiges Mädchen. Sie wirbelte manchmal einfach um sich selbst und lachte dabei und konnte gar nicht mehr aufhören damit. Irgendwann wurde ihr ganz schwindelig und sie ließ sich auf den Boden fallen. Sie dachte sich die verrücktesten Geschichten aus und erzählte sie ihrer Tante und abends im Bett ihrer Puppe. Sie schaukelte im Garten zwischen den Bäumen, bis das kribbelige Gefühl im Bauch immer schöner wurde. Und sie liebte ihren Opa, ihre Mutter, ihre Oma, den Papa, die Tante, die andere Oma. Sie lachte sie an und wollte mit ihnen spielen und mit ihnen kuscheln. Opa kochte mit ihr auf dem Puppenherd, es gab Apfelbrei in einem kleinen Topf und die Pfannkuchen brutzelten in einer kleinen silbernen Pfanne. Bei Oma gab es vor dem Insbettgehen Orangenschnitze und sie schlief danach auf dem alten Sofa im Wohnzimmer und fühlte sich geborgen.

Sie spürte aber auch, dass die anderen der Familie oft traurig waren. Sie wusste nicht, warum, denn die erzählten nicht, was mit ihnen los war. Lilli fühlte, dass eine seltsame Stimmung im Haus hing, wie eine schwere Decke, die ihre Freude langsam zu ersticken drohte. So wurde auch sie immer ruhiger, viel ruhiger, als sie eigentlich war. Sie rannte nicht mehr den langen Gang entlang und hüpfte auch nicht mehr dabei. Sie bemerkte, dass die anderen sich oft nicht richtig mit ihr freuen konnten, und so verlor sie ihr helles Lachen. Sie wurde betrübt und wusste gar nicht richtig warum. Sie bemühte sich stattdessen angestrengt, alles richtig zu machen. Vielleicht musste das so sein? Die Großen um sie herum taten das ja auch. Sie verhielten sich, als wäre das Leben eine schwere Last.

Später, als erwachsene Frau, fiel Lilli auf, dass sie das Leben oft recht schwer nahm. Sie unternahm viele ungewöhnliche Dinge, reiste durch viele Länder, gründete ein eigenes Geschäft, und viele Menschen mochten und liebten sie. Doch die Traurigkeit kam immer wieder.

Und eines Tages, als sie auf ihrem Sofa saß und sich seit Stunden mutterseelenallein fühlte, geschah etwas ganz Unerwartetes: Es klopfte etwas in ihr, zuerst ganz vorsichtig ... es war in ihrem Herz ... es wurde lauter das Klopfen ...

„Hallo, ich bin´s!"
„Wer bist du denn?"
„Ich bin dein Inneres Kind."
„Mein inneres Kind?????????"
„Ich lache, ich erfinde Geschichten, ich wirble herum und ich singe laut und manchmal schrei´ ich, wenn ich Wut habe. Und ich habe viele Menschen lieb. Und manchmal bin ich sehr traurig, wenn ich nicht so sein darf. Dann ist mir nach Weinen. Du sollst mich bitte trösten und danach wieder mit mir fröhlich sein.

Ich bin ein Teil von dir. Ich bin nicht in der Vergangenheit verloren gegangen. Ich bin noch da und warte darauf, dass du mich endlich in die Arme nimmst. Und mich lieb hast, so wie ich bin."

So begann es, das Gespräch, und es hat bis heute nicht aufgehört.

Teil 1
Einführung und Reisevorbereitungen

Was ist das Innere Kind?

Wir kommen als wunderbare Wesen zur Welt: mit Offenheit, großer Liebesfähigkeit, unendlicher Kreativität und Fantasie und voller Neugierde. Wir sind ausgestattet mit unzähligen Möglichkeiten, die unsere Seele zur Entfaltung und Verwirklichung bringen möchte. Und es ist häufig so traurig zu sehen, wie wenig diese Saat in uns gefördert worden ist, wie viel Einschränkungen und mangelnde Einfühlung und ungenügend förderliche Bedingungen bis hin zu direkter Gewalt Kinder ausgesetzt wurden und heute noch ausgesetzt sind! Ich bin der Überzeugung, dass wir alle mit dem Wunsch hier sind, Teil einer harmonischen Gemeinschaft zu sein und diese mit unseren Fähigkeiten zu bereichern. Im wahrsten Sinne sinn-voll zu sein. In Freude unsere inneren Schätze zu leben und uns und andere damit zu bereichern.

Wenn Sie Ihre Kinderfotos anschauen, was sehen Sie darin? Welche Wachheit liegt in den Augen des Kindes, das Sie einmal waren, welches neugierige Schauen auf die Welt? Welche Freude können Sie in Ihrem Gesicht entdecken? Welchen Tatendrang drückt der Körper aus? Welche Begeisterung, etwas zu tun, und damit ein Lächeln auf die Gesichter der Erwachsenen zu zaubern? Welchen Trotz und welche Überzeugung, welche ungebrochene Vitalität können Sie da finden?

Die Beschäftigung mit dem Inneren Kind kann uns genau zu der Quelle führen, aus der unsere Fähigkeiten und Potenziale sprudeln.

Unser Inneres Kind hat verschiedene Facetten. Es überrascht uns mit seiner Freude und Ausgelassenheit. Es ist da, wenn wir plötzlich Lust bekommen, über eine große Blumenwiese zu rennen, oder wenn wir uns im Winter in den Schnee fallen lassen und die Arme ausbreiten, um einen Engel zu zeichnen. Wir erkennen es an dem wehmütigen Gefühl, das auftaucht, wenn das Gesicht einer älteren Frau im Café uns an unsere Großmutter erinnert. Manchmal sind es Gerüche, die uns erinnern: Herbstluft, der Duft von Pflaumenkuchen oder der ersten blühenden Veilchen im Frühling. Der Geschmack von Sauerklee auf der Zunge. In die Wolken schauen und Tiere und Ungeheuer darin entdecken.

Wir können das Kind in uns spüren, wenn uns die Freude am Spielen überkommt, wenn wir flache Steine suchen und sie auf der Wasseroberfläche des Sees zum Springen bringen. Es ist bei uns, wenn wir am Meer Muscheln, Steine und Treibholz sammeln und danach im Sand selbstvergessen ein kleines Kunstwerk bauen. Das kleine Mädchen oder der kleine Junge sind da, wenn wir über alles

Mögliche lachen und kichern können, bis wir uns die Bäuche halten, und sie sind da, wenn wir Lust bekommen, unsere Liebste oder unseren Liebsten zu necken und zu kitzeln.

Aber manchmal sind es auch die traurigen Momente, in denen sich unser Inneres Kind zeigt: ein Gefühl von Einsamkeit, von Verlorenheit. Vielleicht auch ein tiefer Schmerz, von dem wir gar nicht so genau wissen, woher er plötzlich kommt. Wenn wir Trotz spüren oder wütend werden auf jemand. Wir ahnen vielleicht, dass da noch jemand anderes gemeint ist, eine Person aus unserer Vergangenheit. Wir alle kennen diese Gefühle und Stimmungen.

Manchmal wird es auch ganz deutlich: Das ist etwas Kindliches, ich erkenne es wieder. Häufig ist das Innere Kind unter einer mehr oder weniger dicken Schicht verborgen. Wir haben die kindlichen Erfahrungen und Enttäuschungen so gut verdrängt, dass wir damit auch die kindliche Fähigkeit, uns zu freuen, ausgelassen zu sein und zu vertrauen, verloren haben. Manche Menschen schaffen sich dafür einen Ersatz: Fernsehen, Essen, Computer, Trinken, Rauchen, Joggen und was es alles an Süchten gibt. Wir sehnen uns nach wirklicher Begeisterung, nach einem satten, tiefen Lebensgefühl, und haben gleichzeitig die Seite von uns, die diese Schätze kennt und in sich hat, weit von uns weggeschoben. Wir müssen erwachsen sein und das Leben meistern, vorwärtskommen. Da sind die Verletzlichkeiten und Verletztheiten im Weg.

Und doch: Warum bin ich plötzlich so getroffen, wenn mich jemand wegen einer Kleinigkeit kritisiert? Warum fühle ich mich verlassen wie ein kleines Kind, wenn der Partner oder die Partnerin eigene Wege geht? Gerade in Beziehungen kommt das verletzte Innere Kind häufig zum Vorschein und wir können dann keine erwachsenen Beziehungspartner und -partnerinnen mehr füreinander sein, sondern belasten uns und den anderen mit unseren unbewussten, verletzten kindlichen Gefühlen.

Wir alle tragen kindliche Seiten in uns: sowohl die kraftvolle, fantasievolle, spontane Seite des Inneren Kindes als auch seine Verletztheit und Bedürftigkeit – ob wir es wollen oder nicht; auch wenn vieles aus unsere Kindheit verblasst ist, wir Situationen und Ereignisse vergessen haben. Das Innere Kind oder die Inneren Kinder sind die kindlichen Anteile in uns, die jetzt und heute zu unserer Persönlichkeit gehören.

■ Das Innere Kind zeigt sich auf vielfältige Weise

Viele Menschen fragen verwundert: Was ist das Innere Kind denn eigentlich? Meine Kursteilnehmerinnen, die zum ersten Mal ihrem Inneren Kind begegnet sind, geben darauf vielfältige Antworten.

„Ich habe mich immer wieder gefragt, was das Innere Kind eigentlich ist, und heute habe ich plötzlich dieses leise Stimmchen in mir gehört, das sagte: „Hast du mich lieb?" Und da tauchte so ein überfließendes zärtliches Gefühl in mir auf. Das war wunderschön."

„Mit dem Begriff Inneres Kind konnte ich zuerst gar nicht viel anfangen. Erst dann, als wir drüber geredet haben, dass das mit Situationen zu tun hat, in denen ich als Kind unglücklich war und mehr Liebe von meiner Mutter gebraucht hätte, ist er fassbar für mich geworden. Plötzlich hat es „klick!" gemacht und ich habe gemerkt, dass ich der Liebe meiner Mutter immer noch hinterherrenne, ohne sie zu bekommen. Und dass ich – oder besser: mein Inneres Kind – ja jetzt die Liebe von anderen und auch von mir selbst bekommen kann. Das war eine so große Erleichterung."

„Ich glaube, für mich bedeutet die Begegnung mit dem Inneren Kind hauptsächlich Selbstliebe. Ich nehme zu mir selbst Kontakt auf. Es ist eine Begegnung, eine innere Verbindung, die entsteht. Ich kümmere mich um Seiten in mir, die sich vernachlässigt fühlen."

„Ich habe meine Kleine gesehen! Ich dachte gar nicht, dass das geht! Als ich meine Hand auf mein Herz gelegt habe, sah ich ein ganz verschmitztes, fröhliches Kind, das mich anlachte und sagte: ‚Sieh mich doch endlich!'"

„Mir fehlen gerade die Worte. Ich bin überwältigt von der Erfahrung, die ich gerade gemacht habe. Ich habe so deutlich gespürt, dass das Innere Kind eine große Kraft in mir ist, viel klarer und weiser und liebevoller als die Erwachsene! Sie will mir helfen und sie kann es auch. Ich bin total erstaunt."

„Ich habe in mir in diesen Tagen ein göttliches Kind gefunden, das in mir heil geblieben ist, das ein ursprüngliches Vertrauen hat und voller Liebe ist. Und dann bin ich auch dem verletzten Kind begegnet und für dieses Kind möchte ich eine gute, liebevolle Erwachsene sein. Manchmal musste ich ganz tief weinen und in solchen Situationen möchte ich mich selbst auffangen können."

„Für mich war das Innere Kind so was wie ein Arbeitstitel, der mir ermöglicht, das zu erfassen, was an Gefühlen in mir ist. Und letzte Woche, als ich im Park war, ist tatsächlich ein Kind auf mich zugesprungen gekommen, es war so deutlich in meiner Fantasie und meinem Gefühl und dann habe ich zwei Stunden mit Schaukeln, Rumrennen, im Gras liegen, Blumen angucken verbracht."

„Ich habe geheult, als ich plötzlich die Fünfzehnjährige vor mir gesehen habe, der es so schlecht ging, und niemand hatte damals Zeit für mich. Ich habe aus Erleichterung geweint, weil ich endlich wusste, was gewesen war, und ich mich jetzt um diese Jugendliche kümmern kann."

Sind Sie neugierig geworden auf Ihr Inneres Kind?

Für wen sich die Reise eignet

Dieses Buch will Ihnen eine praktische Hilfe sein, also ein detaillierter Reiseführer, um Wege zu Ihrem Inneren Kind zu finden oder gemeinsam mit ihm zu gehen. Es ist in erster Linie zur Selbstheilungsarbeit gedacht, bietet aber auch psychotherapeutisch und pädagogisch Tätigen sowie Selbsthilfegruppen durch eine Vielzahl praktischer Übungen vielfältige Anregungen für ihre Arbeit.

Machen Sie sich auf die Reise, wenn Sie Ihr Leben wieder leichter, freudvoller und spielerischer gestalten wollen und nicht länger in einer Routine verstrickt sein möchten, die aus Funktionieren, Terminen, Zeitplanung und Erledigungen besteht. Sie können auf diesem Weg entdecken, wie es ist, sich selbst mehr und mehr anzunehmen und Mitgefühl für und einen liebevolleren Umgang mit sich selbst zu entwickeln. Sie finden heraus, wie schön es ist, sich selbst zu unterstützen und sich trösten zu können und einen sicheren Halt in sich zu finden.

- Die Begegnung mit Ihrem Inneren Kind kann Ihnen helfen, Ihre Potenziale und Ihre Kreativität zu entdecken und zu entwickeln und Ihre Einzigartigkeit in die Welt zu bringen.

Auch Ihre nahen partnerschaftlichen Beziehungen, die Beziehungen zu Ihren Kindern und die zu Freunden und Freundinnen oder zu Ihren Kollegen und Kolleginnen können sich mit Hilfe der Inneren-Kind-Arbeit klären und leichter, liebevoller und lebendiger gestalten.

Was meinen Sie, wer Sie erwarten wird, wenn Sie weiterblättern, weiterlesen und sich auf diese Reise begeben? Ein lachendes Kind, ein verspieltes? Ein Teil von Ihnen, der mal wieder Abenteuer erleben will? Etwas ganz Verträumtes, was sich schon lange mal wieder einen ganzen Tag zeitlose Zeit wünscht? Ein wütendes Inneres Kind, das sich austoben muss? Tränen? Hoffnung? Halten Sie einen Moment inne ... Welche Sehnsucht lässt Sie auf die Reise gehen?

Informationen vor Reiseantritt

■ Das Besondere dieser Reise

Viele Bücher zum Thema Innere-Kind-Arbeit sind vor längerer Zeit erschienen. Neue Strömungen und Erkenntnisse der Psychologie, Psychotherapie und Hirnforschung sind inzwischen dazugekommen, die vieles leichter machen. Meine Methode setzt den Schwerpunkt auf unsere Schätze, Ressourcen und Potenziale und nicht auf unsere Verletzungen und Defizite. Deshalb nenne ich meine Methode RIKA - Ressourcenorientierte Innere Kind Arbeit. Herausforderungen werden erst dann bewältigt, wenn wir in Kontakt mit unseren Kräften gekommen sind, die uns dabei helfen.

■ Die Reiseleitung stellt sich vor

Dieses Buch ist entstanden aus den Begegnungen mit meinem Inneren Kind und aus dem großen Geschenk, das mir meine vielen Kursteilnehmerinnen und Einzelklientinnen über zwei Jahrzehnte gemacht haben: Ich durfte all diese wunderbaren, fröhlichen, strahlenden, weisen, traurigen, wütenden, sehnsüchtigen Inneren Kinder kennen lernen. Ich durfte 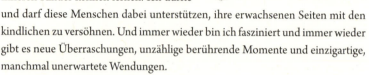 und darf diese Menschen dabei unterstützen, ihre erwachsenen Seiten mit den kindlichen zu versöhnen. Und immer wieder bin ich fasziniert und immer wieder gibt es neue Überraschungen, unzählige berührende Momente und einzigartige, manchmal unerwartete Wendungen.

In meiner psychotherapeutischen Arbeit hat sich die Begegnung mit dem Inneren Kind zu einer Herzensangelegenheit entwickelt. Ich staune immer wieder, welche Schätze gehoben werden können, wenn wir mit dem Inneren Kind in Verbindung treten: wie viel ursprüngliche Lebensfreude, Kreativität und Liebe es da zu entdecken und freizusetzen gibt. Und welche Möglichkeit diese Begegnung bietet, um Trauer, Ängste und Schmerzen liebevoll anzunehmen, sich selbst darin zu umarmen, zu halten und zu trösten. Und dadurch zu einem großen Vertrauen ins Leben zu kommen.

Ich habe viele Erfahrungen meiner Klientinnen und Kursteilnehmerinnen eingestreut, die Ihnen verdeutlichen, wie die Begegnung mit dem Inneren Kind aussehen kann und wie vielfältig und individuell sich diese Begegnungen gestalten.

RIKA ist inspiriert von vielen Lehrerinnen und Lehrern, einem großen Stapel Fachbücher und einem Strom von gemeinsamen Erfahrungen und Methoden, die Menschen, die psychotherapeutisch und spirituell mit anderen Menschen arbeiten, entwickelt und weitergegeben haben.

■ Reisebeschreibung

Die Reise soll leicht sein: Eine nach der anderen können die alten Anstrengungen abfallen. Sie befreien Ihren Rucksack immer mehr von den Lasten der Vergangenheit, um mit leichtem Gepäck und beschwingten Schritten zu wagen, wirklich Sie selbst zu sein.

Das Buch führt Sie Schritt für Schritt zum Inneren Kind. Gleichzeitig ist es eine Einladung, Ihren eigenen, für Sie passenden Weg zu finden und Ihrer Individualität dadurch gerecht zu werden. Es ist so aufgebaut, dass es einen inneren Prozess sanft anstößt und begleitet. Es soll eine Reise sein, bei der es hauptsächlich darum geht, Schätze zu entdecken, über Schönheiten zu staunen, sich von Eindrücken berühren zu lassen. Manchmal braucht diese Reise auch Mut und wie bei jeder Reise gibt es mal schwierigere Strecken. Mal geht es steil einen Abhang hinauf und wir brauchen all unsere Kraft, ein anderes Mal überqueren wir einen (Tränen-)Fluss, vor dem wir uns etwas fürchten und zurückschrecken.

Doch Sie sind in solchen Situationen nicht allein, denn es gibt ja eine Reisebegleitung: Dieses Buch, das an Ihrer Seite ist und die Gegend schon kennt.

Wenn Sie Ihr Inneres Kind auf diese Reise einladen, geht es darum, die Gangart zu finden, die Ihnen beiden gemäß ist. Manchmal wird die/der Erwachsene vorgehen, dann wieder gehen beide Hand in Hand. Es kann auch gut sein, dass das Innere Kind streckenweise an der Hand zieht und sagt: „Komm schon!" Für bestimmte Strecken werden Sie vielleicht Ihr Inneres Kind tragen, und dann wieder wird es vorauslaufen und Ihnen zeigen, was es am Wegesrand entdeckt – Blumen, Tiere, Steine –, worauf die erwachsene Wanderin oder der erwachsene Reisende alleine nie geachtet hätte.

Die Reise, die Sie antreten, ist keine Pauschalreise, bei der Sie in 10 Tagen durch 5 Länder jetten und sich vor Eindrücken nicht retten können. Sie hat ein langsameres Tempo, bei der jeder einzelne Moment zählt und die Sie mit allen inneren und äußeren Sinnen erleben werden. Ich werde Sie also immer wieder dazu anregen, in Ruhe nach innen zu spüren, um mit sich in Kontakt zu kommen: mit Ihren Empfindungen, Ihrem Körper, Ihren Gefühlen, Ihren Erinnerungen, Ihren Gedanken und Stimmungen.

Zu einer Reise gehören natürlich auch Pausen, entspannendes, genüssliches Verdauen des Erlebten. Ihr Herz wird sich weiten über den Blick in die wunderbare Landschaft Ihrer Fähigkeiten, Möglichkeiten und neu entdeckten Schönheiten Ihrer Seele.

■ Für weibliche und männliche Reisende

Wenn Sie ein männlicher Leser sind, wundern Sie sich bitte nicht, wenn ich meist in der weiblichen Form spreche. Sie sind mitgemeint. Es wenden sich fast nur Frauen an mich und ich bin viel in Frauenbildungsstätten tätig. Daher ist mein

Erfahrungsschatz mit dieser Arbeit in weiblicher Sprache entstanden. Doch ich bin mir sicher, dass auch Sie durch diese Reise bereichert werden können. Wir Frauen sind es ja gewöhnt, in der männlichen Sprache mitgemeint zu sein, und so nehme ich an, dass auch den männlichen Lesern unter Ihnen in diesem umgekehrten Fall die kleinen „Übersetzungen" gelingen werden.

■ **Ein wichtiger Hinweis:** Menschen, die Traumatisierungen in ihrer Kindheit erlitten und noch nicht mit Hilfe von psychotherapeutischen Methoden daran gearbeitet haben, sollten diese Reise nicht ohne psychotherapeutische Begleitung unternehmen. Auch für Menschen mit psychiatrischen Krankheitsbildern ist das Übungsbuch nicht geeignet. Wenn Sie unsicher sind, ob Sie sich allein auf die Reise begeben können/sollen, finden Sie im Anhang Hinweise darauf, wie Sie Traumatisierungen bei sich erkennen. Dort finden Sie auch Adressen von Instituten, an die Sie sich auf der Suche nach geeigneten Fachkräften wenden können.

Treffen Sie Ihre Reisevorbereitungen

■ *Zeit, Ruhe und Beständigkeit*
Wenn Sie sich Ihrem Inneren Kind zuwenden wollen, sollten Sie sich genügend Zeit im Alltag dafür nehmen: Zeit, alleine und in Ruhe zu sein, Zeit, Übungen zu machen, Zeit für die Bedürfnisse der kindlichen Seiten. Und das kann bedeuten, dass Sie einige Ihrer alten Gewohnheiten verändern müssen. Wann haben Sie wirklich Zeit für sich selbst? Wo lassen sich ruhige Zeiten in Ihren Alltag und Tagesablauf einbauen? Wo gibt es einen ruhigen Raum, in den Sie sich ungestört zurückziehen können?

Die Begegnung mit dem Inneren Kind braucht einen liebevollen Umgang mit uns selbst und neue, förderliche Gewohnheiten. Und um diesen Weg zu bahnen, ist Verbindlichkeit nötig. Es ist gut dranzubleiben, gerade auch in schwierigeren Zeiten, in denen wir vielleicht sehr gefordert sind und dann die Gefahr besteht, dass wir wieder in das Altgewohnte zurückfallen.

Deshalb: Schaffen Sie einen Boden für Veränderung, indem Sie eine Regelmäßigkeit für sich finden, jedenfalls eine Zeitlang. Nehmen Sie in dieser Zeit jeden

Tag mindestens ein paar Minuten Kontakt mit Ihrem Inneren Kind auf – zum Beispiel morgens nach dem Aufwachen und abends vor dem Einschlafen – auch wenn Sie mal nicht zu den Übungen kommen sollten. Ich werde Sie anregen, mindestens einmal in der Woche Innere-Kind-Zeiten einzurichten, die kindlichen Aktivitäten gewidmet sind. Finden Sie Ihre eigene, Ihnen entsprechende Art der Verbindlichkeit, eine, die in Ihr Leben passt und die Ihr Leben bereichert. Nehmen Sie sich Zeit, dies herauszufinden, und treffen Sie dann eine Abmachung mit sich selbst und halten Sie diese möglichst ein! Danach können Sie wieder neu entscheiden: Wie möchte ich weitermachen?

Wenn das Dranbleiben für Sie schwierig ist, es Sie womöglich unter Druck setzt, dann nehmen Sie sich nur eine kurze Zeitspanne vor. Gönnen Sie sich bewusst eine Pause und schauen danach, ob Sie wieder für einen begrenzten Zeitraum weitermachen möchten. Nehmen Sie sich bitte die Übungen in der beschriebenen Reihenfolge vor. Der Aufbau führt Sie zuerst zu Ihren Ressourcen und erst später sanft an Herausforderungen heran.

Schauen Sie, wie viele der am Ende eines Kapitels aufgeführten Übungen Ihnen am Tag möglich sind. Manche Übungen, die Ihnen gut tun, können Sie immer wieder aufgreifen. Besonders stärkend ist es, wenn Sie positive Sätze oder kraftvolle Bilder, die auftauchen, angenehme Berührungen und Gesten, die Sie gefunden haben, öfters wiederholen, so dass diese sich langsam tief im Unbewussten verankern und neue Bahnen in Ihrem Gehirn schaffen.

■ Das Reisetagebuch

Um Ihre Erfahrungen, die Sie bei der Begegnung mit Ihrem Inneren Kind machen, festzuhalten, empfehle ich Ihnen, ein Reistagebuch anzulegen. Kaufen Sie sich ein schönes Buch mit leeren Seiten und, wenn Sie Lust dazu haben, gestalten Sie den Einband so, dass es zu einem richtigen Inneren-Kind-Buch wird. Sie können Vorder- und Rückseite bemalen, mit buntem Papier oder mit Fotos verschönern. Außer dass dieses Buch Platz für Schreibübungen und für den Briefwechsel mit dem Inneren Kind bietet, kann auch alles, was das Kind erfreut, in dieses Buch gemalt, geklebt und gelegt werden. Besonders geeignet sind deshalb Bücher ohne Linien. Schaffen Sie sich auch zwei Schreibstifte in unterschiedlichen Farben an: einen für den Erwachsenen in Ihnen und einen für das Innere Kind.

■ *Malpapier, Farbstifte, Knete*
Bei einigen Übungen werden Sie dazu angeregt, etwas mit Modelliermasse wie Ton, Knete oder Ähnlichem zu gestalten oder etwas zu malen. Besorgen Sie sich dazu das, was Sie mögen (besser noch: was Ihr Inneres Kind mag). Das können Wachsmalstifte, Buntstifte oder Wasserfarben sein. Vielleicht entdecken Sie ja, dass Ihr Inneres Kind überhaupt am Formen und am Malen Freude hat und geben ihm neben den Übungen Zeit, damit zu spielen …

■ *Eine Kiste oder eine Schachtel*
Finden Sie im Lauf der Zeit eine schöne Kiste oder Schachtel. Darin können Sie die Dinge unterbringen, die Ihr Inneres Kind sammelt, findet und aufbewahren will. Lassen Sie die Schachtel „wachsen", indem Sie sie während Ihrer Reise langsam, aber beständig, verschönern, zum Beispiel mit Fotos, Blättern, Bordüren oder kleinen Aufklebern.

■ *Ein Symbol für das Innere Kind*
Gehen Sie auf die Suche nach einer Puppe, einem Stofftier oder einem anderen Symbol für Ihr Inneres Kind. Vielleicht will Ihr Inneres Kind auch ein eigenes Kuscheltier haben.

■ *Ihre Einkaufsliste für Ihre Reise:*
- Ein Tagebuch
- Zwei schöne Schreibstifte
- Ein Zeichenblock
- Klebstoff
- Buntstifte, Wachsmalkreiden, Wasserfarben oder Pastellkreiden
- Knete, selbsthärtender Ton oder Tonerde (im Bastelgeschäft)
- Eine Kiste oder einen Karton
- Im Lauf der Zeit: Fotos, schöne Papiere, Postkarten, Perlen, Murmeln …
- Puppe oder Stofftier(e)

Lernen Sie Ihre Reisegefährten und Reisegefährtinnen kennen

Wir sind nicht aus einem Guss, sondern haben verschiedene Persönlichkeitsanteile in uns. Es gibt liebevolle und kritische Erwachsenenseiten, es gibt unterschiedliche Innere Kinder. Es gibt Teile, die uns schützen wollen, Feuerwehrleute, die einspringen, wenn Gefahr droht.

Jede Lebensphase hat Stärken wachsen lassen. So hat die Jugendliche einen eigenen Willen entdeckt und die Fähigkeit, sich vom Elternhaus abzulösen. In manchen Zeiten sind Verletzungen geschehen, die vorsichtige Seiten in uns geprägt haben. Gerade die empfindsamen, verletzten Seiten ziehen sich zurück, spalten sich ab, führen manchmal nahezu ein Eigenleben. So sind wir uns mancher dieser Teile bewusst, andere haben wir weit in den Hintergrund unserer Wahrnehmung geschoben, wieder andere lassen wir nur unter bestimmten Umständen ans Licht.

Ob wir uns wohl fühlen, also wirklich im Einklang mit uns selbst sind, hat viel damit zu tun, wie diese unterschiedlichen Teile in uns sich verständigen, zusammenarbeiten und sich einigen können. Was uns dabei helfen kann, ist eine beobachtende Seite in uns, die sich unserer kindlichen und anderer Seiten bewusst werden kann, unser Selbst.

In meinem eigenen Entwicklungsprozess und in dem meiner Klientinnen und Kursteilnehmerinnen stelle ich immer wieder voller Erstaunen fest, dass es eine in uns wohnende Sehnsucht nach Ganzheit und Heilung gibt. Die unterschiedlichen Anteile suchen Wege, sich zu zeigen und integriert zu werden. Das gilt besonders auch für das Innere Kind.

Auf Ihrer Reise werden Sie hauptsächlich mit folgenden Inneren Seiten zu tun haben. Erlauben Sie mir also, Ihnen Ihre Reisegefährtinnen und -gefährten vorzustellen:

▪ *Die liebevolle Erwachsenenseite*

Um dem Inneren Kind annehmend, wertschätzend und achtsam begegnen zu können, braucht es eine liebevolle und zugewandte Erwachsenenseite. Diese Seite wird während der Reise gestärkt, indem Sie sich an Ihre Kraftquellen erinnern und sich Ihrer Fähigkeiten und Kompetenzen als Erwachsene bewusst werden. Die

Erwachsene hat die Verantwortung für die kindlichen Seiten. Sie entscheidet sich, welche Inneren Kinder sie kennen lernen möchte und wann. Eine Erwachsenenseite kann viel unabhängiger als das Kind, das wir waren, das Leben in die eigene Hand nehmen. Sie kann besser ihre Gefühle regulieren, kann leichter einen Überblick über Situationen gewinnen, hat viel Lebenserfahrung gesammelt, aus der sie schöpfen kann. Sie hat Zeit gehabt, Fähigkeiten umzusetzen und dazuzulernen. Und sie ist fähig zu einem tiefen Verständnis und Mitgefühl. Sie kann also immer mehr zur Managerin, zum Manager oder zur Chefin werden, die die unterschiedlichen Inneren Anteile unter einen Hut bringt.

Unsere Erwachsenenseite beinhaltet männliche und weibliche Aspekte und im Lauf der Reise werden die mütterlichen und die väterlichen Seiten stärker werden, die das Innere Kind beide braucht. Gestützt wird die liebevolle Erwachsenenseite von der Inneren Beobachterin/dem Inneren Beobachter.

■ *Die Innere Beobachterin/der Innere Beobachter oder das Höhere Selbst*

Es gibt eine Seite in uns, die die Fähigkeit hat, urteilsfrei und annehmend alles wahrzunehmen, was im Inneren (und im Äußeren) geschieht. Sie ist nicht verwickelt, hat also einen gesunden Abstand zu den Dramen unseres Lebens und den Gefühlen der kindlichen Seiten. Sie wird gestärkt, wenn wir in Ruhe sind, achtsam werden, im Hier und Jetzt ankommen. Sie ist mit einer höheren Weisheit verbunden, die über unsere Persönlichkeit hinausgeht.

Auf die Entwicklung dieser Seite wird in unserer Kultur bis jetzt wenig Wert gelegt, und so wird dieser Aspekt auf der Reise zuerst vielleicht nur selten auftauchen. Wir können sie bewusst einladen, indem wir ruhig werden und uns Zeit nehmen. Sie stärkt sich aber auch von selbst, einfach durch die beschriebenen Übungen, in denen wir achtsam werden, Mitgefühl für unsere unterschiedlichen Seiten entwickeln und beobachten, was in unserem Inneren geschieht, wenn wir den Blick dorthin richten.

■ Die lieblose Erwachsenenseite oder der Innere Kritiker

Wahrscheinlich ist auf dieser Reise auch immer wieder die lieblose Erwachsenenseite dabei. Manchmal taucht sie einfach ungefragt auf. Sie kann urteilend, kritisch, lieblos, fordernd, starr und unzufrieden sein und sie fährt fort, das Innere Kind zu ignorieren und zu verletzen, indem sie das wiederholt, was in der Vergangenheit die Erwachsenen mit uns als Kind getan haben.

Wenn wir beginnen, diese Seite bewusst wahrzunehmen, kann das schmerzvoll sein. Wir bemerken, wie unsere kritischen Gedanken uns selbst verletzen. Doch das kann unsere Entscheidung bestärken, unsere liebevolle Innere Stimme lauter zu stellen und die lieblose immer leiser werden zu lassen.

Ihre Wurzel hat die kritische Erwachsenenseite im verletzten Inneren Kind, das sich, weil es keine andere Möglichkeit sieht, mit den Anforderungen und Meinungen der Umwelt identifiziert hat. Daraus entstehen einschränkende, negative Glaubenssätze.

■ Das kraftvolle, geliebte Innere Kind

Das geliebte Innere Kind ist die Seite in uns, die kindliche Qualitäten wie Spontaneität, Lebensfreude, Fantasie, Empfänglichkeit, Ausgelassenheit, Emotionalität und vieles andere verkörpert.

Es ist auch der Teil in uns, der die schönen Erinnerungen an die Kindheit bewahrt hat. Diese Seite des Inneren Kindes wird im Lauf der Reise zu einer großen Kraftquelle werden und unser Leben bereichern. Es wird viel Raum einnehmen und dadurch, dass es Zuwendung und Anerkennung bekommt, seine Potenziale in unserem Leben entfalten können. Die Beschäftigung mit dem Inneren Kind führt uns genau zu der Quelle, aus der unsere Fähigkeiten und Potenziale sprudeln. Es ist unser tiefstes Potenzial und trifft sich mit der Weisheit des göttlichen Kindes.

■ Das Innere Kind als tiefe spirituelle Kraft

Unser Inneres Kind hat etwas ganz Ursprüngliches. Wir bezeichnen damit auch das in uns, was nicht zerstört werden kann, auch wenn es sich durch Widerstände und Verletzungen weit zurückgezogen hat. Das Innere Kind ist unser Seelenpotenzial, unser tiefes Wesen. Dazu gehört auch unsere Fähigkeit, im Hier und Jetzt zu sein, mit offenem Herzen dem Leben zu begegnen und das, was um uns herum ist, mit allen Sinnen wahrzunehmen. Diese Seite des Inneren Kindes umfasst eine spirituelle Dimension. Wenn wir mit ihr stärker in Verbindung kommen, hilft sie uns, die Einfachheit und die Schönheit des Lebens zu sehen, und die Liebe, die in uns selbst und in andern ist, zu spüren.

Manchmal wird dies auch als das göttliche Innere Kind bezeichnet. Es ist der Funke des Göttlichen, der in jeder und jedem von uns steckt. Es kann die Verbindung zur Quelle, zum Göttlichen, zum Urgrund herstellen, mit dem es verbunden ist.

■ Das verletzte oder ungeliebte Innere Kind

Es ist traurig zu sehen, wie wenig unser Potenzial gefördert wurde, wie viel Einschränkungen und mangelnde Einfühlung und ungenügend förderliche Bedingungen bis hin zu direkter Gewalt Kinder in der Vergangenheit ausgesetzt wurden und heute noch ausgesetzt sind!

Sie werden auf dieser Reise wahrscheinlich auch den verletzten Inneren Kindern begegnen, denn das Innere Kind birgt auch schmerzvolle Erinnerungen. Es ist vielleicht in verschiedenen Altersstufen stehen geblieben – Altersstufen, in denen Sie als Kind nicht das bekommen haben, was Sie für Ihre Entwicklung gebraucht hätten, oder in denen Sie schmerzhafte Erlebnisse zu verdauen hatten, die einfach zu viel waren für ein Kind in diesem Alter. Oft treffen wir mehrere Innere Kinder, die unterschiedlich alt sind und jeweils von anderen Verletzungen berichten können.

Wenn diese kindlichen Seiten auf der Reise auftauchen, bekommen sie Verständnis, Mitgefühl, Halt, Unterstützung und Trost von der liebevollen Erwachsenen und den hilfreichen Wesen.

Teil 1 . Einführung und Reisevorbeitungen

■ ***Mehrere Innere Kinder, auch mit unterschiedlichem Geschlecht***
Manche Menschen sprechen von ihrem Inneren Kind und nehmen es als eine kleine Persönlichkeit wahr, die sich verändert, verschiedenen Facetten hat, und andere spüren in sich verschiedene Innere Kinder mit unterschiedlichen Charakteren. Das zeigt auch wieder, wie individuell und einzigartig wir sind und dass wir unterschiedliche Wege gehen, um uns kennen zu lernen und um eine innere Harmonie finden.

Wundern Sie sich bitte auch nicht, wenn Sie als Frau einen kleinen Jungen in sich treffen oder als Mann ein kleines Mädchen. Es gibt eine Entwicklungsphase, in der das Geschlecht für die Kinder noch keine große Rolle spielt. Und dadurch, dass in unserer Gesellschaft die Rollen noch immer recht festgelegt sind, meinen Kinder, auf die vermeintlichen Eigenschaften des anderen Geschlechts verzichten zu müssen. So unterdrücken Mädchen manchmal ihre Aggressivität und Vitalität und so geht der kleine Junge in ihnen in den Untergrund. Wir haben beide Geschlechter in uns. Auch unsere erwachsenen Seiten haben einen männlichen und einen weiblichen Aspekt und wir suchen bewusst oder unbewusst einen Ausgleich zwischen diesen Aspekten.

■ ***Hilfreiche Gestalten***
Wir werden auf diese Reise wohlmeinende, liebevolle hilfreiche Wesen einladen, wie die weise Führung für die Erwachsenenseite, das oder die Schutzwesen für das Innere Kind und andere. Diese können Sie immer dazuholen, wenn Sie sie brauchen.

Rastplatz auf einem Hügel: Die Spur des Inneren Kindes

Wir haben einen Hügel erklommen. Von da oben aus können wir in alle Richtungen über das flache Land schauen. Wir sehen von hier den Weg, den wir gleich gehen werden, und ich kann Ihnen unsere Richtung zeigen. Wir setzen uns auf eine Decke an eine Stelle, an der uns keiner der Bäume und Büsche die Sicht versperrt. Neben uns wächst Heidekraut und ein paar Wacholderbüsche gibt es auch. Ein paar große alte Findlinge sind über die Fläche verteilt. Das Kind läuft los und klettert auf einen der dicken Steine. Wir Großen sprechen miteinander und lernen uns näher kennen. Sie haben noch ein paar Fragen zum Verlauf der Reise und ich interessiere mich dafür, was Sie dazu bringt, diese Reise zu beginnen, was Sie sich davon versprechen und was Sie bisher in Ihrem Alltag von Ihren kindlichen Seiten mitbekommen haben.

■ *Das Innere Kind zeigt sich im Alltag*
Hat sich Ihnen Ihr Inneres Kind schon auf irgendeine Art und Weise gezeigt? Vermuten Sie, dass bestimmte Gefühle, Stimmungen, Gedanken oder Geschehnisse in Ihrem Leben etwas mit dieser Seite in Ihnen zu tun haben? Es kann auch sein, dass Sie eine eher unbestimmte Sehnsucht spüren nach mehr Freude und Lebendigkeit oder nach mehr Kreativität und Erfülltsein.

Hilde fällt auf, dass sie meistens, wenn sie Peter trifft, gute Laune bekommt. Mit ihm albert sie gerne herum, sie fühlt sich wie als Kind mit ihrem Bruder, wenn sie miteinander schwimmen waren, sich Salamibrote mit der schon geschmolzenen Butter teilten und am Büdchen anstanden, um Eis und Brause zu kaufen.

■ *Das Innere Kind gibt Zeichen*
Es gibt viele verschiedene Situationen, in denen das Innere Kind Zeichen gibt. Wir können seine Spur finden, wenn wir unseren Alltag, unsere Beziehungen, unsere Arbeit betrachten. Wenn wir uns mit unseren Glücksmomenten und den schwierigen Zeiten oder Stunden in unserem Leben befassen, erkennen wir sowohl die Anwesenheit des freudigen Kindes als auch die des verletzten oder traurigen Kindes.

Teil 1 . Einführung und Reisevorbeitungen

> Gerlinde bemerkt, dass sie bei ihrer Arbeit auf eine Kollegin sehr stark verunsichert reagiert. Sie fühlt sich sehr schnell von ihr beurteilt. Obwohl sie selbst eigentlich eine höher gestellte Position innehat und es an ihrer Arbeit nichts zu bemängeln gibt, braucht diese Kollegin nur morgens mit einem unzufriedenen Gesichtsausdruck aufzutauchen und schon fragt sich Gerlinde, was sie gestern wohl falsch gemacht hat.
>
> Folgen Sie der Spur Ihres Inneren Kindes, wie es sich im Moment in Ihrem Alltag zeigt. Wie drückt es sich aus?

■ Übungen

1. Warum wollen Sie sich mit Ihrem Inneren Kind beschäftigen?
Schreiben Sie in Ihr Buch, was Sie dazu gebracht hat, sich mit Ihrem Inneren Kind zu befassen. Notieren Sie auch, was Sie sich davon erhoffen, wenn Sie sich mit Ihrem Innern Kind beschäftigen. Fantasieren Sie und fragen Sie sich: Was wird dann für mich im Alltag anders werden?

2. Wann bemerken Sie kindliche Seiten?
Nehmen Sie Ihr Heft oder Tagebuch für die Kleine und denken Sie an verschiedene Situationen in Ihrem Alltag. Wo und wann bemerken Sie kindliche Seiten?
a) Wann meldet sich Ihre fröhliche, kindliche Seite im Alltag, wann geben Sie ihr Raum, wann nimmt sie ihn sich einfach? Spüren Sie nach, wieweit Sie diese Seite in sich annehmen.
b) Wann macht sich die verletzte Seite Ihres Inneren Kindes bemerkbar? In welchen Situationen taucht sie auf? Mit wem? Was geschieht dann? Und wann und wie weit können Sie diese Seite in sich annehmen, oder welche Gefühle haben Sie dem verletzten Kind gegenüber?

3. Wie viel Zeit nehmen Sie sich in Ihrem Alltag für diese verschiedenen Seiten Ihres Inneren Kindes?
Wie viel Zeit nehmen Sie sich für die verspielten, frohen Seiten und wie viel Aufmerksamkeit für die Traurigkeiten und Bedürfnisse nach Geborgenheit und Trost? Malen Sie Ihren Alltag als eine runde Torte und tragen Sie die entsprechenden Tortenstücke farbig ein.

Teil 2
Kraftquellen einsammeln

Die Reise beginnt

■ Die Reise beginnt mit einer Einladung

So jetzt geht es los!! Sie schlagen Ihr Tagebuch auf und schreiben auf die nächste Seite sinngemäß Folgendes:

> **Einladung**
>
> Liebes Inneres Kind, wir beginnen nun eine gemeinsame Reise. Ich möchte dich näher kennen lernen und freue mich darauf. Du gehörst ab jetzt zu mir!
>
> Dein/e …

■ Die Zauberpillen fürs Reisegepäck

Ach, ich habe noch etwas vergessen! Sie bekommen in Ihr Reisegepäck noch Zauberpillen von mir. Falls Sie zu denen gehören, die Pippi Langstrumpf gelesen haben, erinnern Sie sich vielleicht daran:

> Sie waren alle auf den Küchentisch geklettert. Plötzlich fiel ein düsterer Schatten über Thomas' Gesicht. „Ich will niemals groß werden", sagte er entschieden. „Ich auch nicht", sagte Annika. „Nein, darum muss man sich wirklich nicht reißen", sagte Pippi. „Große Menschen machen niemals etwas Lustiges. Sie haben nur einen Haufen langweilige Arbeit und komische Kleider und Hühneraugen und Kumminalsteuern." „Und spielen können sie auch nicht", sagte Annika. „Uch, dass man unbedingt groß werden muss!"
> „Wer hat gesagt, dass man es werden muss?", fragte Pippi.

(aus: Astrid Lindgren: Pippi Langstrumpf, Oetinger1987)

Pippi holt dann aus einer Dose Krummeluspillen, die etwas an grüne Erbsen erinnern. Deren Einnahme in Kombination mit dem Zauberspruch, den die drei sagen, soll das Erwachsenwerden verhindern: „Liebe kleine Krummelus, niemals will ich werden gruß." Wie können wir, die wir schon „gruß" geworden sind und uns mit einem Haufen langweiliger Arbeit rumschlagen und Steuererklärungen machen müssen und weniger Lustiges erleben als Pippi Langstrumpf, Annika und Thomas, auch mal wieder klein werden? Hier also ein Döschen Krummeluspillen für Erwachsene. Wenn Sie die Dosis nicht überschreiten, haben Sie keine negativen Nebenwirkungen zu befürchten. Inhaltsstoffe: Freude, Spiel, Mut, Begeisterung, Mitgefühl, Achtsamkeit und Herzlichkeit.

Die Kraftquellen der Erwachsenenseite entdecken

■ *Es gibt viel Stärkendes in unserem Leben*

Was ist alles schön, gut, bereichernd und befriedigend in Ihrem heutigen Erwachsenenleben? Und wo liegen Ihre Kraftquellen? Die Begegnung mit dem Inneren Kind braucht die Stärke eines Erwachsenenanteils, der gut im Leben steht, dem Inneren Kind Halt geben kann und um seine Kraftquellen und Fähigkeiten weiß.

Mir macht es zum Beispiel Freude zu wandern, draußen in der Natur zu sein, Bäume zu betrachten, sich anzulehnen an einen starken Stamm und das Harz zu riechen. Ich bewundere die vielfältigen Formen der Äste und ihre Verzweigungen, die besonders im Winter gut zu sehen sind. Im Frühjahr lasse ich mich vom zarten Aufbrechen der neuen Blätter berühren und im Sommer beruhigt mich das satte Grün des Waldes. Allein oder mit anderen wandere ich gerne durch unsere nordhessische Landschaft.

Wie schaffen Sie es, von Problemen abzuschalten und im Hier und Jetzt und in Ihrem Körper anzukommen und ein gutes Gefühl zu sich selbst zu haben? Was nährt Sie in Ihrem Leben? Für was in Ihrem Leben sind Sie dankbar? Dankbarkeit ist eine gute Möglichkeit, mit Kraftquellen in Berührung zu kommen. Sie wertschätzt das, was in unserem Leben da ist und was wir oft für so selbstverständlich halten und gar nicht mehr bewusst wahrnehmen. Wir entdecken Dankbarkeit, indem wir über das Wertvolle in unserem Leben nachdenken. Plötzlich ist sie da! Und mit Dankbarkeit taucht Freude auf.

In einem schönen Urlaub mit zwei lieben Freundinnen hatten wir uns angewöhnt, jeden Abend in einer Dankbarkeitsrunde über alles, was an diesem Tag schön war, zu sprechen. Und was da alles zusammenkam! Wir inspirierten uns gegenseitig und konnten gar nicht aufhören. Das Gefühl wurde immer besser! Zuerst kamen nur die Dinge, die leicht und schön gewesen waren. Und dann fielen uns auch die positiven Seiten an den eher schwierigen Erlebnissen auf, und wir waren auch dafür dankbar.

■ *Erlauben Sie sich einen positiven Blick auf sich selbst und Ihr Leben*

Dieses Einsammeln der Erwachsenenschätze fällt nicht immer leicht. Viele von uns haben die schlechte Angewohnheit, kritisch auf sich selbst und auf das eigene Leben zu schauen. Manchmal haben wir uns so sehr mit unseren Problemen identifiziert, dass sie wie ein dunkler Vorhang über den schönen Momenten hängen und sogar unsere eigenen inneren Schätze vor uns selbst verbergen. Schicken Sie die innere kritische Stimme mal auf Urlaub oder bitten Sie sie, einfach eine Pause einzulegen (das funktioniert!). Ziehen Sie den Vorhang beiseite und erlauben Sie sich viele Blicke auf das Schöne in Ihrem Leben.

Wir werden als Erstes auf einen Berg steigen. Der Weg trägt Sie in sanften Spiralen nach oben, und vom Gipfel haben Sie einen klaren Blick auf Ihr derzeitiges Leben. Sie können von dort oben gut erkennen, was Ihre Kraftquellen sind und vielleicht auch, was Ihnen Energie raubt und was Sie verändern können. Schauen Sie von dem Gipfel des Berges auf die guten Beziehungen und die guten Momente, die Sie mit Partnern, Partnerinnen, Kindern, Eltern, Freundinnen und Freunden und mit Arbeitskollegen erleben. Richten Sie hier Ihren Blick ganz bewusst auf das Positive.

Fragen Sie sich auch: Was mache ich gerne allein? Wie schöpfe ich Kraft dabei? Machen Sie sich Ihre beruflichen und familiären Kompetenzen bewusst. Gönnen Sie es sich, Ihre Qualitäten bewusst wahrzunehmen.

■ *Übungen*

1. Erstellen Sie eine Kraftquellenliste

Zählen Sie alles auf, was Ihnen in Ihrem Leben gut tut, Freude macht, Sie entspannt, Sie bereichert, beglückt, beruhigt, inspiriert, beflügelt, besänftigt, in Schwung bringt, anregt, Sie mit sich und anderen in echten Kontakt bringt, Ihr Herz erwärmt, Ihrem Körper Wohlgefühl vermittelt, Sie bei sich ankommen lässt. Tauchen Sie ein in die Fülle und schreiben Sie auch „Kleinigkeiten" auf, wie zum Beispiel: Wenn die Sonne durch die Terrassentür in mein Wohnzimmer fällt und ich auf dem Sofa sitze.

Nehmen Sie sich Zeit dafür. Legen Sie anschließend den Stift beiseite und schließen Sie die Augen. Spüren Sie, wie es Ihnen geht, nachdem Sie sich an all diese schönen Dinge erinnert haben. Diese Liste ist ganz wichtig, denn Sie können hier immer nachschlagen, wenn Sie merken, dass Sie etwas für sich tun wollen, wenn Sie kraftlos sind und Nahrung im weitesten Sinne brauchen.

2. Von Zeiten der Kraft erzählen

Sie können sich entweder selbst – schreibend – etwas erzählen oder Sie finden einen Menschen, der Ihnen zuhört (und vielleicht selbst auch berichten mag), wenn Sie die Zeiten in Ihrem erwachsenen Leben beschreiben, in denen Sie einen guten Zugang zu Ihren inneren und äußeren Kraftquellen hatten und es Ihnen gut ging. Danach nehmen Sie sich die Zeit, Ihren Körper zu spüren und Ihre Stimmung wahrzunehmen.

3. Dankbarkeit

Nehmen Sie sich abends vor dem Zubettgehen mindestens 10 Minuten Zeit und überlegen Sie, für was Sie an diesem Tag alles dankbar sind oder sein könnten. Auch wenn Sie zuerst vielleicht kein Gefühl der Dankbarkeit empfinden, versuchen Sie es trotzdem. Je mehr wir uns vergegenwärtigen, was an einem Tag schön war, was oder wer uns beschenkt hat, desto mehr hat das Gefühl der Dankbarkeit eine Chance, sich in uns auszubreiten. Und es ist ein wirklich wunderschönes Gefühl!

Noch schöner: Teilen Sie es mit anderen! Erzählen Sie Ihrem Partner oder Ihrer Partnerin vor dem Zubettgehen, für was Sie dankbar sind. Wenn Sie sich mit einer Freundin, einem Freund treffen, beschließen Sie, sich gegenseitig das zu erzählen, für was Sie in letzter Zeit in Ihrem Leben dankbar sind oder sein könnten.

Der Innere Garten

■ *Sich im Inneren eine schöne Welt einrichten*
Eine große Kraftquelle kann der Innere Garten werden.
Dieses Symbol wird inzwischen in der Begegnung mit dem
Inneren Kind häufig genutzt. Es taucht sogar schon bei der
mittelalterlichen Mystikerin Theresa von Avila als Innerer
Seelengarten auf. In diesem Reich der eigenen Seele kann viel Aufbauendes und
Positives erlebt werden. Der Garten hat ein schönes Tor als Eingang und eine
Umgrenzung, die uns ein Gefühl von Sicherheit geben kann. Wir können dadurch
Dinge von uns fernhalten, die uns nicht gut tun, und nur das hineinlassen, was
wir wollen. Manchmal gibt es Wächter oder Wächterinnen an den Grenzen des
Gartens.

Ein Innerer Garten hat Bäume, Pflanzen, Blumen und Tiere. Wir können
nährendes Gemüse anbauen, neue Saaten von Liebe und Mitgefühl mit uns selbst
aussäen und auf einem Kompost all das, was wir nicht mehr wollen, der Erde zur
Umwandlung zurückgeben.

Wir können in unserem Seelengarten zaubern und erschaffen, was wir brauchen.
Es kann darin Quellen, Seen, Bäche und Wasserfälle geben. Im Wasser können
wir alte Schmerzen abwaschen, oder es spiegelt uns unsere Potenziale wider. Sogar
einen Meeresstrand können wir finden, wenn wir wollen. Felsen, Hügel und
Höhlen bieten Zuflucht oder neue Aussichtspunkte.

Vor allen Dingen enthält der Garten einen Kraftort für die erwachsenen Anteile
und einen Lieblingsort für die Bedürfnisse des Inneren Kindes. Es kann einen
Platz mit einer Feuerstelle als Versammlungsort für die verschiedenen Seiten in
uns und für hilfreiche Gestalten geben. Sie können einen Tempel, einen heiligen
Platz oder ähnliches gestalten, an dem Sie in eine wohltuende spirituelle Energie
eintauchen.

Der Garten kann sich nach und nach mit hilfreichen Wesen bevölkern, über
deren Anwesenheit Sie selbst entscheiden.

**Zuerst wollen wir nun einmal den Inneren Garten mit seinem Eingang und
mit seiner Begrenzung aufbauen.** An dieser Stelle noch etwas zu der folgenden
Übung und den weiteren Fantasiereisen in diesem Buch: Sie können den Text
zunächst lesen und dann die Reise unternehmen. Menschen, denen Visualisierungen zuerst schwerfallen, können diese Reise auch zuerst schreibend unternehmen.

Schön ist es, wenn Sie einen Freund oder eine Freundin finden, der oder die die Fantasiereisen langsam und mit Pausen vorliest (und das „Sie" in ein „Du" umwandelt). Die Fähigkeit, sich innere Bilder vorzustellen - das Visualisieren -, wächst im Laufe der Zeit.

■ Übungen

1. Entspannung

Auf diese und die folgenden Wegstrecken Ihrer Reise stimmen Sie sich ein, indem Sie zunächst eine entspannte Haltung einnehmen. Wenn es Ihnen angenehm ist, dann legen Sie sich bequem hin. Sie können aber genauso gut im Sitzen auf die Reise gehen. Sie lassen sich Zeit, achtsam zu werden, das heißt, Sie richten nun den Fokus Ihrer Aufmerksamkeit weg von der Außenwahrnehmung nach innen.

Sie laden Ihren Körper freundlich ein, sich zu entspannen, so gut es eben geht (kein Druck!). Zuerst spüren Sie den Kontakt mit der Unterlage, dem Boden oder dem Stuhl. Sie konzentrieren sich auf den Halt, den Ihr Körper bekommt. Danach gehen Sie mit Ihrer Aufmerksamkeit durch den Körper und bemerken, wie sich die unterschiedlichen Körperstellen anfühlen: Die Füße dürfen sich entspannen ... eine weiche Woge der Entspannung steigt in Ihre Waden ... weiter über die Knie in Ihre Oberschenkel ... das Becken und der Po füllen sich mit warmer entspannender Energie ... die fließt weiter in den Oberkörper ... entspannt den Brustraum ... der ganze Rücken wird weich. Die Schultern entspannen sich auch und von da aus fließt die Entspannung in die Arme und Hände ... Der Hals und der Nacken bekommen liebevolle Aufmerksamkeit und entspannen sich genauso wie das Gesicht mit Augen und Mund, der ganze Kopf entspannt sich.

Bleiben Sie noch ein paar Momente bei einer positiven Körperempfindung und genießen Sie diese. Sie können noch ein paar Atemzüge entspannt liegen bleiben und dann kann es losgehen!

2. Visualisierung

Nachdem Sie sich entspannt haben, kommen Sie zu Ihrem Inneren Garten. Sie sehen ein schönes Tor wie aus einem Zaubernebel aufsteigen. Sie gehen näher heran und erkennen Einzelheiten: Wie ist das Material? Wie die Form? Ist es verziert? Sie finden irgendwo Ihren Namen oder ein Symbol für sich, an dem Sie in Zukunft Ihren Inneren Garten erkennen können.

Dann schauen Sie auf die Begrenzung des Seelengartens, der auch eine Seelenlandschaft sein kann. Ist da eine Hecke, eine Mauer, ein Zaun? Falls die Abgrenzung Ihnen nicht ausreichend erscheint, haben Sie plötzlich einen Zauberstab in der Hand und damit können Sie sofort alles so verändern, wie Sie es möchten. Nehmen Sie sich dafür genug Zeit. Das ist heute wichtig. Wenn Ihre Grenze nicht sicher erscheint, können Sie Wächter oder Wächterinnen in Form von Fabelwesen, Tieren, Engeln bitten zu kommen, um auf Ihre Grenze aufzupassen.

In Ihrem Gepäck finden Sie dann einen Schlüssel, vielleicht einen goldenen? Damit schließen Sie das Tor auf, betreten den Garten und schließen das Tor wieder gut hinter sich. Sie gehen die ersten Schritte auf einem Pfad und atmen die frische, angenehme Luft. Sie spüren die Erde unter Ihren Füßen ... fest und weich zugleich ... Es ist sehr angenehm, darauf zu gehen. Welche Pflanzen entdecken Sie? Gibt es Bäume? Sehen Sie Schmetterlinge? Hören Sie Vogelgezwitscher? Während Sie tiefer in Ihren Inneren Garten hineingehen, spüren Sie, wie Sie mehr und mehr alles hinter sich lassen, was Sie belastet. Das, was nicht wirklich zu Ihnen gehört, alle Rollen und Verpflichtungen, lassen Sie nach und nach am Wegesrand zurück. Es ist, als kämen Sie mehr bei sich selbst an, bei dem, was Ihr Wesen ausmacht. Ihre Essenz, Ihr Gefühl von „Das bin wirklich Ich" wird deutlicher spürbar. Sie genießen auch ein entspanntes, angenehmes Körpergefühl, während Sie auf Ihrem Pfad weitergehen.

Falls Ihr Innerer Garten Ihnen nicht gefällt, falls er zuerst einmal vernachlässigt, verdorrt oder unwirtlich erscheint – und das kann geschehen –, dann nutzen Sie Ihren Zauberstab und Ihre Vorstellungskraft, um den Garten zu verändern. Sie bestimmen darüber, wie er aussehen soll!

Bei jedem Besuch können Sie weiter gestalten. Bevor Sie gehen, lassen Sie noch einen warmen, weichen Regen fallen, einen Regen der Liebe und des Mitgefühls, der den Inneren Garten bewässert. Dann kehren Sie wieder langsam zum Tor zurück, verlassen Ihren Inneren Garten, schließen ab und entfernen sich dann mit einigen Schritten vom Tor ... und kommen wieder in der Realität an.

Dehnen, recken und strecken Sie sich, machen Sie ein paar Schritte im Raum, schauen Sie aus dem Fenster. Danach können Sie in Ihrem Reisetagebuch den Garten beschreiben und eine Skizze des Gartens anfertigen, wie er bis jetzt gestaltet ist. Sie können ihn auch malen.

Die Erwachsenenseite bekommt einen Kraftort und ein hilfreiches Wesen

■ Den Kraftort der Erwachsenenseite aufsuchen

Lassen Sie Ihre alltäglichen Aufgaben hinter sich, ziehen Sie die Reiseschuhe an, packen Sie den Rucksack und verabschieden sich: „Ich bin dann mal weg." Es geht auf Ihrer Reise nun in Richtung „Kraftort für Erwachsene" und der befindet sich im Inneren Garten. Es kann sein, dass der Kraftort Sie an einen Platz erinnert, den Sie kennen, der also auch in der äußeren Wirklichkeit existiert.

Corinnas Kraftplatz befindet sich im Wald oberhalb der Siedlung, in der sie wohnt. Hierhin geht sie jeden Tag zusammen mit Flock, ihrem Hund, sitzt dort eine Weile an einen Baum gelehnt, während Flock Stöckchen hin und her trägt.

Regines Kraftplatz ist ganz anders. Sie lebt weit weg von der Küste in Süddeutschland, doch ihr Kraftort liegt am Meer. Da scheint immer die Sonne, wenn sie ihn mit ihrer Vorstellungskraft besucht. Sie läuft dann stundenlang an ihrem Traumstrand entlang und bevor sie geht, erlebt sie jedes Mal einen erhabenen Sonnenuntergang.

■ Die weise Gestalt als Begleiterin und Ratgeber

Auf der heutigen Wegstrecke werden Sie einer hilfreichen Gestalt für die Erwachsenenseite begegnen. Sie verkörpert Weisheit, Gelassenheit, Authentizität. Sie hat den Überblick, sie ist nicht verwickelt in Ihre Alltagssorgen und auch nicht in schwierige Emotionen oder negative Gedanken. Sie hat eher einen gesunden Abstand dazu und gleichzeitig Mitgefühl und Verständnis. Sie sieht über den momentanen Augenblick hinaus und kann größere Entwicklungen erkennen.

Falls Ihnen auf Ihrem Weg ein Mensch begegnet, den Sie persönlich gut kennen, sollten Sie diese Person begrüßen und wertschätzen, aber nicht als Ihre weise Gestalt wählen, Sie würden sich sonst zu abhängig machen. Treffen Sie jedoch einen bereits verstorbenen Menschen, der Ihnen viel bedeutet hat, dann können Sie ihn als weise Begleitung wählen. Manchmal tauchen alte Frauen mit langem weißen Haar, vielen Falten und freundlichen Augen auf, manchmal Männer, die wie Schamanen gekleidet sind. Engel erscheinen, starke Hexen zeigen sich und ab und an manifestieren sich Energieformen, die keine menschliche Gestalt annehmen, sondern wie Pyramiden oder runde Lichtbälle aussehen.

Lassen Sie sich überraschen, es ist alles möglich, solange Sie sich gut, sicher und verstanden fühlen von dieser weisen Gestalt. Zu ihr können weitere dazukommen, Ihrer Fantasie sind hier keine Grenzen gesetzt.

■ Übungen

1. Schöne Orte finden

Erinnern Sie sich schreibend oder träumend an schöne Orte, an denen Sie als Erwachsene/r Kraft schöpfen konnten oder können. Suchen Sie Fotos oder schneiden Sie aus Kalendern oder Zeitschriften Landschaften, Städte oder Plätze aus, die Ihnen beim Anschauen Kraft geben. Hängen Sie diese Bilder eine Zeitlang sichtbar auf.

2. Fantasiereise: Der Ort der Kraft

Nehmen Sie eine bequeme Haltung ein, am besten im Liegen oder angelehnt im Sitzen. Entspannen Sie Ihren Körper. Begeben Sie sich langsam in Ihre Innere Welt, betreten Sie Ihren Inneren Garten durch das Tor. Mit jedem Schritt, der Sie tiefer in Ihren Inneren Garten hineinführt, kommen Sie mehr bei sich selbst an. Die Rollen, die Sie im Alltag spielen, fallen langsam von Ihnen ab. Sie schauen sich in Ihrem Inneren Garten um, blicken auf die Pflanzen, riechen die süßen Düfte, spüren einen leichten Wind und warme Sonnenstrahlen auf Ihrer Haut. Sie gehen einen Pfad entlang und kommen an eine Kreuzung mit dem Schild: „Zum Kraftort für Erwachsene". Auf dem Weg dorthin kommen Sie an einem fließenden Gewässer vorbei. Sie entscheiden sich, darin einzutauchen und Anstrengungen und Belastungen aus Ihrem Alltag abzuwaschen. Sie spüren, dass das Wasser des Baches oder des Flusses eine besonders reinigende und stärkende Kraft hat. Sie finden auch neue, bequeme Kleidung am Ufer und gehen damit weiter. Sie sehen nun Ihren Kraftort erst von außen und dann betreten Sie ihn. Wie sieht er aus? Was finden Sie dort vor? Was gibt es dort, was Ihnen hilft, zu Kräften zu kommen? Lassen Sie sich in Ihrer Vorstellung dort nieder und tanken Sie auf, solange Sie es möchten. Bevor Sie gehen, pflanzen Sie einen Samen an Ihren Kraftort. Er wird wachsen. Welche Pflanze wird wohl darauf entstehen? Wässern Sie den Keimling und dann gehen Sie zurück zum Tor.

3. Ein Bild malen
a) vom Ort der Kraft oder
b) mit Farben das Gefühl ausdrücken, mit den Kraftquellen/dem Kraftort im Kontakt zu sein.

4. Eine hilfreiche Gestalt für die Erwachsenenseite finden
Entspannen Sie sich. Gehen Sie dann in Ihrer Vorstellung wieder denselben Weg zum Kraftort. Sie verweilen dort in Ruhe. Nach einiger Zeit taucht eine weise Gestalt auf. Es kann eine menschliche Gestalt, eine Tiergestalt oder eine Engelsgestalt sein. Schauen Sie sich diese Gestalt näher an und spüren Sie deren Energie und Ausstrahlung. Diese Ratgeberin oder dieser Ratgeber hilft Ihnen, Ihre Kraft zu bewahren und zu erweitern. Sie oder er hat einen liebevollen Blick auf Sie und auf Ihr Leben.

Begrüßen Sie dieses Wesen. Sprechen Sie mit ihm. Was ist heute seine Botschaft für Sie? Hören Sie gut zu und schreiben Sie diese Botschaft groß in Ihr Reisetagebuch. Sie können diese Gestalt aus Ton formen, malen oder ein Bild davon finden und ausschneiden.

5. Den Kraftort und die hilfreiche Begleiterin/den hilfreichen Begleiter in den Alltag integrieren
Begeben Sie sich während des Tages immer wieder an diesen Kraftort und spüren Sie die Wirkung. Prägen Sie sich Ihre hilfreiche Gestalt ein und holen Sie diese immer wieder zu sich. Sprechen Sie mit ihr oder stellen Sie ihr gezielt Fragen. Machen Sie das eine Woche lang jeden Tag ganz bewusst.

Schätze der eigenen Kindheit bergen

■ Das lebendige Innere Kind
Schlittenfahren im Neuschnee, wenn Tausende feiner Schneeflocken vom Schlitten aufgewirbelt werden und dann kühl und feucht auf der Haut landen, auf der Mütze, auf der Jacke, überall. Der Schlitten stockt und die Landung findet in einem weichen, sanften Schneehaufen statt, kopfüber, aber das macht nichts. Es ist schön. Bei der Oma auf dem Schoß. Es ist ruhig. Sie hat Zeit und niemand sonst stört das

Teil 2 . Kraftquellen einsammeln

Beisammensein. Sie holt ein Buch mit einem glänzenden bunten Einband aus dem Schrank und schlägt es auf, zeigt die bunten Bilder und liest daraus vor. Ganz müde werden, weil es so warm und geborgen ist, und den Kopf anlehnen. Die Stimme beruhigend, vertraut.

Was haben Sie Aufregendes, Wohltuendes, Angenehmes, Wunderschönes, Bereicherndes erlebt, als Sie Kind waren?

■ *Einsammeln, was schön war*

Jetzt, an dieser Stelle, lade ich Sie ein, sich an Spiele zu erinnern, an Beschäftigungen, an Freundinnen und Freunde, an schöne Zeiten mit Eltern und Großeltern, Onkeln und Tanten, Nachbarn und anderen lieben Menschen. Es ist eine Reise durch ein Kinderland, in dem Sie den Spielen, Aktivitäten und Abenteuern begegnen, die Ihnen als Kind Freude gemacht haben. Beim Gang durch dieses schöne Tal wird es Ihnen leicht ums Herz werden. Ihre Schritte werden beschwingt sein und Ihre Augen wieder zu leuchten anfangen.

Sammeln Sie möglichst viel von dem ein, was schön an Ihrer Kindheit war. Ja, ich weiß, für manche ist das gar nicht so einfach. „Mir fällt da gar nichts ein", ist dann die erste Reaktion, wenn ich dieses Schätzesammeln in meinen Kursen vorschlage. Doch Geduld: Meistens dauert es gar nicht lange, da kommen die ersten Erinnerungen, und wenn Sie einmal den Faden aufgenommen haben, gewinnen die Bilder zusehends mehr an Farbe und Lebendigkeit. Sie vermehren sich plötzlich, eines zieht das andere nach sich, und Sie werden staunen, welch gute Laune sich einstellt. Sie nehmen so Verbindung zu dem lebendigen, „heil gebliebenen" Inneren Kind auf, das zwar mehr ist als diese Erinnerungen, aber dadurch angelockt werden kann.

Eine Frau, die im ehemaligen Jugoslawien aufgewachsen ist und deren Eltern kein Geld für Spielsachen hatten, erinnert sich an sonnendurchflutete Tage mit den anderen Kindern im Dorf, bei denen sie mit gesammelten runden Steinen Stunden um Stunden ein selbst erfundenes Spiel spielten. Einer andern fällt ein, wie sie sich ans Fenster gesetzt hatte, durch das die Sonne auf einen kleinen Tisch schien, und da hat sie gemalt und ausgeschnitten und geklebt und darüber ganz die Zeit vergessen. Wieder eine andere sieht sich als Erstes, wie sie mit ihren Geschwistern im Wald in der Nähe des Hauses Hütten baute und abends schmutzig, glücklich und hungrig nach Hause kam.

Ich könnte noch Hunderte schöner Geschichten erzählen, die mir wiederum zugetragen worden sind. Sie sind wie strahlende, bunte, leuchtende Perlen und haben manch traurige Kindheit aufgehellt, Schwieriges überleben lassen und vielleicht sogar Leben gerettet.

Kinder sind Genies darin, aus dem Guten so viel Freude und Liebe wie nur möglich zu ziehen und sich dahin zu wenden, wo das angeboten wird – wenn man sie lässt.

Und jetzt sind Sie dran! Sie können Ihre positiven Bilder übrigens immer wieder hervorholen und sich an diesen Momenten erfreuen. Auch in diesem Buch werde ich Sie immer wieder daran erinnern, denn diese Schätze Ihrer Kindheit sind eine wichtige Grundlage für die weitere Beschäftigung mit dem Inneren Kind.

■ Übungen

1. An schöne Momente in der Kindheit erinnern

Erinnern Sie sich an schöne Zeiten und Momente in Ihrer Kindheit, in denen Sie sich wohlgefühlt haben: Spiele, Beschäftigungen, Träumereien, allein oder mit anderen. Schreiben Sie die Erinnerungen auf.

Da Schönes und Schmerzvolles oft nah beieinander liegen, kann es sein, dass Sie aus Sehnsucht nach diesem schönen Gefühl weinen müssen oder auch, weil sich leidvolle Erfahrungen gleichzeitg zeigen. Lassen Sie die Tränen zu, wenn es Ihnen gut tut zu weinen. Versuchen Sie bei dieser Übung jedoch immer wieder, den Weg zu den schönen Erinnerungen zurückzufinden. Ganz bewusst, ganz sanft und doch ganz klar.

Beschreiben Sie die Ereignisse, so wie Sie diese damals mit allen Sinnen erlebt haben (oder erlebt haben könnten). Wie waren die Farben, die Geräusche, die Empfindungen? Also nicht nur: „Ich habe gerne im See gebadet … jetzt fällt mir nichts mehr ein …". Sondern auch: Wie genau hat sich das Wasser auf der Haut angefühlt? Sind Sie geschwommen, haben Sie mit dem Wasser gespritzt? Haben Sie unter Wasser die Augen aufgemacht und wie sah es dann da aus? Gab es spitze Steine am Boden des Sees oder war da Schlamm, der Ihnen zwischen den Zehen hervorquoll? Oder weicher Sand? Wer war da noch alles mit dabei? Haben Sie kleine Fische gesehen? Wie sah die Umgebung aus, die Landschaft? Gehen Sie in möglichst viele Einzelheiten, so dass der Ort und das, was Sie dort erleben, wieder ganz lebendig werden.

Lassen Sie Platz in Ihrem Tagebuch für weitere schöne Geschichten, die Ihnen im Lauf der Zeit einfallen: über Freundinnen und Freunde, nette Lehrerinnen und Lehrer, Ausflüge, Ferien und vieles mehr. Sie können eine ganze Freudenbiographie schreiben. Vielleicht haben Sie ja Lust, mit anderen zusammenzusitzen und sich schöne Erlebnisse aus Ihrer Kindheit zu erzählen?

2. Kreative Umsetzung

a) Sie können eine Situation nehmen und ein Bild davon mit Ihrer dominanten Hand malen; oder auch Ihr Inneres Kind mit der anderen Hand malen lassen. (Bei Rechtshändern ist die dominante Hand in der Regel die rechte, bei Linkshändern die linke.)

b) Es gibt auch die Möglichkeit, einfach nur mit Farben das gegenwärtige Gefühl auszudrücken, also keine Gegenstände oder Situationen zu malen, sondern nur ganz nach Ihrer Intuition Farben zu wählen und sie ohne Plan aufs Papier zubringen, sich selbst überraschen zu lassen von dem, was da entstehen will.

3. Körperwahrnehmung

Ich lade Sie hier ein, in Ihren Körper hinein zu spüren und wahrzunehmen, was diese positiven Erinnerungen bewirken. Legen Sie den Stift weg und entspannen Sie sich. Wie fühlt sich Ihr Körper jetzt an? Halten Sie die Erinnerung fest: Wo in Ihrem Körper fühlt es sich jetzt gerade angenehm an? Wo und wie klingen diese guten Gefühle nach? Legen Sie eine Hand auf diese Körperstelle, so dass Sie das Gefühl durch die Wärme Ihrer Handflächen noch verstärken, und merken Sie sich diese Stelle! Verweilen Sie nicht bei negativen Empfindungen, sondern konzentrieren Sie sich auf die positiven.

Falls Sie starke negative Körperwahrnehmungen spüren und nicht von diesen wegkommen, dann brechen Sie die Übung ab. Öffnen Sie die Augen und schauen Sie sich im Raum um, stehen Sie auf und gehen ein paar Schritte. Atmen Sie tief durch.

Die schönen Plätze der Kindheit wiederentdecken

So, ich hoffe, dass Sie gute Wanderschuhe anhaben, mit Proviant ausgerüstet sind und genug Zeit eingeplant haben für die nächste Strecke. Die wird Sie zuerst an ein paar schöne Plätze Ihrer Kindheit führen und Sie dann den Lieblingsort für Ihr Inneres Kind entdecken lassen. Seien Sie gespannt!

Angela war als Kind in den Schulferien immer auf dem Bauernhof ihrer Tante und ihres Onkels. Am liebsten hielt sie sich im Stall bei den Kälbchen auf. Wenn sie sich in ihrer Vorstellung wieder an diesen Ort versetzt, spürt sie immer noch das weiche Fell der Kühe und riecht den Stallgeruch. Dabei wird ihr ganz warm ums Herz und in ihren Händen ist ein leichtes, angenehmes Prickeln.

Erika hatte mit ihrer Freundin auf dem Dachboden inmitten alter Möbel und Kartons mit muffig riechenden Büchern eine Ecke eingerichtet und mit Decken zugehängt. Sie hatten sie halbwegs von Staub befreit. Da gab es eine niedrige alte Kinderbank zum Aufklappen und eine Kiste als Tisch davor, mit einem Stoffrest als Tischdecke geschmückt. In der Bank hatten sie ihr Puppengeschirr verstaut. Wenn Erika heute auf einen staubigen Dachboden steigt, besonders im Sommer, erinnert sie sich wieder daran und hat ein ganz geborgenes Gefühl.

Wo haben Sie sich als Kind wohl gefühlt? Den meisten Menschen fallen, manchmal erst nach einer Weile Nachsinnen, ein oder mehrere Orte ein, an denen sie sich als Kind sicher gefühlt oder an denen sie sich gerne aufgehalten haben.

■ *Übungen*

1. Sich an schöne Orte und Plätze erinnern
Nehmen Sie einen Stift zur Hand oder denken Sie darüber nach, an welchen Orten Sie sich als Kind wohlgefühlt haben. Sie können auch die Augen schließen und sich vorstellen, dass Sie ein Fotoalbum in der Hand halten mit dem Titel „Schöne Orte meiner Kindheit". Sie betrachten ein Bild nach dem anderen in Ruhe.

Gab es Plätze im Haus, draußen, bei den Großeltern oder anderen Verwandten, im Urlaub? Beschreiben Sie diese Plätze so genau wie möglich oder stellen Sie sich diese in allen Einzelheiten vor: Wie hat es da gerochen? Welche Farben gab es da? Welche Temperaturen, welche Jahreszeiten? Beschreiben Sie in Ihrem Reisetagebuch, was Ihnen dazu einfällt. Malen Sie einen dieser Orte, finden Sie ein Foto oder sprechen Sie mit anderen darüber.

2. Schöne Orte, die die Erwachsenenseite kennt

Welche schönen Plätze haben Sie als Erwachsene kennen gelernt und welche könnten Ihrer Kleinen gefallen? Erinnern Sie sich, indem Sie aufschreiben oder erzählen, malen oder Fotos finden.

Für das Innere Kind einen Lieblingsort in der Inneren Welt schaffen

■ Im Inneren Garten einen Lieblingsort für das Innere Kind gestalten

Um jemand zu treffen, den wir eventuell lange nicht gesehen haben, brauchen wir einen Ort, an dem dieses Treffen stattfinden kann. Und deshalb ist es so wichtig, diesen sicheren und geborgenen Platz in der Inneren Welt einzurichten. Es ist faszinierend, welche unterschiedlichen Lieblingsorte für das Innere Kind dabei entstehen können! Sie passen genau zu den Bedürfnissen des Inneren Kindes und es ist immer das vorhanden, was es gerade braucht! Mit einem Zauberstab lässt sich dieser Ort immer wieder verändern.

Er ist zuerst einmal dafür da, dass das Innere Kind einen sicheren Aufenthaltsort bekommt. Dieser Ort wird sich zu einem Treffpunkt zwischen Erwachsener und Innerem Kind entwickeln. Dieser Lieblingsort für das Innere Kind kann ein erinnerter Platz aus der Kindheit sein oder sich aus verschiedenen bekannten Plätzen oder Elementen daraus zusammensetzen. Er kann aber auch ganz der Fantasie entspringen. Er befindet sich in Ihrem Inneren Garten, den Sie schon kennen gelernt und eingerichtet haben. Dieser Ort kann sich im Lauf der Zeit verwandeln oder erweitern. Ich erinnere mich an eine Frau, die für ihre Kleine eine Insel hatte, die sich hochziehen ließ und dann für niemand mehr sichtbar war.

Für die eine ist es ein wilder Ort in den Bergen, für eine andere eine wundervolle, mit Fellen ausgelegte Höhle, für eine dritte eine bunte Blumenwiese mit verschnörkelten Gartenhäuschen. Bei einer Fantasiereise in einer Gruppe hatte der größte Teil der Teilnehmerinnen ein Baumhaus für ihr Inneres Kind gefunden, ohne Absprache! Da oben ist es sicher, besonders wenn es eine Strickleiter zum Einziehen gibt. Gleichzeitig hat es von da aus den vollen Überblick!

■ *Dem Lieblingsort eine Selbstverständlichkeit geben*

Je öfter Sie sich diesen Ort vorstellen, desto mehr innere Realität bekommt er. Da unser Gehirn gar nicht so sehr zwischen inneren und äußeren Bildern unterscheidet, kann die genaue Vorstellung dieses Ortes (und anderer positiver Bilder oder Imaginationen) Gefühle von Ruhe und Geborgenheit auslösen und so das Innere Kind beruhigen, bergen und trösten.

Sie werden dabei merken, wie gut es tut, sich selbst mit positiven Bildern zu nähren und wie wirksam es ist.

Um diesen Ort zu etwas Selbstverständlichem zu machen, geben Sie ihm eine Form: Ich schlage vor, dass Sie ihn aus Ton (oder aus Knete oder anderem Material) formen. Ich staune immer wieder über die Lieblingsorte, die so entstehen: Höhlen, Häuschen, Zelte, Kugeln, Schalen ... liebevoll eingerichtet mit weichen „Decken" aus Stoffresten oder Wolle, kleine runde Steine zum Sitzen, Holzstückchen als Bänke, an Schnüren aufgehängte Schaukeln, aus Ästen errichtete Bäume mit Bäumhäusern, mit Silberpapier ausgelegte kleine Seen. Es gibt wenige Momente, in denen die Kursteilnehmerinnen so vertieft sind wie beim Bauen des Lieblingsortes für das Innere Kind, und alle sind natürlich neugierig auf die Plätze der anderen und es gibt immer viele Ahs und Ohs.

Dieser sichtbare Lieblingsort zum Berühren und immer wieder Anschauen kann dann in Ihrer Wohnung aufgestellt werden. Und damit bestätigen Sie Ihrem Inneren Kind: Es gibt einen sicheren, schönen Ort für dich!

■ *Wie Sie den Lieblingsort nutzen können*

Dieser sichere Ort kann in manchen Momenten eine Wohltat und in anderen sogar die einzige Rettung für das Innere Kind sein! Wenn Sie merken, dass es an Ihrer Arbeitssituation leidet, in der die Beziehungen zu einigen Kolleginnen oder Kollegen gerade nicht so gut laufen, dann können Sie, bevor Sie zur Arbeit gehen,

Ihr Inneres Kind an diesen sicheren Ort bringen – oder natürlich auch an den Wohlfühlort in Ihrer Wohnung, und ihm sagen: Ich, die Erwachsene, gehe jetzt zur Arbeit, und du brauchst nicht mitzukommen. Es ist meine Aufgabe. Du kannst hier bleiben und es dir gut gehen lassen.

Die Sensibilität für Situationen, in denen es angebracht ist, Ihr Inneres Kind an seinen Lieblingsort zu bringen, werden Sie im Lauf der Reise immer weiterentwickeln. Ich möchte Ihnen hier nur einen Ausblick geben, für was Sie den Lieblingsplatz im Alltag nutzen können, sobald dieser „installiert" ist.

Übungen

1. Einen Lieblingsort für die Kleine finden - Fantasiereise

Sie machen wie immer, bevor Sie sich auf eine Innere Reise begeben, eine Körperentspannung. Sie spüren Mutter Erde unter sich und wie viel Halt sie Ihnen gibt. Dann sehen Sie das Tor zum Inneren Garten vor sich. Sie erkennen es wieder, Ihr Name steht vorne am Tor. Alles, was Sie belastet, lassen Sie vor dem Tor. Sie betreten den Inneren Garten und genießen zuerst die angenehm frische Luft, spüren die Erde unter Ihren Füßen und fühlen sich nach jedem Schritt wohler und mehr bei sich selbst. Sie hören die Vögel und betrachten die Pflanzen. Sie kommen wieder an die Kreuzung und finden ein Schild mit dem Hinweis: „Zum Lieblingsort für das Innere Kind". Sie folgen dann einem Pfad, der an einem Wasser entlangführt. Sie hören das Gluckern und Plätschern des Baches, Libellen schwirren in der Luft und es wachsen Blumen am Ufer. Nach einer Weile können Sie den Lieblingsort von Weitem erkennen. Sehen Sie ein Gebäude, ein Zelt, eine Hütte, ein Baumhaus, eine Höhle? Sie kommen immer näher und stehen nun davor. Jetzt können Sie Einzelheiten erkennen. Sie betreten den Ort als die oder der Erwachsene und schauen sich alles genau an. Wo gibt es eine Ecke, in der es ganz gemütlich und kuschelig ist? Gibt es Platz zum Spielen und Toben? Wodurch kann sich das Innere Kind an diesem Platz sicher fühlen? Welche Pflanzen wachsen hier? Welche Gegenstände gibt es? Mit Ihrem Zauberstab können Sie alles zaubern, von dem Sie meinen, dass es Ihr Inneres Kind erfreuen könnte.

Sie bemerken zudem die Atmosphäre des Ortes. Es ist, als würde er von einem wundersamen und heilenden Licht erfüllt. Welche Farbe hat es?

Wenn Sie möchten, rufen Sie anschließend Ihr Inneres Kind und zeigen ihm den Ort. Sehen Sie, wie es sich dort einfindet und wie es den Ort nutzt. Bevor Sie gehen, streuen Sie Samen der Liebe in seiner Nähe aus. Daraus wachsen die Lieblingsblumen des Inneren Kindes. Welche sind es?

Sie verlassen Ihren Inneren Garten, kehren wieder von Ihrer Reise zurück und stellen sich die nächsten Tage den Lieblingsort für das Innere Kind immer wieder vor. Beschreiben Sie anschließend diesen Ort in Ihrem Reisetagebuch.

2. Den Lieblingsort mit kreativen Mitteln gestalten

Besorgen Sie sich Ton oder Knete in verschiedenen Farben oder anderes Material zum Plastizieren. Bauen Sie daraus den Lieblingsort für das Kind. Sie können auch Dinge aus der Natur sammeln wie Steine, Schneckenhäuser, Äste, Moos etc., oder kleine Gegenstände, die Ihnen gefallen, einbauen. Oder malen Sie diesen Ort in den Farben Ihrer Wahl.

3. Den sicheren Ort verankern

Denken Sie an den Lieblingsort: Wo in Ihrem Körper könnten Sie ihn aufbewahren? Lassen Sie ihn klein werden und spüren Sie dann, wo in Ihrem Körper ein Wohlgefühl entsteht und da „verankern" Sie den Lieblingsort für Ihr Inneres Kind. Sie können ihn dort auch immer wiederfinden! Legen Sie einfach eine Hand auf die entsprechende Körperstelle.

Üben Sie, sich diesen Ort möglichst genau vorzustellen. Am besten tun Sie das mindestens eine Woche lang jeden Morgen nach dem Aufwachen und jeden Abend vor dem Einschlafen. Versuchen Sie, auch während des Tages in unsicheren Situationen den Ort hervorzuholen.

Ein sicherer Ort für das Innere Kind im Alltag

■ Sich willkommen fühlen durch einen Platz in der Wohnung

Damit Ihr Inneres Kind sich auch im Alltag sicher und geborgen fühlen kann, können Sie ihm einen Platz in Ihrer Wohnung einräumen. Sie sagen ihm dadurch: „Ich möchte für dich da sein", „Du bist mir wichtig", „Du bist hier sicher und geborgen" und „Ich beschütze dich!"

Dieser Platz bietet auch die Möglichkeit, sich dort niederzulassen und mit dem Kind Kontakt aufzunehmen. Das kann ein kuscheliger Sofaplatz sein mit einer weichen Wolldecke in einer schönen Farbe und einem Kuscheltier dabei. Es kann auch ein kleiner Tisch oder Hocker oder einfach ein Tuch in einer Ecke des Zimmers oder auf einer Kommode sein – mit einem Kinderfoto, ein paar Blumen, einem Spielzeug, selbstgemalten Bildern oder ausgeschnittenen Fotos, die der Kleinen gefallen.

Anne ist auf eine Göttinnenfigur gestoßen, die die Große Mutter verkörpert – ein Replikat einer Figur aus dem Neolithikum mit breitem Becken und großen Brüsten. Diese Große Mutter hat sie sehr berührt und sie hat für diese Figur einen kleinen Altar gestaltet mit einem Kinderfoto von sich aus einer Zeit, in der ihr mütterliche Wärme fehlte. Dieses Foto lehnt nun an der Göttin, davor eine Kerze, und jeden Tag nimmt sie sich ein paar Minuten Zeit. Sie empfindet es als heilsam, sich davor zu setzen und das Kind, das sie einmal war und das noch immer nach Wärme sucht, so geborgen zu sehen.

Hilde hatte sich eine flauschige Decke mit Monden und Sternen gekauft. Ihr Inneres Kind liebt diese Decke. Jedes Mal, wenn sie sich auf ihr Sofa legt und sich mit dieser Decke zudeckt, spürt sie, wie die Kleine in ihr sich entspannt.

Anna hat ein warmes, gelbes Spannbettlaken gefunden, das sie über ihr Sofa zieht. Dort lässt sie sich dann mit ihrem Inneren Kind nieder, inmitten von dicken Kissen in orange und rot.

Dieser Platz kann eine wichtige Bedeutung in Ihrem Alltag bekommen. Wenn Sie sich überfordert fühlen, ein Gefühl von Verlorenheit aufkommt oder eine Situation in Ihrer Partnerschaft das verletzte Innere Kind geweckt hat, dann können Sie da einkehren. Sie wissen, dass Ihr Inneres Kind sich an diesem Platz geborgen fühlt, wieder ruhig werden kann, sich gesehen fühlt. So geht Anne, wenn sie sich im Trubel des Tages verloren hat, zu ihrer Göttinnenfigur und atmet eine Weile ganz bewusst den Trost ein, den diese ihr gibt. Und Hilde schnappt sich ihre Decke, wenn ihre pubertierende Tochter sie mit ihren eigenen vergangenen, hilflosen Gefühlen konfrontiert.

Schauen Sie selbst, wie Sie diesen Platz für das Innere Kind in Ihrer Wohnung immer wieder nutzen können. Probieren Sie aus, wann er hilfreich ist.

■ Übung

Einen Platz in der Wohnung schaffen
Schaffen Sie in Ihrer Wohnung einen Platz für die Kleine. Das kann eine Ecke im Zimmer sein, an der Sie etwas hinstellen, was Ihre Kleine mag: Blumen, etwas Buntes, ein Kuscheltier, vielleicht ein Foto von sich als Kind oder ein Kinderfoto auf einer Postkarte. Das kann aber auch ein Platz sein, an dem Sie sich gemütlich einkuscheln können, mit einer weichen Decke und Kissen und ein paar Kinderbüchern, oder es ist eine Bastelecke, wenn Ihr Inneres Kind gern etwas mit den Händen schafft. Für manche genügt ein Bild an der Wand, bei anderen ist die ganze Wohnung bestückt mit Kuscheltieren und Spielsachen. Lassen Sie Ihre Fantasie spielen. Was ist Ihre Art, in Ihrer Wohnung Ihrem Inneren Kind einen Platz zu geben? Fangen Sie mit irgendetwas an, was Sie anspricht, und lassen Sie diesen Platz sich entwickeln.

Sich geliebt fühlen

■ *Ich habe mich geliebt gefühlt*

So, heute geht die Reise wieder durch einen Landstrich der Erinnerung. Wenn Sie gleich loswandern, stellen Sie sich darauf ein, vertrauten Menschen und Tieren aus Ihrer Kindheit zu begegnen, und zwar genau denen, von denen Sie sich geliebt und angenommen gefühlt haben. Wenn Sie diese lieben Menschen treffen, können Sie sich bei ihnen für ihre Liebe und Fürsorge und Annahme bedanken. Und vielleicht wird Ihr Herz dadurch weiter und erfüllter.

Anna erinnert sich an die Morgende, wenn ihr Vater sie zum Kindergarten brachte, auch im Winter, wenn es noch dunkel war. Sie kamen an der bereits geöffneten Bäckerei vorbei. Dort gab es dann ein noch warmes Brötchen auf die Hand oder gar eine weiche, süße Schnecke mit Nussfüllung. Auch ihrem Vater zuzuschauen, wenn er als Maurer Stein für Stein aufeinandersetzte, gab ihr ein Gefühl von Sicherheit und Verlässlichkeit.

Irene liebte ihre Nachbarn. Die Frau war klein, rund und strahlte Gemütlichkeit aus. Irene konnte einfach auf ihrem Schoß sitzen und sich an den großen runden Busen der Frau lehnen. Eine wunderbare Erinnerung für sie. Und der Mann der Nachbarin war die Ruhe selbst. Wenn er sie anschaute, „fühlte sie sich gemeint", wie sie es ausdrückte. Bei diesen beiden konnte sie auftanken, wenn sie die belastende Atmosphäre in ihrem Elternhaus nicht mehr aushielt.

▪ *Die Erinnerungen können das Herz öffnen*

Die Erinnerung an die, die für Sie als Kind da waren, kann Ihr Herz öffnen. Es ist immer wieder verblüffend, wenn meine Klientinnen sich an liebe Menschen erinnern. Da kann die momentane Stimmung noch so verzweifelt und die Schmerzen, die das verletzte Innere Kind in sich trägt, noch so lebendig sein. Wenn ich dann vorschlage, an die Oma oder an die Nachbarin oder an den besten Freund zu denken und sich vorzustellen, sie wären hier, verändert sich meistens sofort die Stimmung: Trost entsteht, ein Lächeln taucht unter den Tränen auf, der Körper entspannt sich und kann sich anlehnen oder ein tiefes Ausatmen drückt Erleichterung aus.

Dieses Gefühl von „Ganz-angenommen-Sein" ist leider nicht immer in der Familie zu finden. Allzu selten gab es Momente wie diesen: Die Mutter entschied, die Hausarbeit stehen und liegen zu lassen, weil draußen die Sonne so schön schien, und sagte: „Komm, jetzt gehen wir in den Zoo. Nur wir zwei!", mit einem glücklichen, verschmitzten Ausdruck auf dem Gesicht.

Und dann sind es vielleicht Augenblicke mit Nachbarn, einer Kindergärtnerin, in denen das Gefühl plötzlich da ist: Ich werde geliebt, genau so, wie ich bin.

Und wenn es nicht gelingt, sich an Momente bedingungsloser Liebe von Menschen zu erinnern, dann frage ich: „Und gab es ein Tier, das dich geliebt hat?" „Ja, wir hatten eine Katze, die kam immer zu mir ins Bett und hat sich ganz nah an mich gelegt. Da habe ich mich gar nicht mehr allein gefühlt." Oder: „Unser Hund hat sich immer gefreut, wenn er mich gesehen hat, ist zuerst an mir hochgesprungen, so dass ich beinahe umgefallen bin, und dann hat er sich vor mir auf den Boden geworfen, heftig mit dem Schwanz gewedelt und ich habe ihm ganz lange den Bauch gestrichelt. Er war mein bester Freund."

Tiere sind einfach so, wie sie sind. Sie drücken ihre Zuneigung direkt aus und sie beurteilen nicht, wie Menschen das oft tun. Deshalb: Wenn es ein Tier gab, das in Ihrer Kindheit für Sie als Gefährte und Begleiter wichtig war, dann denken Sie in den folgenden Übungen daran.

■ *Übungen*

1. Dankesbrief

Schreiben Sie einen Dankesbrief an diesen Menschen (dieses Tier), von der oder dem Sie sich geliebt und angenommen gefühlt haben. Schreiben Sie genau, was Sie erlebt haben und was Ihnen so gut getan hat. Beschreiben Sie auch hier wieder die Erfahrung in sinnlichen Details. Und sprechen Sie Ihren Dank aus. Dieses Wesen hat dazu beigetragen, dass Sie sich heute geliebt fühlen und Liebe empfinden können!

2. Körper

Legen Sie dann den Stift weg, schließen Sie einen Moment die Augen und spüren Sie Ihr Herz, während Sie an diesen Menschen oder dieses Tier denken. Atmen Sie in Ihr Herz und erlauben Sie dem Gefühl, geliebt und gesehen zu werden, sich auszubreiten. Sie können danach, wenn Sie möchten, Farben zur Hand nehmen und die Gefühle malen.

3. Innere Bilder (Visualisierung)

Schließen Sie die Augen und sehen Sie dieses Kind, das sich geliebt fühlt, vor sich, auch hier wieder möglichst genau. Sagen Sie diesem Kind, das Sie einmal waren, dass Sie sich freuen, dass es ihm gut geht.

Dem Inneren Kind ein Schutzwesen an die Seite geben

■ *Schutzengel und unsichtbare Gefährten*
Früher wurde den kleineren Kindern erzählt, dass sie einen Schutzengel hätten. Leider ist dies aus der Mode gekommen – vielleicht nicht die Schutzengel, aber die Gespräche darüber. Manche Kinder, die sich unverstanden fühlen, haben einen imaginären Spielgefährten.

Ulrike wuchs als Einzelkind auf und spielte stundenlang mit „Hansi", den nur sie und niemand anders sehen konnte. Hansi spielte wie sie gerne draußen und er lag auch gerne auf der Wiese und sah in die Wolken. Sie konnten sich gegenseitig zeigen, was sie dabei entdeckten: Gesichter mit großen Nasen und wilden Haaren, Pferde, die über den Himmel galoppierten, riesige Schneeberge, die von oben rot leuchteten, wenn die Sonne darauf schien.

Dagmar hatte einen Teddy (den hat sie nach 40 Jahren immer noch und sein Fell ist an den meisten Stellen ganz abgeschabt und er war auch schon einige Male im Teddy-Krankenhaus zum Nähen). Immer, wenn sie sich von den Erwachsenen nicht gesehen fühlte, war der Teddy da, und ihm erzählte sie dann leise, was sie bewegte.

Auch Mareike nahm den Stoffbären ihres Bruders, wenn sie traurig war, und weinte ihn dabei so nass, dass ihr Bruder sich darüber beschwerte.

Manche Kinder haben das Gefühl, dass ein Schutzengel in ihrer Nähe ist. Viele Kinder mögen Märchen mit Hexen, weisen Frauen und Zauberern, und der Erfolg von Geschichten wie Harry Potter und Der Herr der Ringe zeigt, dass auch Erwachsene sich gerne in magischen Welten aufhalten.

■ *Magische Gestalten und Schutztiere*
In vielen Stammeskulturen der Welt, die noch mit alten Traditionen und Ritualen verbunden sind, gibt es Schutz- oder Totemtiere, die in der geistigen Welt für den Einzelnen oder einen ganzen Stamm zuständig sind, die Kraft geben, schützen und

bei Gefahr angerufen werden können. Auch in unseren Märchen, die auf alten Mythen basieren, tauchen immer wieder Gestalten auf, die magische Kräfte besitzen, mit denen sie den Menschen helfen. Vielleicht haben Sie als Kind ein Lieblingsmärchen gehabt?

Wie Barbara, der als Kind ein russisches Märchen so gut gefallen hat, besonders die Gestalt der Baba Yaga, die in einem Haus auf Hühnerbeinen wohnt, das sich drehen kann. Baba Yaga ist eine starke, mächtige Zauberin. Sie kann unerbittlich sein, aber auch hilfreich. Auf einer Inneren Reise holt eine Horde Hunde Barbaras Inneres Kind ab. Die Hunde sind wild, aber lieb zu der Kleinen, und lassen sich streicheln. Die Leithündin packt sie sanft und setzt sie auf ihren Rücken und dann geht die wilde Jagd los. Die Hunde bringen sie zu Baba Yaga, von der sie lernt, dass Mädchen und Frauen stark sein können.

■ Schenken Sie Ihrem Inneren Kind ein Schutzwesen

Sie können Ihrem Inneren Kind ein großes Geschenk machen, wenn Sie ihm ein Schutzwesen an die Seite geben, aber vielleicht entdecken Sie ja auch, dass Ihr Inneres Kind schon ein Schutzwesen hat. Dieses Schutzwesen kann für das Innere Kind da sein, wenn Sie als Erwachsene sich nicht in der Lage fühlen, Ihrem Kind Aufmerksamkeit oder Trost zu schenken. Es kann zu dem sicheren Lieblingsort gehören und ist besonders für das verletzte Innere Kind ein unabdingbarer Helfer oder eine unerlässliche Helferin.

Dieses Schutzwesen können Sie auf unterschiedliche Weise finden. Es ist immer wieder erstaunlich, wie froh die Inneren Kinder über ihre Schutzwesen sind.

Bei Renate war in einer Fantasiereise eine große Drachin aufgetaucht. Diese hatte grüne Flügel und konnte mit ihrem Feueratem alle verscheuchen, die Renates Inneres Kind nicht in der Nähe haben wollte. Wenn das Kind Angst bekam, nahm die Drachin es einfach auf ihren Rücken und flog mit ihm weit weg, zeigte ihm wunderschöne Landschaften mit Seen zum Baden und Palmen und Büsche, auf denen Bananen und Kiwis wuchsen.

Hilde hatte eine ganz zarte, fast durchsichtige Fee, die die Kleine in lila und rosa Licht hüllte, während Inge einer wilden Löwin und einer Tigerin begegnete, die beide auf ihre Kleine aufpassen wollten. Bei Petra ist bei einer Fantasiereise eine große blaue Elefantenmutter für ihr Inneres Kind aufgetaucht.

Sie kommt zu ihrem Rückzugsort am Meer, der in den Dünen liegt. Die Kleine ist begeistert. Sie lehnt sich an den Bauch der Elefantenmutter, die unendliche Geduld hat und große Sicherheit ausstrahlt.

Wenn dann in den Kursen die Frauen gegenseitig ihre Schutzwesen spielen, wird deutlich, welche Kräfte sie besitzen und wie anders sich das Innere Kind fühlt, wenn es dieses Schutzwesen in seiner Nähe weiß oder sich daran anlehnen kann oder von ihm oder ihr gehalten wird. Das Schutzwesen hilft manchmal auch als Vermittlerin zwischen dem Kind und der Erwachsenen.

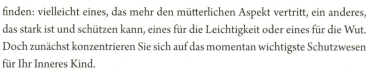

Sie werden an dieser Stelle oder später eventuell noch weitere hilfreiche Wesen für Ihr Inneres Kind finden: vielleicht eines, das mehr den mütterlichen Aspekt vertritt, ein anderes, das stark ist und schützen kann, eines für die Leichtigkeit oder eines für die Wut. Doch zunächst konzentrieren Sie sich auf das momentan wichtigste Schutzwesen für Ihr Inneres Kind.

In den folgenden Übungen kommt also Reisegesellschaft dazu. Wie wird das Schutzwesen für Ihr Inneres Kind aussehen und welche besonderen Kräfte wird es haben?

▪ Übungen

1. Märchen

Erinnern Sie sich an Ihr Lieblingsmärchen oder Ihre Lieblingsgeschichte als Kind, lesen Sie sie noch einmal, erzählen sie diese selbst nach. Welche darin vorkommenden Gestalten haben Sie früher besonders angesprochen oder tun es heute noch? Gibt es eine positive Gestalt, die für die Kleine als Vorlage für ein Schutzwesen dienen könnte?

2. Imaginäre Spielgefährten oder Schutzgestalten

Hatten Sie imaginäre Spiel- und Schutzgestalten? Wenn ja, dann erinnern Sie sich an sie.

3. Fantasiereise

Sie entspannen sich, bevor Sie losreisen. Dann sehen Sie wieder Ihr Tor vor sich und betreten als Erwachsene, die Sie auf dieser Fantasiereise die ganze Zeit bleiben, Ihren Inneren Garten. Genießen Sie es, wieder da zu sein. Er ist Ihnen nun schon viel vertrauter. Sie gehen beschwingt bis zur Kreuzung und wählen dort den Pfad, der am Bach entlang zum Lieblingsort Ihres Inneren Kindes führt. Sie schauen sich dort noch einmal um und erkennen Einzelheiten wieder. Sie bitten nun das Schutzwesen für Ihr Inneres Kind zu kommen. Es nähert sich Ihnen, zu Fuß, durch die Luft, wie auch immer. Es ist da und stellt sich Ihnen vor. Lassen Sie es vor Ihrem inneren Auge deutliche Formen annehmen, lassen Sie es lebendig werden und schauen Sie ihm in die Augen. Sehen Sie seinen liebevollen Blick? Welche Kraft hat es, welche Ausstrahlung? Bedanken Sie sich bei ihm, dass es für Ihr Inneres Kind da ist. Fragen Sie, ob es Ihnen seinen Namen verrät. Geben Sie ihm den Auftrag oder bitten Sie es, von jetzt ab für Ihr Inneres Kind da zu sein. Falls das Schutzwesen nicht bedingungslose Liebe ausstrahlt, schicken Sie es weg und rufen ein anderes.

Laden Sie Ihr Inneres Kind ein, und sehen Sie, wie das Schutzwesen und das Innere Kind miteinander umgehen. Freuen Sie sich daran. Sie verabschieden sich wieder und lassen das Innere Kind entweder an seinem Lieblingsort oder nehmen es in Ihrem Herzen mit zurück.

Formen Sie das Schutzwesen anschließend aus Ton oder aus Knete oder malen Sie es auf.

4. Das Schutzwesen spielen

Stellen Sie sich hin und bestimmen Sie dann einen Platz in Ihrer Nähe als den Standort des Schutzwesens. Nehmen Sie die Tonfigur, das Bild oder einfach ein Blatt Papier, auf dem der Name des Schutzwesens steht, und legen Sie dies an die ausgesuchte Stelle. Spüren Sie dann, wie es ist, das Schutzwesen körperlich in der Nähe zu haben. Danach gehen Sie selbst an den Platz des Schutzwesens und versetzen sich in diese Gestalt hinein, als wären Sie das Schutzwesen. Wie fühlen Sie sich? Welche Qualitäten hat dieses Wesen? Welche Haltung hat es? Macht es eine Geste? Sagt es einen Satz?

Dann treten Sie wieder an den Platz zurück, an dem Sie zuerst gestanden haben. Sie nehmen Ihre Körperempfindungen wahr und spüren, an welchen Stellen das Schutzwesen eine Stärkung bedeutet. Wenn Sie möchten, können Sie sich für einen Moment in Ihr Inneres Kind verwandeln und in dieser Rolle die Kraft des Schutzwesens spüren, dann gehen Sie wieder zurück in die Erwachsenenrolle.

5. Ein Stofftier aussuchen oder Fotos und Bilder finden

Gibt es Ihr Schutzwesen auch als Kuscheltier oder Figur im Spielwarengeschäft? Oder vielleicht finden Sie Fotos oder Bilder, die Ihrem Schutzwesen ähnlich sind. In manchen Geschäften gibt es Karten und Bilder von Engeln, vielleicht ist da einer dabei, der Ihr Inneres Kind anspricht?

Rastplatz an einem See: In Liebe baden

Wir stoßen auf einen kleinen See. Er ist wunderschön in einem kleinen Tal gelegen, eingebettet in eine Wiese voller unterschiedlichster Wildblumen, bunte Schmetterlinge tummeln sich auf den Blüten: Pfauenaugen, Kohlweislinge, Distelfalter, sogar einen Admiral entdecken wir. Der See ist eingerahmt von Bergen. Er liegt behütet da und sieht so einladend aus, als hätte er auf uns gewartet. Wir setzen uns ans Ufer und staunen über die rosafarbenen Seerosen an seinem Rand, die jemand hier gepflanzt haben muss. Wir stecken die Zehen ins Wasser und stellen fest, dass es eine angenehme Temperatur hat. Wir entscheiden uns zu baden. Ihr Inneres Kind kommt mit ins Wasser, es ist nicht tief. Wir lassen uns treiben, das Wasser trägt uns, und wir schauen dabei in den Himmel – nur kleine weiße Wölkchen. Tut das gut! Alle Anstrengung fällt ab. Die Muskeln entspannen sich. Wir sind einfach nur im Moment und genießen. Das Kind hat geplanscht, Wellen gemacht und nun kommt es und Sie nehmen es in den Arm. Sie halten es und lassen sich gemeinsam treiben.

Teil 2 . Kraftquellen einsammeln

> ■ *Eine Heilmeditation, die Sie während der ganzen Reise begleiten kann*
> An dieser Stelle möchte ich Ihnen eine Heilmeditation vorstellen. Sie heißt: „In Liebe baden". Sie nehmen selbst Liebe auf und geben diese an Ihr Inneres Kind weiter. Es geht hier nicht um den Dialog mit dem Inneren Kind, sondern einfach nur um das „in Liebe sein". Sie können während der gesamten Reise – und natürlich auch danach – diese Herzmeditation immer wieder in Ihren Alltag einbauen.

■ *Übung*

In Liebe baden

Nehmen Sie eine entspannte Haltung ein. Sie können liegen oder auch in Meditationshaltung sitzen. Sie spüren den Halt der Erde unter sich. Sie spüren die Kraft von Mutter Erde, die Ihnen Grund und Sicherheit gibt.

Dann machen Sie sich bewusst, dass Liebe Sie umgibt und zu Ihnen strömt. Vielleicht kommt diese Energie für Sie von Mutter Erde, aus der Natur, vielleicht kommt sie vom Himmel, aus einer göttlichen Quelle, von der Sonne... wie es für Sie am besten vorstellbar ist. Ihr Körper wird von diesem Licht und dieser Energie ganz umhüllt. Jede Zelle Ihres Körpers nimmt diese Liebe auf. Sie schicken sie als Licht überall in Ihrem Körper dahin, wo sie gebraucht wird. Sie tanken auf – so lange Sie es wollen. Dann spüren Sie Ihr Herz und füllen es mit dieser großen Liebe. Es wird hell, warm und voll. Sie laden Ihr Inneres Kind in Ihr Herz ein und lassen es in dieser Liebe baden. Es wird genährt, gefüllt und heil.

Wenn Ihnen das Innere Kind im Herz noch zu nah ist, dann stellen Sie es sich vor sich – an seinen Lieblingsort oder seinen sicheren Platz in der Wohnung – und schicken Ihre Liebe dorthin.

Teil 3
Miteinander ins Gespräch kommen

Der Dialog zwischen der Erwachsenenseite und dem Inneren Kind

■ Die Voraussetzungen für den Dialog mit dem Inneren Kind sind geschaffen

Auf der folgenden Reisestrecke geht es um die Beziehung zwischen Erwachsenenseite und Innerem Kind. Im intensiven Gespräch wird die Verbindung aufgebaut und im ausgiebigen Zusammensein entsteht Vertrauen.

Sie haben bis hierher eine Menge Vorbereitungen getroffen, um mit dem Inneren Kind nun für eine ganze Weile gemeinsam diesen Weg weiterzugehen. Manchmal werden Sie einander ganz nah sein und Hand in Hand gehen, dann wieder wird das Kind vorauslaufen oder hinterherschlendern. Es wird vielleicht hier und da etwas Interessantes entdecken, das es der Erwachsenen zeigen wird. Oder umgekehrt: Der Erwachsene weist auf etwas hin, das er gerade sieht. Es kann auch mal zu Missverständnissen oder zu Streit kommen, vielleicht gerade am Anfang. Doch Sie werden in Verbindung bleiben und die Schwierigkeiten klären. Zum Glück sind das Schutzwesen und die weise Gestalt auf Ihrer Reise dabei, die Sie dabei unterstützen können. Ihre Entscheidung ist gefallen. Schon vor einer Weile: Die große Seite möchte das Kind in Ihnen kennen lernen und in eine ausgewogenere, verständnisvollere Beziehung mit ihm kommen.

■ Doch wie miteinander sprechen?

Die Kommunikation von Erwachsenen mit Kindern und von Kindern mit Erwachsenen ist schon im „realen" Leben nicht immer einfach, und hier haben wir es mit Inneren Anteilen zu tun, die vielleicht schon lange nicht mehr direkt miteinander geredet haben. Es kann sein, dass die Erwachsenenseite das Innere Kind bisher nicht wahrnehmen konnte oder wollte. Vielleicht war das Innere Kind lange misstrauisch und hat sich viele Jahre versteckt gehalten. Deshalb geht es hier darum, für beide passende Verständigungsmöglichkeit zu finden. Es kann sein, dass es verschiedene Versuche braucht, bis sie gut miteinander in Kontakt kommen. Diese Reise bietet dafür viele Möglichkeiten. Nun haben Sie Zeit dafür, dass die Beziehung zwischen Ihnen und Ihrem Inneren Kind sich weiter entwickeln kann.

■ Berührende erste Begegnungen

Sein Inneres Kind direkt zu treffen, kann ein magischer Moment sein. In einem Inneren-Kind-Seminar erzählte eine Teilnehmerin mit Tränen in den Augen: „Gestern, nach der Fantasiereise 'Das Treffen', konnte ich noch gar nichts sagen. Es war so schön, diese Kleine das erste Mal zu sehen und sie einfach nur im Arm zu halten. Ich war so ergriffen, es hat sich wie Verliebtsein angefühlt. Ich wollte es für mich behalten und es für mich genießen. Mir hätten gestern die passenden Worte gefehlt."

Manchmal gibt es richtige Liebeserklärungen. „Hallo, du Süße, ich finde dich toll und ich bin jetzt da und freue mich auf dich! Deine dich liebende Kerstin" – „Ich finde dich auch toll. Du sollst jetzt meine Mutter sein. Ich hab dich lieb", antwortete dann Kerstins Inneres Kind.

Wundern Sie sich nicht, wenn im Dialog unterschiedliche kindliche Seiten auftauchen und mit den erwachsenen Seiten Kontakt suchen. Zuerst ist es vielleicht das Innere Kind als Summe aller kindlichen Anteile, das sich meldet. Es kann aber im Lauf der Dialoge geschehen, dass Innere Kinder unterschiedlichen Alters auftreten. Es sind Anteile, die entweder etwas geben wollen oder etwas brauchen. Es sind also entweder kraftvolle Seiten Ihres Inneren Kindes, die mehr ins Leben der Erwachsenen integriert werden wollen, oder verletzte Innere Kinder, die Unterstützung suchen, um zu heilen. Diese unterschiedlichen Seiten oder Aspekte werden Sie auf einem weiteren Reiseabschnitt näher kennen lernen. An dieser Stelle geht es darum, gute Kontaktmöglichkeiten zu entwickeln, dem Dialog eine Selbstverständlichkeit zu geben und die Beziehung zwischen erwachsener und kindlicher Seite auf eine gute Basis zu stellen.

■ Die Bedürfnisse des Inneren Kindes erkennen

Hier auf dieser Wegstrecke geht es auch darum zu erfahren, was die Kleine im Alltag braucht. Welche Bedürfnisse der Kleinen kann und will die Erwachsenenseite ganz konkret umsetzen? Welche positiven Erfahrungen kann ich als Große(r) meinem Inneren Kind heute ermöglichen? Und was will das Innere Kind in mein Leben einbringen? Was will es geben? Durch welche Tätigkeiten und Unternehmungen können sich die Potenziale des Inneren Kindes ausdrücken?

Genauso wichtig ist auch, die Erwachsenenseite nicht zu vernachlässigen: Wo kann diese zurücktreten, und wo braucht sie Zeit für eigene Aktivitäten? Wo ist es sogar wichtig, dass das Innere Kind nicht dabei ist? Bis wohin kann die Verständigung gehen und wo liegen die Grenzen?

▪ Ein aufregender Moment: Die Verbindung intensivieren

Die Beziehung zwischen dem Inneren Kind und der Erwachsenenseite aktiver zu gestalten, kann aufregende Momente beinhalten! Es ist ähnlich wie beim näheren Kennenlernen eines anderen Menschen. Sie können nicht wirklich wissen, wie sich die Verbindung entwickelt, was es braucht, damit Vertrauen entsteht, wo die kritischen Punkte liegen und was einfach nur leicht geht und ohne Hindernisse fließt.

Es wird ein gegenseitiges Geben und Nehmen sein. Was wird die Begegnung in Ihrem Leben verändern, welche neuen Impulse wird das Innere Kind setzen? Wie wird sich die Erwachsenenseite verändern, wenn deutlich ist, dass da jemand Ihre Fürsorge braucht? Werden andere Seiten in Ihnen zum Tragen kommen?

▪ Mögliche Stolpersteine

Auch wenn ich Ihre Geduld hier vielleicht auf die Probe stelle und Sie schon gut gerüstet dastehen, sozusagen in den Startlöchern für die nächste Strecke, möchte ich meiner Aufgabe als Reiseleitung nachkommen und Ihnen ein paar Tipps für den Umgang mit Hindernissen auf dem Weg mitgeben. Ich habe hier also noch solide Regenkleidung, gute Wanderstöcke und ein paar Hinweise aus dem Reiseführer anzubieten.

▪ Wenn das Kind anfänglich misstraut

Sie sind vielleicht bis jetzt mit einigen Seiten Ihres Inneren Kindes nicht so liebevoll umgegangen. Sie dachten, dass Sie keine Zeit für die Verbindung mit ihm hätten, dass alles andere wichtiger wäre. Vielleicht hatten Sie auch Angst vor seinen Gefühlen oder Sie wussten nicht damit umzugehen. Es kann sein, dass Sie sich hauptsächlich mit Ihrem erwachsenen Ich identifiziert haben und dachten, das allein würde Sie ausmachen. Sie sind einfach nicht davon ausgegangen, dass es noch andere Seiten in Ihnen geben könnte. Sie haben, wie wir alle, eine kritische Stimme in sich entwickelt, die die Bedürfnisse des Inneren Kindes beurteilt und ablehnt.Wundern Sie sich also nicht, wenn Ihr Inneres Kind zuerst einmal nicht so freundlich und wohlgesonnen auf Sie reagiert. Oder wenn Sie als Erwachsene oder Erwachsener zuerst eine Fremde bzw. ein Fremder sind.

„Als ich an den Lieblingsort der Kleinen kam, da dauerte es lange, bis die Kleine auftauchte. Ich habe ganz oft gerufen. Dann kam sie langsam auf mich zu, blieb in einiger Entfernung stehen, schaute mich nicht an. Ich sagte vorsichtig „Hallo", und dann sagte sie: „Was willst du denn hier? Lass mich bloß in Ruhe. Ich trau dir nicht."

Diese Teilnehmerin war danach sehr niedergeschlagen. Ihr fielen verschiedene Situationen ein, in denen sie sich als Kind sehr zurückgezogen hatte. „Ich habe mich irgendwie damit arrangiert, dass niemand für mich da war und habe dicht gemacht." Am nächsten Tag schrieb ihr ihre Kleine: „Ich weiß nicht, ob ich dir vertrauen kann. Aber komm wieder." Und das war der Beginn einer Entwicklung, in dessen Verlauf das Innere Kind sich der liebevollen Erwachsenen mehr und mehr anvertrauen konnte.

Als eine Kursteilnehmerin den Dialog mit ihrem Inneren Kind vertiefen will, bekommt sie die knappe Antwort: „Du hast dich bis jetzt nicht um mich gekümmert, wie soll ich dir glauben, dass das jetzt anders wird? Ich habe es so oft versucht. Ich warte zuerst mal ab, ob da wirklich was daraus wird."

Lassen Sie sich von solchen Antworten nicht entmutigen! Wenn Sie den Standpunkt des Inneren Kindes einnehmen, dann können Sie sich sicher vorstellen, dass dort Resignation entstanden ist – Misstrauen und Ungläubigkeit, dass sich die Erwachsenenseite ändern könnte, Wut, Enttäuschung und Hoffnungslosigkeit, dass sie sich doch nie zuwenden wird. Das Kind in uns hat sich eingerichtet in seiner abgetrennten Welt, kommt da irgendwie ganz gut zurecht. Und nun tauchen Sie, die Erwachsene oder der Erwachsene, plötzlich auf, vielleicht nach – gefühlter – ewig langer Zeit. Eigentlich verständlich, dass das dann für beide Seiten nicht unbedingt so einfach ist, oder? Hier können die hilfreichen Wesen zum Einsatz kommen. Das Schutzwesen für das Innere Kind bekommt vielleicht leichter Zugang zu den kindlichen Seiten. Auch der Lieblingsort kann hier ein Geschenk für das Innere Kind sein, denn hier ist es geborgen und geschützt und offen, sich auf den Kontakt einzulassen. Doch es kann auch sehr leicht sein: Die ganze Zeit war schon eine große Sehnsucht da, die Kleine fühlt sich sofort gesehen und freut sich. Alles ist möglich.

▪ Wenn die Wogen der Gefühle hochschlagen
Manchmal kommen sofort heftige Gefühle zum Vorschein und die Wellen schlagen hoch. Das Innere Kind hat so lange gewartet, dass jemand kommt und es beachtet, dass es gleich zu weinen beginnt. Vor Erleichterung, vor Verlassenheit, vor Verzweiflung. Ein Beispiel: Sie haben eine der unten aufgeführten Übungen gemacht, sitzen da und die Tränen wollen nicht aufhören zu fließen. Wenn es Ihnen nicht den Boden wegzieht, dann können Sie einfach zulassen, dass das Kind in Ihnen schluchzt und oder Sie für das Kind weinen oder wütend sind. Helfen können Ihnen in dieser Situation Ihr Kraftort für die Erwachsene und Ihre weise Gestalt. Lassen Sie sich als Erwachsene halten, so dass Sie in der Lage sind, für die Gefühle des Inneren Kindes offen zu sein.

Sie können einen Weg finden, sich selbst die Arme um den Körper zu legen oder mit einer Hand tröstend Ihr Gesicht zu berühren. Sie können sich unter eine Decke legen oder Ihr Gesicht im Kissen vergraben. Erlauben Sie sich zu weinen, und wissen Sie gleichzeitig, dass das lange zurückgehaltene Gefühle sind, die sich da Bahn brechen und die einfach nur anerkannt werden wollen. Und dass Sie mehr sind als diese Gefühle, dass Sie auch gleichzeitig die mütterliche oder der väterliche Erwachsene sind, die oder der Mitgefühl für das Kind hat und weiß, dass diese Gefühle aus der Vergangenheit kommen und auch wieder vorbeigehen. Auch wenn Ihnen das zuerst noch nicht recht so gelingen wird, im Laufe dieser Reise werden Sie diese Qualitäten mehr und mehr in sich erkennen. Wie Katrin, eine Kursteilnehmerin: „Ich lasse mich dann einfach weinen, bin ganz das Kind und gleichzeitig weiß ich, dass ich auch noch etwa anderes bin. Danach, oder gleichzeitig, nehme ich mich dann in den Arm und tröste mich." Mehr Übungen zum Umgang mit dem verletzten Inneren Kind finden Sie in den entsprechenden Kapiteln.

Manuela geht die letzten Wochen immer, wenn sie merkt, dass ihr trauriges Kind auftaucht, in den Wald. Vorher hatte sie gehofft, dass ihr Partner sich dann um sie kümmert, doch das gab nur noch mehr Schmerzen. So hat sie sich entschieden, dass sie selbst die Verantwortung für diese kindliche Seite in sich tragen möchte, und sobald sie merkt, dass die Trauer des Inneren Kindes in ihr aufsteigt, geht sie raus. Sie fühlt sich im Wald neben ihrem Dorf sicher und da lehnt sie sich an einen Baum und weint. Dann geht sie zurück nach Hause und kann wieder ins Familienleben einsteigen.

■ Wenn die Erwachsenenseite überfordert ist

Es ist auch möglich, dass die Erwachsene überfordert ist. Es kann für sie in manchen Momenten zu viel sein, mit der kindlichen Seite in Kontakt zu kommen. Die Gefühle des Inneren Kindes und die Verletzungen, die es in sich trägt, können die Erwachsenenseite überschwemmen. Panik taucht auf, heftige Ängste. Hier ist es wichtig, dass Sie sich nicht zum Kontakt zwingen, sondern ihn abbrechen. Wenn es noch möglich ist, sagen Sie zu Ihrem Inneren Kind: „Du, das geht jetzt doch nicht, das tut mir leid. Ich bringe dich zu deinem Lieblingsort, ich rufe das Schutzwesen." Oder: „Ich brauche noch eine Weile, ich komme ein anderes Mal." Sie können die Puppe oder das Kuscheltier, welches das Kind vertritt, mit einer Decke einhüllen und anderweitig versorgen. Wenden Sie sich dann bewusst ab und tun Sie etwas anderes; etwas, das Sie ganz in Ihren erwachsenen Körper zurückholt.

In einer Therapiestunde wurde schnell klar war, dass Anna den Kontakt mit ihrem verletzten Inneren Kind gerade nicht verkraftete. Sie kam auf die Idee, in meiner Praxis die Kissen auszuschütteln, weil ihr Hausarbeit guttut und sie in die Realität holt. Danach war es dann wieder möglich, sich vorsichtig dem Inneren Kind anzunähern, es im Inneren Garten an seinem Lieblingsort zu finden und ihm zu versprechen, in nächster Zeit einen Brief zu schreiben.

Dass der Kontakt sich gerade als zu schwer, zu bedrohlich, zu anstrengend zeigt, kann sich schnell wieder ändern, wenn Sie sich erlauben, Abstand zu halten. Es kann aber auch bedeuten, dass für diesen Moment, diese Tage oder gar diese Wochen – oder auch ohne professionelle Begleitung – kein Kontakt möglich ist. Im späteren Teil dieses Buches finden Sie Übungen, mit denen die Erwachsenenseite gesunde Distanz zur verletzten kindlichen Seite findet.

Die liebevolle Erwachsenenseite in sich stärken

▪ *Das eigene Herz öffnen*
Die liebevolle Erwachsene beziehungsweise den liebevollen Erwachsenen in uns zu finden und zu pflegen, ist eine wichtige Voraussetzung, um gut für das Innere Kind sorgen zu können. Dafür brauchen wir die Qualitäten eines offenen Herzens. Vielen Menschen fällt es leichter, andere zu lieben als sich selbst. Diese Erfahrungen können wir uns vergegenwärtigen. Wir spüren dann die fürsorgliche Liebe für andere Menschen und unser Herz wird warm und füllt sich mit Annahme und Mitgefühl. Die richten wir dann auf uns selbst, auf das Kind in uns.

▪ *Eine liebevolle Stimme entwickeln*
Zu einem guten Umgang mit sich selbst gehört, liebevoll mit sich selbst und mit den Inneren Kindern zu sprechen. Wir wollen also die liebevolle Erwachsenenseite in uns stärken und die kritischen Stimmen, die die meisten von uns in sich tragen, weniger werden lassen. Wir können uns Situationen bewusst machen, in denen wir liebevoll mit uns selbst oder mit anderen gesprochen haben, können so unsere freundschaftlichen, unsere zugewandten, unsere wertschätzenden und unsere warmen mütterlichen und väterlichen Gefühle erkunden. Wen haben Sie heute schon mit liebevollen Worten bedacht? Ihren Partner, Ihre Kinder, eine Freundin, sich selbst?

▪ *Die liebevolle Stimme lauter und die kritische Stimme leiser stellen*
Bei vielen Frauen ist die kritische Stimme besonders laut gestellt und die liebevolle klingt recht leise, manchmal ist sie richtig schwer zu verstehen – eher gemurmelt oder genuschelt. Hier gibt es einen guten Trick: Wir stellen uns vor, dass die liebevolle und die kritische Stimme je einen Lautstärkeregler haben, dann können wir die liebevolle Stimme lauter drehen und die kritische leiser. Einen liebevollen Umgang mit uns selbst zu finden und uns mit unseren kritischen Stimmen auseinanderzusetzen, kann Zeit brauchen (und ein eigenes Übungsbuch!).

■ Übungen

1. Sich das Gesicht massieren und halten

Nehmen Sie sich eine Viertelstunde Zeit, setzen Sie sich bequem hin. Reiben Sie die Hände aneinander, bis diese angenehm warm sind. Danach streichen Sie Ihr Gesicht ein paar Mal von oben nach unten aus, als würden Sie Ihr Gesicht waschen. Dann legen Sie Ihre Hände eine Weile ruhig über Ihre Augen. Massieren Sie mit kleinen Kreisen die Stirn, die Nase, die Wangen, das Kinn. Sie spüren, wo Ihr Gesicht Berührung braucht und ob diese zart oder kräftig sein soll. Danach bleiben Sie noch eine Weile in Ruhe sitzen und machen sich bewusst, dass Sie sich gerade selbst verwöhnt haben.

2. Sich selbst liebevoll zuwenden

Nehmen Sie sich Zeit und entspannen Sie sich. Spüren Sie in sich hinein: Wie ist Ihre körperliche Verfassung gerade? Was fühlt sich gut an? Angenehm, warm, entspannt, positiv gespannt, geerdet, angenehm weich ... oder wie würden Sie es beschreiben?

Gibt es gerade unangenehme Körperempfindungen? Nehmen Sie diese nur kurz wahr, ohne zu lange dabei zu verweilen. Können Sie etwas tun, damit diese unangenehme Empfindung sich ändert, weniger wird oder verschwindet? Vielleicht eine andere Lage oder Haltung? Vielleicht ein Dehnen oder Strecken? Vielleicht ein sanftes Bewegen? Brauchen Sie ein Kissen, eine Decke, eine Wärmflasche?

Folgen Sie Ihrem Atem, ohne ihn verändern zu wollen. Achten Sie auf Ihre Stimmung, Ihre gefühlsmäßige Verfassung, Ihre Gedanken. Versuchen Sie, diese einfach nur wahrzunehmen, ohne gleich ein Urteil darüber zu fällen. Wenn Sie jetzt Ihre allerbeste Freundin wären, wie würden Sie mit sich selbst sprechen? Welchen liebevollen Satz können Sie sich selbst sagen, wenn Sie es absolut gut mit sich meinen?

Ich nenne Ihnen zur Anregung ein paar Beispiele:
„Komm her, ich bin für dich da."
„Du bist eine tolle Frau, du schaffst das."
„Ich verstehe dich."
„Einfach mal durchatmen."
„Es ist alles gut."

„Du machst es schon richtig."
„Du darfst ruhig mal einen Fehler machen."
Passt eine bestimmte Geste zu Ihrem Satz? Können Sie Ihre Hände irgendwo wohltuend auf Ihren Körper legen? Wiederholen Sie diesen Satz und wenn möglich auch die Geste im Laufe dieses Tages immer wieder.

3. *Die liebevolle Zuwendung anderen gegenüber auf sich selbst richten*

Schreiben Sie auf oder denken Sie darüber nach, in welchen Situationen und bei welchen Menschen es Ihnen leicht fällt, liebevoll zu sein. Lassen Sie diese Situationen ganz lebendig werden, so dass Sie wieder die Gefühle von Liebe und Akzeptanz ganz deutlich in sich spüren können. Wo im Körper können Sie diese Liebe und Wärme wahrnehmen?

Wenn das Ihr Herz ist (oder auch eine andere Körperstelle), legen Sie Ihre Hand dort hin und geben dieser Stelle dadurch noch mehr Energie. Sie stellen sich Ihre Liebesfähigkeit als eine warme helle Flamme vor, die Ihr Herz oder diese andere Körperstelle wärmt und hell macht. Sie können die Flamme noch verstärken, indem Sie von oben Licht in Ihr Herz strömen lassen. Dadurch weitet es sich noch mehr.

Dann erlauben Sie, dass Ihnen gegenüber ein erwachsener oder kindlicher Anteil von Ihnen Platz nimmt, der Liebe braucht. Sie können an dieser Stelle auch ein Kissen platzieren. Lassen Sie dann dieses warme Licht zu dieser Seite strahlen und hüllen Sie sie damit ein.

4. *Der Lautstärkeregler*

Sehen Sie ein Gerät mit zwei Lautstärkereglern vor sich. Auf einem steht „liebevolle Stimme", „kritische Stimme" auf dem anderen. Dann stellen Sie sich ganz deutlich vor, so dass Sie es in Ihren Fingern spüren, wie Sie den Regler „kritische Stimme" leiser stellen oder ausdrehen und den für die liebevolle Stimme lauter werden lassen. Machen Sie das immer wieder, wenn die kritischen Stimmen in Ihnen auftauchen und der liebevollen Stimme keinen Raum lassen.

Die Beziehung klären

Wie stehen die Erwachsenenseite und das Innere Kind zueinander?

Sie lernen hier verschiedene Möglichkeiten des Dialogs kennen. Wir beginnen mit dem Schreiben. Das Briefeschreiben hat bis jetzt bei fast allen Teilnehmerinnen meiner Inneren-Kind-Kurse funktioniert. Auch wenn zuerst nur eine kurze Mitteilung der Kleinen kommt, kommt doch immer ein Zeichen. Manchmal sind die Inneren Kinder so froh, dass es endlich einen für die Erwachsene verständlichen Weg gibt, sich mitzuteilen! Auf ihre anderen Zeichen hat der Erwachsene nicht reagiert: Die Gefühle, in denen es sich zeigen wollte, wurden weggeschoben, die körperlichen Signale ignoriert, die Impulse aus dem Inneren wurden von der Erwachsenen nicht verstanden. Nun gibt es also eine Möglichkeit, die für die Erwachsenen etwas Vertrautes hat: das Schreiben von Worten. Sie können übrigens auch den Inneren Kindern, die so klein sind, dass sie eigentlich noch nicht sprechen können, auf diese Art eine Stimme verleihen.

Gerade beim Schreiben sind die Menschen oft sehr verblüfft, wie sehr das Innere Kind sich als Wesen mit einer eigenen Persönlichkeit zeigt, die sich von der der Erwachsenen unterscheidet. Die bis jetzt ungehörte oder unverstandene kindliche Seite bekommt im Schreiben einen verständlichen Ausdruck.

Das Thema des Briefwechsels ist das momentane Verhältnis zwischen den beiden Seiten. Es geht also zuerst einmal um die Klärung der Beziehung, um das Schaffen von Vertrauen und dass die Erwachsenenseite noch einmal deutlich sagt, dass sie sich zuwenden will. Also eine Art Adoptionserklärung. **Das könnte so aussehen:**

> Hallo, liebe kleine Susanne,
> ich freue mich so, dass es dich gibt. Ich möchte ab jetzt für dich da sein, so gut ich kann. Ich freue mich, dass du so viele gute Ideen hast. Es tut mir echt leid, dass ich immer wieder über dich hinweggegangen bin und so ganz vernünftig mein Leben meistern wollte. Dabei ist es mit dir zusammen viel leichter. Ich fühle auch immer wieder deine Traurigkeit. Manchmal kann ich mir Zeit dafür nehmen, manchmal kann ich noch nicht damit umgehen. Ich brauche deine Geduld. Wie geht's dir denn mit mir?
> Deine große Susanne

Liebe Susanne,
manchmal bin ich sooo sauer auf dich, dass du mich nicht lässt! Dabei habe ich ganz viel Kraft und du wärst viel weniger schlapp, wenn du mit mir mehr machen würdest. Ja, aber es wird ja schon besser und ich hoffe nur, dass du mich nicht wieder vergisst!
Deine kleine Susanne

Sie können dann wieder antworten und noch mehr Briefe hin- und hergehen lassen.

Hallo,
was hast du denn für Ideen, wie das Leben leichter und spaßiger werden könnte? Große Susanne

Du weißt genau, dass ich gerne male und ich würde das am liebsten jeden Tag tun. Außerdem machst du dir immer so viele Sorgen. Das find ich doof. Du bist jetzt meine Mama und ich will, dass du fröhlich bist. Das ist viel schöner.
Kleine Susanne

Eine Kursteilnehmerin hat folgenden Brief geschrieben und sich darin für ihren Umgang mit ihrer Kleinen in der Vergangenheit zuerst einmal entschuldigt:

Liebe Kleine,
schön, dass es dich gibt. Ich freue mich, dass ich mich entschieden habe, mich dir mehr zuzuwenden. Es tut mir wirklich leid, dass ich deine Freude am Tanzen und deine Abenteuerlust oft nicht gesehen habe. Auch weiß ich, dass ich dich, wenn du traurig warst, oft gar nicht haben wollte. Ich weiß nicht, ob ich das immer schaffe, aber ich will dich halten, wenn du Kummer hast, und dir sagen, dass ich dich verstehe und lieb habe. Und ich möchte mit dir tanzen und draußen Entdeckungen machen. Ich freue mich auf unser Zusammensein. Deine Andrea.

Ihre Kleine hat Folgendes geantwortet:

Ich freu mich, dass du mich trösten willst. Aber lass dir Zeit. Ich muss mich auch erst dran gewöhnen, dass du dich um mich kümmerst. Tanzen find ich toll.
Deine Andi.

Ihr eigener Brief kann natürlich ganz anders klingen. Suchen Sie kindgerechte Worte beim Schreiben. Werden Sie nicht zu kompliziert, die Kleine soll es schließlich verstehen. Die Inneren Kinder haben übrigens oft andere Namen als die Erwachsenen. Manchmal ist es ein Name aus der eigenen Kindheit, aber es kann auch ein ganz neuer auftauchen. Fragen Sie Ihr Inneres Kind, wie es heißt.

■ *Ehrlichkeit von Anfang an*
Seien Sie ehrlich und versprechen Sie nicht das Blaue vom Himmel. Sagen Sie, für was Sie sich entscheiden und was Sie versuchen werden. Ehrlichkeit und eine gute Einschätzung der eigenen Möglichkeiten kann auch bedeuten, dass Sie Ihre momentanen Grenzen der Kleinen gegenüber ausdrücken. Das könnte dann so aussehen:

Liebe kleine Ingrid,
heute habe ich mich entschieden, mich dir wieder mehr zuzuwenden. Ich freue mich auf dich, aber ich habe auch Angst. Ich weiß, dass du viele Schmerzen und ungeweinte Tränen in dir hast. Ich kann das nicht alles auf einmal verkraften und kann dir vielleicht zuerst immer nur kurz begegnen. Aber ich wünsche mir so, dass ich mich eines Tages stark genug fühle, um dich trösten zu können. Also habe bitte Geduld, wenn das geht.
Deine erwachsene Ingrid

Was an dieser Stellen noch wichtig ist: Die Erwachsene bleibt die „Chefin"! Manche Inneren Kinder sind sehr stark, führten bis jetzt eine Art Eigenleben und bestimmten „aus dem Hintergrund" auf diese Art das Leben des Erwachsenen.

Inge hat bis jetzt noch wenig Kontakt zu ihrem Inneren Kind. Sie hat den Verdacht, dass es sie immer wieder dazu bringt, ihre Arbeit aufzuschieben und sich in Fantasieromane und Filme zu versenken, ohne dass die Erwachsene das wirklich bewusst entscheidet. Sie träumt oft lange vor sich hin und da sie selbstständig ist, merkt sie das dann auch an ihrem Geschäftskonto. Sie schreibt der Kleinen einen Brief, in dem sie ihr verspricht, schöne Sachen mit ihr zu machen, aber auch klare Zeiten einrichtet, in denen sie sich ihrer Arbeit zuwendet.

Ich könnte Ihnen unzählige berührende, schöne, schwierige, einfache, aufschlussreiche, komplizierte und überraschende Briefe zeigen, die zwischen Erwachsenen und Inneren Kindern hin- und hergingen! Aber am besten lassen Sie sich jetzt von Ihrem eigenen Briefwechsel mit Ihrem Inneren Kind berühren.

■ *Übung*

Beziehungsklärung – Ein Briefwechsel mit dem Inneren Kind
Sie brauchen Ihr Tagebuch oder auch schönes Briefpapier, das Sie dann in einem bunten, vielleicht selbst gestalteten Ordner sammeln. Schreiben Sie zuerst als Erwachsene mit dem Erwachsenenstift an Ihr Inneres Kind. Beginnen Sie mit „Liebe ..." oder „Mein Schatz ..." oder wie auch immer Sie Ihr Inneres Kind ansprechen wollen.
Beschreiben Sie, wie Sie das Innere Kind wahrnehmen. Seien Sie ehrlich in Bezug auf die Wünsche, Möglichkeiten und auch Schwierigkeiten der Erwachsenen. Erklären Sie Ihre Bereitschaft, mit Ihrem Inneren Kind in Verbindung zu gehen und zu bleiben. Fragen Sie Ihr Inneres Kind, wie es ihm in Bezug auf die Erwachsene geht.

Unterschreiben Sie Ihren Brief und nehmen Sie dann den Stift, den Sie für das Innere Kind ausgesucht haben, in Ihre nicht dominante Hand (bei Rechtshändern in die Linke, sonst umgekehrt). Lassen Sie sich überraschen, was das Innere Kind antwortet. Das Schreiben ist zuerst vielleicht etwas beschwerlich oder geht langsamer voran, aber Sie kommen damit aus der Erwachsenengewohnheit heraus. Sie können auf diesen Brief dann auch wieder antworten. Fragen Sie nach einem Zeichen, mit dem das Innere Kind sich meldet, wenn Sie es wieder übersehen sollten.

Danach lesen Sie die Briefe noch einmal durch und unterstreichen die jeweils wichtigsten und berührendsten Sätze.

Weitere Möglichkeiten des Dialogs

■ *Es gibt viele Möglichkeiten, um mit dem Inneren Kind Verbindung aufzunehmen*

Nach dem Briefwechsel wissen Sie nun besser, wie sich das Innere Kind gerade fühlt; jedenfalls die kindliche Seite, die sich gerade meldet. Und die ist es, die jetzt Ihre Aufmerksamkeit braucht. Um noch mehr von dem Inneren Kind zu erfahren, können Sie mit ihm auch auf andere Art sprechen.

Sie können ausprobieren, welche Art des Kontakts für Sie und Ihr Inneres Kind am leichtesten ist. Ich rate Ihnen, mit den verschiedenen Ebenen der Kontaktaufnahme Erfahrungen zu sammeln, die ich Ihnen vorschlage. Im Lauf der Reise können Sie dann eigenständiger werden. Sie bekommen hier einen Überblick über die unterschiedlichen Zugänge zum Inneren Kind.

Statt des Schreibens wählen Sie nun das Sprechen nach innen: „Ich bin da " – „Schön, dass es sich gibt!" Die Erwachsene lauscht auf eine Antwort und hört vielleicht eine Antwort aus dem Inneren. Oder sie spürt ein kindliches Gefühl in sich aufsteigen.

Das Symbolisieren des Inneren Kindes durch einen Gegenstand, etwa eine Puppe, ein Stofftier oder ein Kissen, macht das Gespräch für manche Menschen leichter. Sie können dann zu diesem Symbol sprechen oder es in den Arm nehmen. Dadurch wird das Innere Kind tatsächlich fassbarer. Ich staune immer wieder, wie die Stofftiere und Puppen in meiner Praxis auf diese Weise lebendig werden.

Sie bekommen plötzlich ein Funkeln in den Augen oder sitzen mit hängenden Schultern da. Probieren Sie es aus.

Yvonne hat einen kleinen Bären, der für ihr Inneres Kind steht. Wenn sie sich verloren fühlt, was immer wieder vorkommt, legt sie sich entspannt auf ihr Sofa, nimmt den Bären in den Arm und sagt: „Es ist alles gut. Ich bin da." Sie lässt dann den kleinen Bären auch antworten, indem sie ihn vor ihren Bauch hält und für ihn spricht. Er sagt dann beispielsweise: „Ich habe gerade so viel Angst." Sie antwortet beruhigend oder fragt nach, je nachdem, was das Innere Kind gerade braucht.

Hanna wählt in der Praxis ein kleines Kissen für das Innere Kind und legt es zuerst recht weit von sich weg. Sie sagt: „Es ist mir nicht ganz geheuer. Ich weiß nicht, was ihm fehlt", und fragt: „Wie geht es dir?" Sie weiß dann, was das Kind antwortet, indem sie einfach das Kissen anschaut und sie spricht es aus: „Ich bin traurig, weil du die ganzen drei Wochen nur an alles gedacht hast, was du erledigen wolltest und wer deine Hilfe gebrauchen könnte. Und du hattest mir doch versprochen, dass du jeden Tag etwas mit mir machen wolltest!" Hanna sagt „Du hast Recht! Ich war einfach wieder in meinem alten Fahrwasser!" Sie geht zu dem Kissen mit den bunten Herzen drauf und drückt es an sich und es kommen ihr dabei die Tränen. Sie fühlt sich danach ganz klar.

Stefan, ein großer, kräftiger Mann mit einem gemütlichen Bäuchlein, sitzt den ersten Abend in der Gruppe und traut sich erst ganz vorsichtig an das Thema heran. Als ich dann die Kiste mit Stofftieren auspacke, schwindet seine Zurückhaltung. Seine Augen leuchten, als er behände aufspringt, sich das kleinste Bärchen schnappt und es sich oben auf den Bauch setzt. Alle schmunzeln, da das Stofftier von da einen wirklich guten Überblick über das Geschehen in der Gruppe hat. Und der Kleine bleibt die ganze Zeit hindurch da sitzen und wird immer wieder von großen Händen zart gestreichelt.

■ Sich das Innere Kind als Bild vorstellen

Für die meisten Menschen ist auch das Visualisieren des Inneren Kindes eine gute Möglichkeit, ins Gespräch zu kommen. Bei manchen dauert es etwas länger, bis Bilder kommen, doch wenn wir uns nicht unter Druck setzen, das Innere Kind sofort ganz deutlich und klar vor Augen haben zu müssen, geht es leichter.

Durch die Visualisierung wird das Innere Kind sichtbar, bekommt ein bestimmtes (manchmal auch wechselndes) Alter. An seinem Gesicht lässt sich seine Stimmung ablesen. Die Körperhaltung und die Bewegung zeigen die jeweilige Verfassung und auch deren Veränderung. Es kommt zu berührenden Begegnungen, da das Innere Kind sehr nah kommen kann mit seiner Freude, seiner Kraft, seiner Trauer und seiner Not.

Das Bild des Inneren Kindes zu finden, kann mit allen hier erwähnten Methoden verbunden werden: Wenn wir einen Briefwechsel mit dem Inneren Kind geführt haben, können wir uns entspannen und schauen, ob vor unserem geistigen Auge etwas auftaucht. Wenn wir das Kind irgendwo im Körper spüren, können wir ein Bild aus dieser Stelle entstehen lassen und weiter damit kommunizieren.

■ Das Innere Kind im Körper spüren

Wir sind ja so viel in unseren Gedanken! Ständig kreist etwas durch unseren Kopf. Das, was gestern war, das, was heute noch zu tun ist, ob ich bei der Arbeit alles richtig gemacht habe und was ich hätte besser machen können, ob ich überhaupt dieser Sache gewachsen bin und vielleicht sollte ich es wirklich lassen ... Ich nehme an, Sie kennen diese Art Selbstgespräche, die nie aufhören – außer, wir sind im Hier und Jetzt und nirgendwo sonst!

Der Kontakt zum Körper ist eine sehr wirksame Methode, wirklich bei sich anzukommen. Wie können wir nun über den Körper Verbindung zum Inneren Kind aufnehmen? Eine Möglichkeit ist die Berührung. Wir berühren uns selbst. Halten uns selbst im Arm. Legen eine Hand auf den Bauch. Kuscheln uns in eine Decke ein. Wenn Sie als Kind wenig Zärtlichkeit bekommen haben, ist dieses Nachnähren der kindlichen Bedürfnisse etwas sehr Schönes und Berührendes.

Eine weitere Kontaktmöglichkeit besteht darin, den Platz des Inneren Kindes im Körper zu finden. Wenn Sie in sich hineinfragen: „Wo ist das Innere Kind? Wo wohnt es gerade in meinem Körper? Wo spüre ich es?", dann meldet sich häufig eine Körperstelle oder eine Körperempfindung. Bei manchen Menschen bleibt diese Stelle – jedenfalls eine Zeitlang – immer dieselbe und sie brauchen nur ihre Hände dorthin zu legen und schon sind sie in Verbindung mit ihrem Inneren Kind.

Heidrun hat in einem Kurs bei dieser Übung entdeckt, dass ihr bedürftiges Inneres Kind an ihrem oberen Brustkorb zu spüren ist. Es ist unglaublich wohltuend, dort die eigenen Hände hinzulegen oder die Hände ihrer Übungspartnerin dort zu spüren. Sie merkt, wie ihr Inneres Kind getröstet wird, zur Ruhe kommt. Von nun an legt sie immer, wenn sie spürt, dass sie unruhig wird und ihr nach Berührung hungerndes Inneres Kind sich meldet, ihre Hände an diese Stelle. Sie macht das auch vor dem Einschlafen und es ist für sie eine wichtige Entdeckung, dass sie auf diese Weise mit ihrem Inneren Kind so fürsorglich in Kontakt treten kann.

Denken Sie bei allen Kontaktaufnahmen immer wieder an Ihren Inneren Garten mit den Orten für die Erwachsenenseite und das Innere Kind und an Ihre hilfreichen Wesen. Die können Sie zu jedem Dialog dazu bitten, ob Sie mit dem Inneren Kind sprechen, es als Bild sehen oder im Körper spüren. Diese Ressourcen sind eine große Hilfe.

■ Übungen

Vorgehen: Machen Sie diese Übungen nicht alle hintereinander, sondern probieren Sie in den nächsten Tagen jeweils eine der unterschiedlichen Kontaktaufnahmen aus. So finden Sie heraus, welche Ihnen am meisten liegen. Sie können Sie dann auch kombinieren.

1. Nach innen sprechen

Nehmen Sie eine bequeme Haltung ein. Entspannen Sie sich und schließen Sie die Augen. Dann sprechen Sie folgende Worte nach innen: „Ich bin da." – „Ich freue mich, dass es dich gibt." Hören Sie auf die Antwort, in welcher Form sie auch immer auftaucht. Gibt es eine Körperempfindung? Dann legen Sie Ihre Hand dorthin. Taucht ein Gefühl auf? Worte, die das Innere Kind spricht? Antworten Sie, wenn Sie möchten. Schreiben Sie den Dialog in Ihr Reisetagebuch.

2. Mit einer Puppe, einem Stofftier oder einem anderen Symbol sprechen

Nehmen Sie eine Puppe, ein Stofftier oder etwas anderes, das das Innere Kind symbolisiert, (es kann auch ein einfaches Kissen sein), und sprechen Sie mit ihm. Sagen Sie ihm auch hier zuerst ein oder zwei einfache Sätze. Sie können dann auch die Position wechseln. Zuerst haben Sie das Symbol vor sich, schauen es an und sprechen zu ihm als Erwachsenen-Ich. Dann setzen Sie es mit dem Rücken zu sich auf den Schoß und versetzen sich so in das Innere Kind hinein. Sie sprechen dann als das Innere Kind. Danach wechseln Sie wieder in die Erwachsenenposition und schauen dabei Ihr Symbol erneut an. So kann das Gespräch hin und her gehen.

Sie können auch zwei Plätze mit zwei Stühlen oder mit Kissen vorbereiten, je einen für die Erwachsenenseite und das Innere Kind. Wechseln Sie die Positionen. Legen oder stellen Sie das Bild oder die Tonarbeit Ihres Inneren Gartens dazu, das Bild oder die Figur des Schutzwesens.

3. Ein Bild des Inneren Kindes visualisieren

Nehmen Sie den Brief, den das Innere Kind Ihnen geschrieben hat, und lesen Sie ihn noch einmal durch. Dann schließen Sie die Augen und lassen ein Bild von dieser Kleinen oder diesem Kleinen in sich auftauchen. Schauen Sie genau hin, sehen Sie Einzelheiten: die Haare, die Kleidung, den Gesichtsausdruck, die Körperhaltung, die Bewegung. Sprechen Sie zu diesem Bild, sagen Sie „Hallo, du" und schauen Sie, wie das Innere Kind darauf reagiert. Visualisieren Sie das Schutzwesen und den Lieblingsort.

4. Körperliche Berührung

Sie nehmen eine entspannte Haltung ein und fragen sich dann: „Wenn mein Inneres Kind einen Platz im Körper hat, an dem es sich gerade am ehesten zeigt, wo ist der?" Legen Sie einfach intuitiv eine Hand an die Körperstelle, die sich meldet oder zu der es Ihre Hand zieht. Sie lassen die Energie und die Wärme Ihrer Hand in die Innere-Kind-Körperstelle fließen. Sie beobachten die Körperempfindungen an dieser Stelle und wie diese sich durch die Kontaktaufnahme verändern. Sie können sich fragen: „Wenn meine Hand sprechen könnte, was würde sie dem Inneren Kind, das sich an dieser Stelle befindet, sagen?" Lassen Sie einen liebevollen Satz auftauchen und sprechen Sie diesen immer wieder aus.

5. Das Kind malen lassen

Nehmen Sie Ihre Farben und lassen Sie das Kind mit Ihrer nichtdominanten Hand malen, einfach so, ohne etwas Bestimmtes schon vorher im Kopf zu haben. Lassen Sie Ihr Inneres Kind über die Farben sprechen. Danach können Sie sich in das Bild einfühlen, indem Sie es sich anschauen. Welchen Titel könnte es haben? Sie können auch eine Hand auf das Bild legen und einfach spüren, welche Energie es hat und was das Innere Kind damit zeigen möchte. Als Antwort können Sie mit Ihrer dominanten Hand ein „erwachsenes" Bild malen, zu Ihrem Inneren Kind sprechen oder ihm schreiben.

Dem Inneren Kind geben, was es braucht

Das im Dialog Erfahrene umsetzen

Das Innere Kind hat Bedürfnisse angemeldet. Es möchte von dem Erwachsenen-Ich mehr Raum, der kleine Junge, das Mädchen möchte vielleicht in den Arm genommen werden oder spielen oder in der Natur toben. Es gibt nun verschiedene Möglichkeiten, diese Wünsche zu erfüllen:

In Fantasiereisen können wir das Innere Kind im Inneren Garten treffen. Die Begegnung wird durch den sicheren Lieblingsort und die hilfreichen Wesen unterstützt. Die liebevolle Erwachsene kann von dem Schutzwesen lernen, indem sie zuschaut, wie das Schutzwesen sich auf das Innere Kind bezieht. Auch die heilsame Atmosphäre, die Sie an Ihrem Lieblingsort installiert haben, unterstützt die Begegnung. Hier ist der richtige Ort, um miteinander zu reden, zu spielen, das Innere Kind zu trösten, einfach dabei sein, wenn die kindliche Seite sich in ihre Lieblingsbeschäftigungen vertieft. Mit Hilfe Ihres Zauberstabes können Sie alles in Ihrem Garten verändern und gestalten. Möchte das Kind am Strand Muscheln suchen? Kein Problem, ein Meer mit Strand ist schnell gezaubert. Will das Innere Kind in einer Hängematte unterm Sternenhimmel einschlafen und von der Erwachsenen ein Lied gesungen bekommen? Das lässt sich machen!

Die Fantasiereisende kann zwischendurch in den Körper der Kleinen „schlüpfen" und dann wieder in die Erwachsenenposition wechseln.

Anja entspannt sich nach einem langen Arbeitstag. Sie hört ruhige Musik und liegt auf dem Sofa. Da sieht sie plötzlich ein Kind vor sich, das den Kopf auf den Knien hat und sich die Ohren zuhält. Sie geht mit ihrem Inneren Kind in den Inneren Garten an einen ruhigen Ort. Sie hat erkannt, dass ihr Inneres Kind Ruhe braucht und viel zu viel gehört hat an diesem anstrengenden Tag. So fragt sie die Kleine, was diese braucht, und die sagt: „Nimm mich in den

Arm und wiege mich." Anja tut das in ihrer Vorstellung und wird dabei ganz ruhig.

Renate hat eine Fantasiereise gemacht. Es fällt ihr inzwischen leicht, sich den Inneren Garten und den Lieblingsort für ihr Inneres Kind vorzustellen. Kaum ist sie in ihrer Vorstellung dort, taucht schon ihre Kleine auf. Ganz glücklich und dreckig von oben bis unten. Das Kind sagt: „Es macht total Spaß, eine Burg zu bauen." Renate schaut zu, wie die Kleine gräbt und mit Wasser matscht, und sagt zu ihr: „Das freut mich, dass du das gerne machst." Beide trennen sich dann wieder ganz zufrieden. Renate hat hinterher viel bessere Laune als zuvor und beschließt, sich nach einem Töpferkurs umzuschauen.

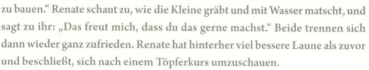

■ *Übung*

Das Innere Kind am Lieblingsort treffen – Fantasiereise

Sie entspannen sich und schließen die Augen. Nehmen Sie sich Zeit, um Ihren Körper zu spüren. Folgen Sie Ihrem Atem eine Weile, um noch ruhiger zu werden. Dann betreten Sie Ihren Inneren Garten durch das Tor. Sie erkennen ihn wieder und schnell kommt das Gefühl von Angekommensein in Ihnen hoch. Sie gehen an der Kreuzung zuerst zum Kraftort für die Erwachsene und tanken hier auf. Was machen Sie dort? Was tut Ihnen heute gut? Rufen Sie die weise Gestalt für die Erwachsene dazu und lassen Sie sich von ihr stärken. Danach gehen Sie am Bach entlang an den Lieblingsort des Inneren Kindes. Bitten Sie das Kind, zu kommen, und beginnen Sie ein Gespräch. Auch das Schutzwesen für das Innere Kind ist da. Begrüßen Sie das Innere Kind, sprechen Sie mit ihm, klären Sie die Beziehung und fragen Sie, was es möchte. Setzen Sie dies in Ihrer Fantasie um. Dann verabschieden Sie sich wieder. Sie können das Innere Kind in der Obhut des Schutzwesens lassen oder es in Ihrem Herzen mitnehmen. Sie werden spüren, was das Richtige ist. Sie gehen wieder zum Tor und verlassen Ihren Inneren Garten. Sie kommen wieder in der Gegenwart an. **Schreiben Sie einen Reisebericht über das, was im Inneren Garten geschehen ist.**

Das Innere Kind nähren

■ Kindliche Bedürfnisse entdecken

Welche Wünsche Ihres Inneren Kindes können und möchten Sie in Ihrem Alltag umsetzen? Einige der Wünsche lassen sich vielleicht nur in der Inneren Welt erfüllen, denn Sie haben vielleicht keine Hängematte und das Meer ist weit weg. Doch es gibt so viele Möglichkeiten, Ihr Inneres Kind zu erfreuen, zu nähren, zu trösten und zu fördern!

Gönnen Sie sich eine intensive Phase, in der Sie Ihr Inneres Kind nähren! Schöpfen Sie dabei aus dem Vollen! Halten Sie Augen und Ohren offen für das, was Ihr Inneres Kind anspricht und erfreut. Nach was sehnt es sich? Was können Sie ihm schenken? Wie können Sie zeigen: Ich freue mich, dass es dich gibt! Womit können Sie Ihr Inneres Kind glücklich machen?

Vertrösten Sie es nicht mit einem Bonbon oder einer Tafel Schokolade. Bieten Sie Ihrem inneren Kind Fülle an: Gerüche, Töne, Farben, Geschmäcker, Berührungen, Bewegung, Geborgenheit.

Sie können sich auch fragen: „Wenn ich noch einmal Kind sein könnte, was würde ich dann gerne tun?" Achten Sie darauf, dass nicht eine kritische Stimme Ihnen Ihre Wünsche gleich wieder madig macht: „Das ist ja kindisch ... Nein, das kann ich doch nicht machen! ... Also, so was! Das wäre ja peinlich ...!" Das ist die kritische Erwachsene, die so zu Ihnen spricht. Bitten Sie diese Stimme, Pause zu machen, und lassen Sie auch die geheimen Wünsche zu, die verrückten, die ungewöhnlichen.

■ Finden, was dem Inneren Kind Freude macht

Für mich war das Lesen als Kind etwas Wunderbares. Stundenlang saß ich vor der Heizung im Kinderzimmer und war vertieft in andere Welten. Jede Woche gab es mittwochs vier neue Bücher aus der Bücherei. Donnerstagfrüh war ich meistens hundemüde, da ich das erste Buch schon in der Nacht durchgelesen hatte.

Als ich mich dann intensiver mit meinem Inneren Kind beschäftigte, bin ich in der Stadtbücherei auch regelmäßig wieder in die Kinderabteilung gegangen und so gab es jedes Mal nicht nur ein oder zwei Bücher für die Erwachsene, sondern auch Bücher für das Innere Kind. Es gibt heute so schöne Kinderbücher, viel mehr als damals, und anscheinend geht es nicht nur mir so, dass ich mich gerne in Kinder- und Jugendbücher vertiefe.

Brigitte hat angefangen, Spielabende zu organisieren. Und die Freundinnen sind begeistert. So haben die anderen Inneren Kinder auch etwas davon. Jede bringt was zum Knabbern mit. Da gab's dann mal wieder Eiskonfekt, Gummibärchen und Salzstangen.

Hanne machte eine Shoppingtour. Aber diesmal ging die Jagd nicht nach schicken Klamotten. Nein, heute war ihr Inneres Kind an der Reihe. Die Große sagte: „Du darfst dir was wünschen." Und sie kam heim mit einem großen, kuscheligen und starken Tiger aus dem Stofftierregal, der dann zwei Jahre immer mit im Bett schlief und öfter tränennass geweint wurde und im Laufe der Zeit vom vielen Kuscheln seine Barthaare verloren hatte.

Eine Kursteilnehmerin berichtet von einem schönen Erlebnis mit ihrem Inneren Kind: „Ich habe mit meiner Kleinen einen Ausflug gemacht. Wir sind auf die Burg gestiegen und haben uns da alles angeguckt, die Ritterrüstungen, die Kellergewölbe und als wir durch den Wald wieder vom Berg runter sind, haben wir im Wald Räuber gespielt und unten im Städtchen sind wir dann zum Bäcker und da gab's dann Sachen, die ich sonst gar nicht mehr esse, und ich bin mit einer großen Tüte rausgekommen."

■ Dem Kind sinnliche Erfahrungen geben

Gehen Sie raus in die Natur, in den Wald, auf eine Wiese, an einen See oder in einen Park. Und fragen Sie sich: „Was würde meinem Inneren Kind hier gefallen?" Sie können die Augen einen Moment schließen und wenn Sie sie dann wieder öffnen, schauen Sie mit Kinderaugen in die Welt.

Schlendern Sie umher, spüren Sie die Sonne oder die Regentropfen auf der Haut, riechen Sie an den Blättern und an der Erde. Fühlen Sie, ob die Erde an den Händen klebt oder eher trocken zwischen Ihren Fingern zerbröselt. Tasten Sie die Rinde einer dicken Eiche, lehnen Sie sich an ihren festen Stamm und schauen Sie in die Krone.

Was regt die Fantasie Ihres Inneren Kindes an? Blicken Sie sich um, und genießen Sie, einfach nur in der Gegenwart zu sein. An nichts anderes zu denken. Die Freude Ihres Inneren Kindes in sich zu spüren. Vielleicht nehmen Sie ein paar Dinge, die Sie gefunden haben, mit, heben sie auf oder basteln etwas daraus.

■ Zum Kind werden

Wenn Sie das Innere Kind einladen, dann erlauben Sie sich immer wieder, zum Kind zu werden. Vielleicht fällt Ihnen das schwer, weil Sie irgendwann einmal entschieden haben, dass das Kindsein vorbei ist und Sie ab jetzt erwachsen sein müssen, um anerkannt zu sein. Vielleicht ist es Ihnen peinlich, Sie finden es kindisch und befürchten, dass Ihre erwachsenen Fähigkeiten nicht ernst genommen werden. Wenn es so ist, dann tasten Sie sich langsam heran und probieren in kleinen Dingen aus, wie es ist, das Kind „rauszulassen". Sie entscheiden, wann Sie das machen und welche Seiten Sie zum Vorschein kommen lassen wollen! Vielleicht ist es etwas ganz Kleines, Unspektakuläres, wie abends im Bett Pippi Langstrumpf zu lesen.

Falls Sie so ganz den Kontakt zum Kindsein verloren und auch keine eigenen Kinder haben, mit denen Sie spielen, toben und ausgelassen sein können, dann suchen Sie Kontakt zu Kindern von Freunden und Freundinnen, in der Nachbarschaft oder wo auch immer Ihnen Kinder begegnen. Versuchen Sie dann nicht immer nur die vernünftige Erwachsene zu sein, sondern begeben Sie sich zwischendurch mit den Kindern auf eine Ebene, und lassen Sie sich auf deren Spiel ein.

■ Andere Menschen finden, mit denen Sie Ihre kindlichen Seiten ausleben können

Ich hatte viele Jahre montagabends etwas besonders Schönes vor: Ich traf mich mit einem Kreis von Freundinnen in einem großen Raum, den wir gemietet hatten. Jede, die wollte, brachte Musik mit und wir tobten, lachten, rauften miteinander, tanzten meditativ, jede in sich versunken, kuschelten und so waren unsere Inneren Kinder ganz oft mit dabei und konnten sich hier ausdrücken. Es hat so viel Spaß gemacht und ich bin sehr dankbar dafür. Oder singen Sie gern? Dann wäre vielleicht ein Chor das Richtige. Da kann Ihr Inneres Kind die Freude am Singen mit anderen teilen.

Vor einigen Wochen bekam ich eine Postkarte. Auf der Vorderseite war ein Miniaturbahnhof, Miniaturzüge, -pferde, -menschen, alles mit Schnee überzogen. Ganz entzückend. Und hinten die Aufschrift „Wir haben es getan!" und fünf Namen darunter. Ich rätselte eine Weile, bis mir einfiel, dass in einem Innere-Kind-Kurs vor einem halben Jahr einige der Teilnehmerinnen die Idee hatten, gemeinsam mit ihren Inneren Kindern ein großes Miniaturland zu besuchen.

■ Innere-Kind-Zeiten einrichten

Um eine Zeitlang Ihr Inneres Kind ganz bewusst zu verwöhnen und die kindlichen Bedürfnisse kennen zu lernen und auszukosten, ist es sinnvoll, Innere-Kind-Zeiten einzurichten und diese in Ihren Terminkalender einzutragen. Das sind dann feste Vereinbarungen mit Ihrem Inneren Kind! Genauso, wie Sie wahrscheinlich Verabredungen mit Ihren Freundinnen oder Freunden möglichst einhalten, gelten diese Treffen mit Ihrem Inneren Kind auch als verbindliche Abmachungen. Sie können sich einen ganzen Nachmittag oder einen Tag am Wochenende für das Innere Kind reservieren. Oder zwei Stunden oder eine Stunde in der Woche. Oder zwanzig Minuten am Tag oder … Ich kann Ihnen hier keine genauen Empfehlungen geben, da es ja sehr von Ihren Lebensumständen abhängt, wie viel Zeit Sie der Verbindung mit Ihrem Inneren Kind widmen können. Ich lege Ihnen aber ans Herz, während dieser Phase des Nachnährens einmal pro Woche mindestens eine Stunde Innere-Kind-Zeit einzurichten, möglichst mehr.

■ Eine Liste zusammenstellen

Machen Sie eine Liste von Tätigkeiten, die Ihre kindliche Seite erfreuen könnten. Lassen Sie in Ihrem Buch dafür einige Seiten frei, so dass immer neue Ideen dazukommen können. Später, wenn Sie noch mehr Möglichkeiten zum Dialog mit dem Inneren Kind zur Verfügung haben, wird es Ihnen noch mehr Wünsche mitteilen und so wird es leichter für Sie sein, die Innere-Kind-Zeiten mit wohltuenden, spielerischen, erfreulichen, tröstenden Aktivitäten zu gestalten.

Schlagen Sie noch einmal nach, was Sie im Kapitel „Die Schätze der Kindheit" über die Dinge geschrieben haben, die Sie als Kind gerne taten. Ist da etwas dabei, was Ihr Inneres Kind gerne wieder erleben würde und was umsetzbar ist? Vielleicht können Sie auch etwas nachholen, was damals nicht möglich war.

Heike hat angefangen, Akkordeon zu lernen. Das hätte sie nämlich als Kind gerne gespielt, aber ihre Eltern waren überzeugt, dass Klavier für sie geeigneter wäre. Barbara hat sich als Erwachsene endlich das Hochbett gekauft, das sie sich als Kind immer gewünscht hatte, und gönnte sich und ihrer Kleinen die Erfüllung dieses Wunsches.

Gibt es etwas in Ihrer Kindheit, was Ihnen versagt wurde und was Sie sich jetzt gönnen könnten? Welche Lieder haben Sie gerne gesungen? Welche Bücher waren Ihre Lieblingsbücher als Kind? Ich schreibe für Sie zwei Listen von Teilnehmerinnen ab, vielleicht geben diese Ihnen ein paar Anregungen.

Liste von Janine:
- Pippi Langstrumpf lesen
- Im Dunkeln die Sterne anschauen
- Stöckchen von der Holzbrücke in den Bach werfen
- Im Schlamm am See spielen
- Im Sommer ein Lagerfeuer machen
- Rote Grütze essen
- In der Badewanne eine CD mit Kindergeschichten hören
- Unter der blauen Decke einrollen und Musik hören
- Ronja Räubertochter als DVD anschauen
- Die Katze der Nachbarn streicheln
- Mit dem Hund von Doris und Peter spazieren gehen
- Plätzchen backen und jemand dazu einladen
- Einen Kreistanztag mitmachen

Hildes Liste:
- Mit den Kindern in den Zoo gehen und besonders zu den Elefanten
- Einen roten Pulli kaufen, der so ähnlich ist wie der Lieblingspulli, den ich mit 6 hatte
- Mal wieder richtig raufen – ob Hans da mitmacht oder Petra fragen?
- Witzeerzählabend mit Margot und Hanne
- Weinen, wenn mir danach ist und dabei den Bär im Arm halten
- Schwimmen gehen
- Wenn´s regnet in Pfützen springen
- Im Wohnzimmer allein tanzen
- In der Bücherei Kinderbücher ausleihen und dann aufs Sofa
- Die alte Nachbarin besuchen, die kann so spannend erzählen
- Fingerfarben anschaffen und einen großen Bogen Papier
- Mit Ruth Apfelkompott kochen

- Mit Brigitte von der Holzbrücke in den strömenden Fluss schauen und sehen, wie die Brücke zu fahren beginnt
- Im nächsten Urlaub in die Schweiz fahren, weil das früher mit Opa immer so schön war
- Spielabend mit Christiane und Julia – Kniffel und anderes
- Mit Margret im Wald rumschreien und kämpfen

■ Verbindlichkeiten eingehen

Wenn Sie nun Ihre Liste geschrieben haben, schauen Sie, was die derzeit wichtigsten Ideen sind, und dann tragen Sie die Innere-Kind-Zeiten in Ihren Terminkalender ein! Sie wissen ja, wie enttäuscht Kinder sind, wenn Ihnen etwas versprochen wird und die Erwachsenen sich nicht daran halten. Genauso
ist es mit Ihrem Inneren Kind. Planen Sie also genau so, wie Sie auch andere Aktivitäten einplanen: Wann komme ich an der Bücherei vorbei und hole die Kinderkassetten? Mit wem gehe ich am Samstag in „Bibi Blocksberg"? Wer könnte Lust auf Matschen mit Tonerde haben oder mache ich das lieber allein? Wann informiere ich mich über den Boxkurs?

■ Dem Inneren Kind Geschenke machen

Bei der Einrichtung des Inneren-Kind-Platzes in Ihrer Wohnung haben Sie vielleicht schon geschaut, mit welchen Gegenständen, Bildern, Kuscheltieren Ihr Inneres Kind sich wohlfühlen könnte. Sie können sich immer wieder fragen: „Was würde meinem Inneren Kind Freude machen?" Finden Sie Geschenke: Vielleicht ist es etwas aus der Natur – Schneckenhäuser, runde Steine, Muscheln. Vielleicht schlendern Sie durch ein Spielzeuggeschäft und schauen auch da mit Kinderaugen. Schneiden Sie Fotos aus, wenn Ihr Inneres Kind sich dran erfreut. Und legen Sie die Dinge an den Inneren-Kind-Platz in Ihrer Wohnung. Sagen Sie dem Kind: „Das schenk ich dir!"

Vielleicht findet sich irgendwo noch eine alte Puppe aus Ihrer Kindheit oder ein Stofftier. Es können Bilder- und Kinderbücher wieder auftauchen, die Sie früher mit Begeisterung gelesen haben. Vielleicht finden Sie auf dem Speicher oder im Keller Ihres Elternhauses noch Schallplatten, die Sie als Kind Hunderte Male gehört haben, fast auswendig konnten und doch nicht genug davon kriegen konnten. Schauen Sie, was Ihr Inneres Kind heute damit anfangen möchte.

■ Fantasie und Kreativität

Auf einem der schönen Hoffeste, die es hier auf dem Land im Sommer gibt, hat eine Künstlerin aus der Gegend auf einem Riesentisch alles Mögliche ausgebreitet, was sie auf Spaziergängen und auf Flohmärkten so findet. Es ist ein buntes Sammelsurium von besonders geformten Ästen, originellen Metallteilen aus irgendwelchen ausgedienten Maschinen, Teile von Spielzeugen, Seile, Drähte, Plastikteile, denen ihre ursprüngliche Funktion kaum mehr anzusehen ist und vieles mehr ... Daraus lässt sie Kinder – und auch einige Erwachsene so wie mich – Gegenstände basteln und bauen. Sie hat Heißkleber und auch einen Lötkolben dabei und manchmal hilft sie, die Vorstellungen der Kinder umzusetzen.

Wenn ich am Meer bin, dann kann ich es nicht lassen, Treibholz, Muscheln, Steine, Federn, Schnüre, Glasstücke zu sammeln und daraus Gebilde zu bauen, Mobiles zu basteln, kleine Landschaften zu gestalten.

■ Die Erwachsene in Ihnen behält den Überblick

Um das klarzustellen: Die Erwachsene behält den Überblick über Ihr Leben. Sie werden nicht ganz zum Kind – nur manchmal. Es ist die liebevolle Erwachsene, die dafür sorgt, dass das Innere Kind Zuwendung bekommt. In dieser Phase der Beschäftigung mit Ihrem Inneren Kind geht es einfach darum, dass Sie Ausschau danach halten, was Ihre kindliche Seite erfreut, nährt und tröstet.

Was bedeutet für Ihr Inneres Kind Geborgenheit? Die Innere-Kind-Zeiten können auch dazu da sein, um einfach in Ruhe auf dem Sofa zu liegen, eingehüllt in eine weiche Decke. Die Arme um den Körper geschlungen. Eine Weile zärtlich über das eigene Gesicht streicheln. Eine Hand an die Wange halten. Zu flüstern: Du bist mein Schatz. Ein kleines Lied zu singen. Ein Kinderbuch anzuschauen. Ein Lied von einer Kinder-CD oder Lieder fürs Innere Kind zu hören. Das Schutzwesen für das Innere Kind immer wieder einzuladen. Sich vorstellen, dass der Engel da ist. Dass das Kind den Kopf auf den Bauch des Elefanten legen kann, so wie Petra sich das immer wieder vorstellt. Oder dass das Kind sich in das weiche Fell der Bärin kuschelt.

Nehmen Sie sich Zeit herauszufinden, wie Ihr Inneres Kind sich geborgen, aufgehoben und sicher fühlen kann. Dies schafft eine wichtige Grundlage dafür, sich später intensiver mit den Bedürfnissen des verletzten Inneren Kindes zu befassen. Und auch für die Situationen, in denen das verletzte Innere Kind im Alltag auftaucht und Sie für es sorgen wollen.

■ Übungen

1. Eine Liste erstellen
Nehmen Sie mehrere Seiten in Ihrem Inneren-Kind-Buch und beginnen Sie mit einer Liste, die Sie jederzeit ergänzen können und in der Sie Ideen sammeln für Ihre Innere-Kind-Zeiten.

2. Innere-Kind-Zeiten einrichten
Entscheiden Sie sich für Innere-Kind-Zeiten und probieren Sie es aus. Zuerst einmal für drei Wochen. Dann entscheiden Sie wieder neu.

3. Dem Inneren Kind ein Geschenk machen
Gehen Sie auf die Suche nach einem oder mehreren Geschenken für Ihr Inneres Kind und geben Sie diesen Geschenken einen sichtbaren Platz.

4. Legen Sie eine Material- und Spielzeugkiste an...
...in der Sie alles Mögliche sammeln, das Ihrem Inneren Kind gefällt: Kuscheltiere, Lieder, Gedichte, Bilder, bunte Papiere, goldene Sterne, glitzernde Steine, Muscheln, Schneckenhäuser, ausgeschnittene Fotos, Spiele ... Vielleicht hat Ihre Kleine Lust, daraus etwas zu basteln.

5. Spaziergang mit Kinderblick
Gehen Sie in die Natur und schließen Sie die Augen. Wenn Sie sie wieder öffnen, schauen Sie mit einem neugierigen, offenen, fantasievollen Kinderblick auf die Natur.

6. Das Kind sich stimmlich und körperlich ausdrücken lassen
Es könnte auch sein, dass Ihr Inneres Kind gerne tanzt und sich auf diese Art ausdrücken und zeigen möchte, dass es gerne rangelt und rauft, hüpft oder schreit. Das können Sie zum Beispiel auf einem Spaziergang machen oder zu Musik in der Wohnung.

7. Andere Menschen finden...
...die Lust haben mit Ihnen zusammen Spaziergänge zu machen, zu Spieleabenden und Vorleseabenden zusammenzukommen.

Rastplatz in der Sonne: Rückblick auf die letzte Strecke

Bevor die Reise weitergeht, möchte ich an einem schönen Rastplatz eine kleine Pause einlegen. Wir sind an einer geschützten, sonnigen Stelle angekommen. Vorher war es bewölkt und ein wenig windig. Wir genießen die warme Sonne, die gerade durch die Wolken kommt. Bäume und Büsche umgeben uns, erlauben aber gleichzeitig an einigen Stellen einen freien. Blick in die Landschaft. Der Platz ist erhöht und wir können von da aus auf die Wege zurückblicken, die wir schon gemeinsam gegangen sind: gerade, breite, steile Wege und sich schlängelnde, halb versteckte, schmale Pfade.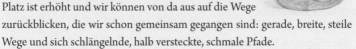

Wie geht es Ihnen, nachdem Sie nun diese unterschiedlichen Wege gegangen sind? Auf welchem Stand ist die Beziehung zwischen dem Inneren Kind und der Erwachsenenseite zu diesem Zeitpunkt der Reise? Welche Wege haben Sie mit Leichtigkeit zurückgelegt und welche erschienen Ihnen beschwerlich?

Wie ist es Ihnen gelungen, die Reiseerfahrungen in Ihren Alltag zu integrieren? Halten Sie Ihre Innere-Kind-Zeiten ein? Was haben Sie darin zuletzt mit Ihrem Inneren Kind erlebt?

Schauen Sie also noch einmal zurück und legen Sie sich dann entspannt ins weiche Gras und lassen Sie die Sonne auf sich scheinen und sich von ihr durchwärmen. Ihr Inneres Kind spielt in der Nähe mit Steinen und Holzstücken und baut daraus ein Haus. Ich mache in der Zwischenzeit ein kleines Feuer, setze den Wasserkessel auf und braue uns einen Tee.

Wenn der Tee fertig ist, setzen wir uns zusammen, und wenn Sie mögen, erzählen Sie mir, was Ihnen so durch den Kopf geht.

Vorbereitung auf die nächste Wegstrecke

Diese Bestandsaufnahme ist sinnvoll. Sie klärt die Eindrücke und bereitet auf die nächste Strecke vor. Da werde ich Ihnen vorschlagen, sich intensiver mit unterschiedlichen Seiten Ihres Inneren Kindes zu befassen. Dabei wird die Reiseroute auch streckenweise durch das Land der Erinnerungen führen, besonders werden uns das geliebte Innere Kind und das verletzte Innere Kind beschäftigen. Manche Menschen neigen dazu, eher zu dem fröhlichen Kind Kontakt aufzunehmen und andere sehen in ihrem Inneren Kind hauptsächlich die verletzten Seiten und übersehen dessen Stärken. Damit Sie diese und andere Seiten näher kennen lernen können, hat die Reiseleitung die folgenden Strecken entsprechend geplant.

Sie werden zuerst das geliebte, kraftvolle Innere Kind treffen und damit seine Vitalität, Lebendigkeit, Freude, Kreativität, Fantasie und seine Qualitäten des offenen Herzens bestätigen und in Ihr Leben einladen.

Danach bekommt das verletzte, einsame, vernachlässigte Innere Kind Ihre Aufmerksamkeit. Dabei werden Sie Mitgefühl, Annahme, Verständnis und Verantwortung für sich selbst entwickeln. Das verletzte Innere Kind hält viele Schätze bereit, die sich manchmal erst im Lauf der Zeit zeigen.

Ich habe mit Absicht diese Reihenfolge gewählt, da das kraftvolle Innere Kind zu einer Kraftquelle werden kann, die uns unterstützt, mit den verletzten Anteilen in uns umzugehen. Falls sich das verletzte Innere Kind schon im nächsten Abschnitt deutlich meldet, können Sie ihm sagen: „Du bist auch bald dran, ich vergesse dich nicht!" Falls das jedoch nicht möglich ist, es sich zu dringlich meldet, dann blättern Sie weiter und holen Sie sich im Kapitel über das verletzte Innere Kind Hilfe.

Mit den Übungen kreativ umgehen

Ich schlage vor, dass Sie zuerst einmal meinen Wegvorgaben folgen, also die Übungen in der beschriebenen Reihenfolge durchführen, manchmal sind Alternativen angegeben, zwischen denen Sie sich entscheiden können.

Doch Sie werden im Lauf der Zeit immer sicherer und trittfester werden und auch einen eigenen Weg erkunden wollen. Das heißt, dass Sie ab jetzt auch kreativ mit den vorgeschlagenen Methoden umgehen können. Wenn Sie feststellen, dass Sie gerne malen, können Sie nach jeder Übung noch mit Farben spielen. Sie können in Ihren Innere-Kind-Zeiten das Malen als feste Einrichtung etablieren. Oder Sie merken, wie gut Sie mit den Fantasiereisen klarkommen und dass der Innere Garten für Sie zu einem bedeutenden Ort geworden ist. Dann werden Sie öfter eine Reise in Ihre Innere Welt unternehmen, auch wenn ich einen Briefwechsel vorschlage. Das Briefeschreiben liegt Ihnen besonders? Dann machen Sie das bitte, auch wenn ich es nicht ausdrücklich erwähne. Wenn Sie gerne Ihren Körper spüren, tun Sie das nach jeder Übung, auch wenn ich es nicht vorschlage. Doch ich möchte Sie auch anregen, die Zugänge zum Inneren Kind zu üben, die Ihnen nicht so leicht fallen.

Ich fasse hier die Methoden des Dialogs aus diesem Buch kurz zusammen, die alle miteinander kombinierbar sind:

- Rechts-links-Briefwechsel zwischen erwachsener und kindlicher Seite
- Sprechen und Hören nach innen
- Kontaktaufnahme über Körperwahrnehmung, Körperhaltung und Gesten
- Sprechen mit einem Symbol für das Innere Kind, wie z. B. einer Puppe
- Schaffen von zwei oder mehr Plätzen mit Stühlen, Kissen oder Bodenankern
- Visualisieren des Inneren Kindes, der erwachsenen Seiten und der hilfreichen Wesen
- Fantasiereisen in den Inneren Garten, um dort das Innere Kind zu treffen
- Malen, mit Ton und Collagen gestalten, sich im Tanz ausdrücken und andere kreative Methoden
- Das Kind auf Kinderfotos ansprechen und sprechen lassen

■ Übung

Machen Sie eine Bestandsaufnahme

Schreiben Sie in Ihr Reisetagebuch, wie es Ihnen bis jetzt mit den unterschiedlichen Übungen ergangen ist. Welche Dialogformen haben Sie besonders angesprochen? Schlagen Sie vielleicht nach, was Sie dazu aufgeschrieben haben, und schauen Sie sich noch einmal an, was Sie oder Ihr Inneres Kind gemalt, geformt oder gebastelt haben.

Wie würden Sie den Stand der Beziehung zwischen der Erwachsenen und dem Inneren Kind beschreiben? Was ist gut gelaufen und wo sind Unklarheiten?

Welchen kindlichen Anteilen sind Sie begegnet? Fröhlichen, fantasievollen, selbstbewussten oder eher ängstlichen, bedürftigen, verletzen Seiten Ihres Inneren Kindes?

Was macht Sie neugierig? Welche Potenziale Ihres Inneren Kindes ahnen Sie? Welche Begegnungen scheuen Sie vielleicht noch?

Teil 4
Dem kraftvollen Inneren Kind begegnen

Freude und Begeisterung

▪ Im schönen Land der Freude und der Kreativität

So, wir gehen weiter. Sind Sie bereit? Gestärkt packen wir unser Reisegepäck zusammen und kommen nun in eine abwechslungsreiche Landschaft, die immer ursprünglicher wird, je länger wir wandern. Das Grün ist satt, überall wilde Blumen mit Blüten in allen Farben, Bäche rauschen durch die Täler, in Seen spiegelt sich die Sonne, so dass ihre Oberfläche wie helles Gold glänzt. Die Vögel mit ihren unterschiedlichen Stimmen singen hier besonders schön, Eichhörnchen springen von Ast zu Ast, Hasen hoppeln über die Wiesen und wenn wir einen Moment ganz leise sind, können wir vielleicht ein Reh beobachten.

Mit Ihrem geliebten, kraftvollen Inneren Kind können Sie nun diese Landschaft erkunden. Hier blüht neben den Blumen auch die Phantasie. Es ist eine Gegend, in der Sie große und kleine Menschen treffen werden, die begeistert dabei sind, etwas miteinander zu bauen, zu gestalten, zu basteln; die Musik machen, feiern und tanzen und die vor allen Dingen sich geliebt fühlen, genau so wie sie sind!

Die größten Schätze unseres Inneren Kindes sind seine grenzenlose Kreativität, seine untrügliche Intuition und seine ursprüngliche Verbundenheit mit allem, was ist – neben der großen bedingungslosen Liebe, die es in sich trägt und mitgebracht hat. Je mehr wir die Verbindung mit ihm aufnehmen und pflegen und je mehr wir uns trauen, uns ihm zuzuwenden, desto mehr entfaltet es seine ursprüngliche Lebendigkeit. Es kann im Lauf der Zeit sogar zu einer weisen Ratgeberin werden, zu einem Signal im Inneren, das uns anzeigt, was gut für uns ist und was nicht. Dann ist das Innere Kind verbunden mit unserer Inneren Weisheit. Unsere erwachsene Lebenserfahrung verbindet sich mit den Potenzialen des Inneren Kindes. Die weise Alte/der weise Alte in uns geht mit dem heilenden Inneren Kind eine schöpferische Allianz ein.

Ich glaube, dass wir vieles in uns tragen, wenn wir auf die Erde kommen, und dass wir Menschenkinder in uns einen guten Anzeiger haben, was uns Freude, Frieden und gute Beziehungen schenkt, wenn wir im Vertrauen auf uns selbst aufwachsen können. Vieles davon haben wir in unserer Kultur verloren, doch wenn wir uns unserem Inneren Kind zuwenden, können wir das wiederfinden.

■ Wir haben alle einen wunderbaren Schatz in uns

Sie haben einen wunderbaren Schatz in sich. Etwas ganz Lebendiges, tief innen drin. Etwas, das es schon immer in Ihnen gegeben hat und das immer noch da ist! Vielleicht verschüttet, vielleicht vergraben, doch es ist da! Atmen Sie einmal tief ein und aus, schließen Sie die Augen und spüren es: Irgendwo in Ihrem Körper lebt dieser Funke, diese Kraft, diese Lebendigkeit. Ein Kribbeln irgendwo, ein Leuchten, eine Wärme, eine Energie, ein Fließen und Strömen. Auch wenn diese Energie gefangen ist oder zurückgehalten – sie ist da. Vielleicht heute nur ein winziges Flackern, ein Vibrieren. Eine Ahnung, eine Erinnerung, ein vages Bild.

Das, was Sie sehen, wenn Sie Kinder beobachten, die Freude in den Augen, das Lachen, das Spontane ... all das und noch mehr ist auch in Ihnen. Wenn Sie einen Säugling anschauen, die Offenheit und Klarheit in seinen Augen ... auch das waren Sie einmal! Sie sind nur größer geworden, doch auf eine Art sind Sie dieses Kind immer noch. Die Potenziale, die damals noch so offenlagen, leben noch in Ihnen.

Das heil gebliebene, lebendige Innere Kind in sich zu fördern, kann das Leben auf großartige Weise bereichern. Mit Lebensfreude, Kreativität, Impulsivität, Abenteuerlust, Sensibilität, Unmittelbarkeit und vielem mehr. Kinder trauen sich, wenn sie nicht beurteilt und verurteilt werden, das ganz Besondere, das jedes von ihnen hat, einfach auszudrücken. Es zu sein.

Clara, mein Nachbarmädchen, malt mit Begeisterung. Sie hat ein natürliches Gespür für Farben, und ihre Bilder sind wahre Farborgien. Das Erste, was sie sagt, wenn ich sie frage: „Zu was hast du Lust?", ist „Malen!". Wenn sie zu mehreren kommen, Clara und ihre Freundinnen Christina und Gül, dann muss ich alle meine bunten großen und kleinen Tücher holen, die türkische Musik auflegen, die Gül mitgebracht hat, und es wird getanzt, verhüllt und umwickelt, und meistens werden irgendwelche Geschichten zur Musik dramatisch dargestellt.

Ein Vergnügen für mich als einziges Publikum! Und ich sehe, wie jede ihre ganz besondere Eigenart hat. Clara hat eine Fähigkeit zum dramatischen Ausdruck, sie geht ganz in ihrer Rolle auf und ist mit ihrem ganzen Körper dabei.

Gül ist ernster. Von daher nimmt sie das Spiel sehr genau. Korrigiert zwischendurch und hat gute neue Ideen, wie es weitergehen könnte. Sie ist sehr intelligent, sehr wissensdurstig und nachdenklich. Wenn sie mich allein besucht, dann möchte sie reden. Sie macht sich sehr viele wirklich tiefgründige

Gedanken über das Leben, über ihre Mitschüler, über ihre Mutter, und ich staune, wie reif sie ist. Sie lernt gerne und möchte anderen helfen.

Christina ist eher schüchtern und traut sich nicht (mehr) so recht, sie selbst zu sein. Doch wenn sie ein wenig Vertrauen fasst, wird ihre Sensibilität sichtbar. Mir gefällt, wie sie Clara zuhört, und ihr Gesicht zeigt Verständnis und Interesse und sie bringt Ruhe in das Geschehen.

■ Heute können wir die kindlichen Potenziale bewusst fördern

In diesem Reiseabschnitt können Sie die kindlichen Seiten wieder ausgraben, auch die, die schon früh unterdrückt oder eben nicht unterstützt worden sind.

Das geliebte, kraftvolle, lebendige Innere Kind ist also nicht nur das, was Sie als Kind schon sein und ausdrücken konnten. Es ist mehr: Es beinhaltet ihr ganzes in Ihnen angelegtes Potenzial. Vielleicht begeistern Sie sich jetzt für Dinge, die als Kind für Sie nicht zugänglich waren. Wie viele haben sich als Kinder gewünscht, ein Musikinstrument spielen zu dürfen, aber es war kein Geld da für den Unterricht. Oder Sie wollten einen Kletterkurs mitmachen. Oder sehnten sich danach, Ihre Zärtlichkeit und Fürsorglichkeit einem Tier gegenüber ausdrücken zu können, doch die Eltern wollten kein Haustier.

Im Hier und Jetzt können Sie als liebevolle Erwachsene oder als liebevoller Erwachsener diese Seiten fördern! Sie können das fröhliche Innere Kind in sich gedeihen lassen, wie es früher vielleicht nicht möglich war. Sie können jeden kleinen Funken Freude, den Sie in sich spüren, wachsen lassen.

■ Es gibt kindliche Eigenschaften, die alle Inneren Kinder in sich tragen

Es gibt Fähigkeiten, die alle Kinder haben. Zum Beispiel die Fähigkeit, im Augenblick zu sein und nicht schon an tausend Sachen zu denken, die in der Zukunft sein könnten oder die zu tun wären oder die nicht passieren sollten. Wenn Sie also Ihr kraftvolles Inneres Kind einladen, können Sie auch mit dieser Seite kommunizieren. Sie können diese Fähigkeit, die vielen Erwachsenen verloren gegangen ist, wieder in sich wecken.

Kinder haben meist ein lebendigeres Körpergefühl und auch das kann Ihnen wieder zugänglich werden. Eine andere kindliche Fähigkeit ist Unvoreingenommenheit. Einfach mal neugierig auf etwas zugehen, nicht schon tausend (Vor-)Urteile im Kopf, keine festgefahrenen Erwartungen. Wir können alte Verhärtungen und Gewohnheiten loslassen, wenn wir ganz bewusst den Dialog mit dem kraftvollen Inneren Kind aufnehmen. Es kann uns ein ursprüngliches Vertrauen zeigen. Wir können uns dann leichter aufs Leben einstellen, fließender. Das Leben kommt wieder mehr in Balance, wenn es vielleicht einseitig von Pflichten, Verantwortung, Funktionieren und Anpassung an die Gegebenheiten bestimmt war. Es wird wieder spannend, tief, bewegt und kreativ. Es wird zu dem eigenen, vielfältigen Leben, in dem wir das tun, was uns wirklich erfüllt und befriedigt, und nicht nur das, was von uns erwartet wird.

▪ Das kreative Innere Kind hat ein großes Heilungspotenzial

Die Menschen, die mit Freude etwas tun und darin eintauchen, sind in Verbindung mit ihren kindlichen Seiten. Das können Sie bei sich selbst unterstützen und ausbauen. Sie werden dadurch Kraft gewinnen und Ihr Selbstvertrauen und Ihr Selbstbewusstsein werden wachsen. Wenn wir in Kontakt sind mit unseren Potenzialen, stellt sich innere Sicherheit ganz von selbst ein, denn wir sind im Einklang mit uns selbst.

Gerade auch in schwierigen Lebenssituationen kann die Wiederentdeckung dieser Schätze entscheidend sein, um eine Veränderung oder gar eine Krise besser zu überstehen und wirklich neue Kraft aus einer bewegten und bewegenden Zeit zu gewinnen.

Irene war schon als Kind gerne kreativ. Sie hat gebastelt, gezeichnet, Steine und Schneckenhäuser gesammelt und diese bemalt. Sie hat heute selbst vier Kinder, die noch einige Jahre brauchen, bis sie selbstständig sein werden. Sie liebt und fördert ihre Kinder sehr, doch sie schätzt es auch, dass sie jetzt unabhängiger werden. Das Hausfrauendasein ist nicht mehr so ganz das, was Irene befriedigt, nicht ausschließlich jedenfalls. Sie hat eine qualifizierte Ausbildung als Logopädin, die bringe ihr aber nichts, wie sie zuerst meinte, als sie in einer depressiven Verfassung in meine Praxis kommt. Sie stellt fest, dass sie die letzten 16 Jahre ihre Kinder versorgt und ihren Mann, der in der Pharmaindustrie tätig ist, beim Aufbau seiner Karriere unterstützt hat. Sie fühlt sich leer und trauert darüber, dass ihre eigenen Potenziale dabei untergegangen sind. Doch nicht ganz, wie es sich dann herausstellt, als sie eine ausdrucksstarke Tonskulptur mitbringt. Sie ist eine Künstlerin!

In den letzten Wochen hat sie sich unterm Dach eine eigene kleine Wohnung eingerichtet. Ein Schlafzimmer, das ihre gemütliche Höhle ist, in der sie sich mit ihrem Inneren Kind einkuschelt. Und es gibt einen kleinen Kreativraum nebenan, in dem Farben bereit liegen und der Ton darauf wartet, bearbeitet zu werden.

Jetzt geht es für Irene darum, diese kindliche Freude und überströmende Kreativität wieder zu leben und dabei aus dem Vollen zu schöpfen. Sie hat in den Stunden in meiner Praxis einen guten Kontakt zu ihrem Inneren Kind und sagt: „Ich bin so dankbar, dass ich diese Kleine in mir habe. Und sie ist und war nicht unterzukriegen, sie war die ganze Zeit da und jetzt macht sie mein Leben so reich und erfüllt mich mit neuer Energie." In letzter Zeit ist sie so voller Lebensfreude, dass ich jedes Mal staune, wenn sie zur Tür hereinkommt.

Manchmal ist es eine Fülle von Fähigkeiten, die geweckt werden wollen und mit denen das Innere Kind ankommt, manchmal ist nur die Förderung einer bestimmten Fähigkeit in einem konkreten Lebensabschnitt gefragt, um das Leben zu erweitern oder ihm gar eine neue Richtung zu geben.

Das Innere Kind als spirituelle Kraft

Das Innere Kind verkörpert nicht nur eine ursprüngliche, vitale Kraft. Es ist auch unserem tiefen Wesen, unserem wahren Kern nahe und weiß davon. Es gibt den Archetyp des göttlichen Kindes, der in vielen Religionen auftaucht. So wie Neugeborene noch verbunden sind mit der Welt, aus der sie kommen, so hat auch Ihr Inneres Kind in seinem Kern dieses Leuchten und diese Verbundenheit mit „Allem-was-ist". Mit dieser Unversehrtheit in Kontakt zu kommen, kann eine wunderbare Erfahrung sein, gerade dann, wenn wir als Kind viel Verletzendes und Einschränkendes erleben mussten.

Ermutigung und Bestätigung

■ *Wie Sie im Dialog das kraftvolle Innere Kind stärken können*
Wenn Sie das kraftvolle Innere Kind ermuntern und seine Potenziale in Ihr Leben holen wollen, müssen Sie diese Seiten zunächst einmal erkennen. Der zweite Schritt ist, diese dann auch wertzuschätzen und in einem dritten Schritt Ihr Inneres Kind immer wieder darin zu bestärken.

Wenn Sie also kindliche Seiten in sich entdecken, die fantasievoll, spontan, entzückend, sensibel, weise, energievoll oder kreativ sind, dann sollten Sie im Gespräch mit dem Inneren Kind diese Seiten immer wieder wahrnehmen, anerkennen und bestätigen. Das tun Sie schon durch Ihre Innere-Kind-Zeiten, in denen Sie das Innere Kind sich ausdrücken lassen und Dinge tun, die ihm Freude machen.

Wenn Sie nun in den folgenden Reiseabschnitten Ihrem Inneren Kind einen Brief schreiben oder auf andere Weise in Dialog treten, sagen Sie Ihrer Kleinen, dass sie wunderbar ist, wie sie ist. Dass Ihnen ihre Spontaneität gefällt, dass Sie sich freuen, wenn sie offen ist und andere Menschen anlacht. Dass Sie begeistert sind, dass sie so gerne tanzt. Dass Sie sie einfach so lieben, wie sie ist. Auf diese Weise bekräftigen Sie ganz ausdrücklich, dass Sie sich freuen, dass es sie gibt, und Sie geben Ihrem Inneren Kind auf diese Art neue Botschaften mit. Vielleicht haben Sie selbst diese Seiten nicht genügend gewürdigt oder sogar negativ beurteilt. Wenn Sie bedenken, dass in Ihrer Kindheit zum Beispiel Ihre Art, Liebe zu geben, von Ihrer Umgebung nicht wirklich wahrgenommen und erwidert wurde und Sie selbst als Erwachsene 30 Jahre lang diese Fähigkeit auch nicht gewürdigt haben, dann wird deutlich, dass es wiederholte Ermutigungen braucht, damit Ihr Inneres Kind wirklich begreift, dass nun die Weichen anders gestellt und seine Schätze gefragt sind!

Wenn Ihnen also an Ihrem Kleinen sein Humor und seine Ausgelassenheit besonders gefallen, sagen Sie es ihm und – geben Sie ihm Gelegenheit, dies auch auszudrücken! Suchen Sie nach Möglichkeiten zu lachen, ausgelassen zu sein. Das können witzige Filme, lustige Bücher und Comics oder die Verabredung mit Menschen sein, mit denen Sie „verrückt" sein und sich kringelig lachen können.

■ Das verletzte Innere Kind kann sich auch hier zeigen

Noch etwas, bevor Sie loslegen: Die Beschäftigung mit dem kraftvollen Inneren Kind kann auch das verletzte Innere Kind auf den Plan rufen. Wie bei den meisten von uns konnte Ihre Umgebung wahrscheinlich auch manche Ihrer Potenziale und Ihrer Bedürfnisse in Ihrer Kindheit nicht sehen und unterstützen. Deshalb können bei der Bestärkung dieser Seiten durch die liebevolle Erwachsenenseite immer wieder auch Schmerz und Trauer auftauchen. In den Abschnitten zum verletzten Inneren Kind finden Sie Anregungen, wie Sie damit umgehen können.

Vielleicht haben Sie es selbst schon bemerkt oder werden es im Lauf der Reise entdecken: Das kraftvolle Innere Kind und das verletzte Innere Kind können sich manchmal ganz schnell verwandeln. Das kraftvolle Innere Kind spürt seine Fähigkeiten und dann wird es traurig, weil die nicht angenommen wurden. Dafür braucht es jetzt Verständnis und Trost. Oder das verletzte Innere Kind wird nun angenommen und getröstet und entfaltet danach sein Vertrauen und seine große Sensibilität.

■ Übungen

1. Der liebevolle Blick auf das Kind, das Sie waren

Legen Sie eine Hand auf Ihr Herz und entspannen Sie sich. Dann öffnen Sie in Ihrer Vorstellung ein Fotoalbum, in dem ein liebevolles Auge Momente aus Ihrer Kindheit festgehalten hat, in denen Sie die Stärken, Fähigkeiten, Besonderheiten des Kindes, das Sie einmal waren, ganz deutlich sehen können. Schauen Sie ein Bild nach dem anderen an und spüren Sie dabei Ihr Herz. Lassen Sie es weit werden für das Kind, das Sie waren.

Danach schreiben Sie diesem Kind einen Brief und sagen ihm, was Sie alles an ihm sehen. Anerkennen Sie es für sein Wesen. Formulieren Sie alles positiv!

2. Mit dem Kind auf den eigenen Kinderfotos sprechen

Alternativ können Sie auch die Übung mit realen Kinderfotos machen: Gibt es unter Ihren noch existierenden Kinderfotos welche, in denen Sie die kraftvollen Seiten des Kindes, das Sie waren, erkennen können? Sie können auch Postkarten mit Fotos von Kindern suchen, die Sie an sich selbst als Kind erinnern, und diese verwenden. Wählen Sie eines dieser Fotos aus. Sie stellen sich dann vor, dass Sie die Umgebung oder den Raum betreten und auf das Kind als Erwachsene oder als Erwachsener zugehen. Sie stehen vor dem Kind, begrüßen es und fragen, wie es ihm geht, was es gerade so macht. Sie nehmen Stift und Papier und schreiben dies auf. Sie antworten dem Kind, in dem Sie ihm sagen, was Ihnen an ihm gefällt, Sie bestärken es.

3. Körperwahrnehmung

Wo in Ihrem Körper spüren Sie dieses kraftvolle Innere Kind, diese Ressource in Ihnen? Legen Sie eine Hand an diese Stelle. Spüren Sie den Empfindungen nach, die Ihr Körper an dieser Stelle hat. Sie können diese Empfindungen auch als Farben aufs Papier bringen oder gleich mit Übung 4 weitermachen.

4. Malen Sie das kraftvolle Innere Kind

Umgeben Sie das Kind mit einer wunderschönen Landschaft oder mit bestärkenden Farben und hängen Sie das Bild auf. Schreiben Sie dazu: „Du bist wunderbar. Ich hab dich lieb". Immer, wenn Ihr Blick auf das Bild fällt, sagen Sie der Kleinen diese oder für Sie passende Sätze. Sie können das geliebte Innere Kind auch aus Ton oder aus Knete formen und dann zu ihm sprechen. Oder nehmen Sie eine Kopie eines Kinderfotos, schneiden Sie das Kind aus und ummalen Sie es mit leuchtenden Farben der Liebe und der Wertschätzung. Lassen Sie Ihrer Kreativität freien Lauf.

Vitalität und Lebendigkeit

■ Uns wieder mit unserer ursprünglichen Lebendigkeit verbinden

Regina unterhält sich schriftlich mit ihrem Inneren Kind: „Warum willst du mich nicht?", fragt die Kleine. „Ich habe so Lust, rumzurennen, zu spielen und zu toben. Für dich ist immer alles zu viel!"

„Ich brauch meine Ruhe, ich bin fertig", schreibt die Erwachsene. „Mir ist das alles zu viel. Ich kann jetzt nicht rumtoben!"

„Aber ich bin deine Lebenskraft!", sagt die Kleine.

Teil 4 . Dem kraftvollen Inneren Kind begegnen

Wenn wir mit dem kraftvollen Inneren Kind in Kontakt stehen, kommen wir dadurch mit einer Vitalität und Lebendigkeit in Berührung, die wir vielleicht schon lange nicht mehr so gespürt haben. Alle Kinder haben unglaublich viel Energie. Sie sind neugierig, lernbegierig und wollen ihren Körper erproben und seine Fähigkeiten stärken. Sie fordern mit ihrer Lebensfreude und schier unerschöpflichen Energie die Erwachsenen häufig heraus.

Wir können auch heute, als Erwachsene, auf diese Energie zurückgreifen und damit beginnen, diese in uns wohnende Vitalität zu begrüßen und uns an ihr zu erfreuen.

■ Bei den meisten von uns wurde die Lebendigkeit beschränkt

Kinder lernen häufig früh, ihre Lebendigkeit einzuschränken, wenn sie sich damit nicht geliebt und angenommen fühlen. Es ist, als würde die eigene vitale Kraft Stück für Stück eingedämmt, so als ob sich Schichten über den ursprünglichen lebendigen Kern legen und dessen Kraft dämpfen. Das Verhalten orientiert sich dann an den Erwartungen der anderen und ist geprägt von dem Wunsch, geliebt zu werden.

Ich bin im Supermarkt, es ist ruhig, leise Musik läuft, um die Kunden in eine entspannte und kauffreudige Stimmung zu versetzen. Plötzlich rennen zwei Kinder durch die Regale, lachen laut, spielen Fangen und sind einfach bester Stimmung – nicht interessiert an den Shampoos, Duschgels und Lippenstiften – und auch nicht am Quengeln: Ich will Schokolade! Sie nutzen die Zeit, um zu spielen. Ich drehe mich um, beobachte sie und freue mich. Mein Inneres Kind lacht mit. Neben mir taucht eine Frau auf, gut gekleidet und von einer Parfumwolke umgeben.. Sie dreht sich empört um und fährt die Kinder an: „Seid ihr jetzt mal ruhig? Das ist ja furchtbar. Das ist hier doch kein Spielplatz!" Die Kinder hören abrupt auf, flüstern und gehen etwas eingeschüchtert zu ihrer Mutter, die sich noch nicht für die passenden Socken entschieden hat. Wahrscheinlich wollen sie jetzt Schokolade ...

Teil 4 . Dem kraftvollen Inneren Kind begegnen

■ Ich bin richtig!
Kinder verlassen ihr ursprüngliches Ich, es bleibt ihnen oft nichts anderes übrig, und sie verlassen damit auch ein ursprüngliches Gefühl von „Richtigsein".

Liane erzählt: Als ich klein war, so drei, vier, da hatte ich noch das Gefühl „Ich bin richtig". Das hatte so was Selbstverständliches. Ich wusste gar nicht, was die anderen wollten und warum die mir sagten, was ich machen und was ich auf jeden Fall lassen sollte. Lasst mich doch einfach, ich mach es schon richtig, habe ich gefühlt. Damit komme ich jetzt wieder in Kontakt, wenn ich mein Inneres Kind vor mir sehe, und das gibt mir so viel Kraft, meinen Weg zu gehen und wirklich zu tun, was ich möchte, und mich nicht ständig nach anderen zu richten, was mich immer unglücklicher gemacht hat.

Wenn Sie sich also entscheiden, Ihre Vitalität in Ihr Leben einzuladen, dann kann dieses Gefühl von Richtigsein wieder ein Teil von Ihnen werden. Vielleicht ist es leicht für Sie, sich wieder an diese kindliche Lebenskraft zu erinnern, wie es für Liane der Fall war, es kann Ihnen aber auch so gehen, wie Regina: Sie zögern, das vitale Innere Kind in Ihr Leben zu lassen. Zu gewohnt ist es, mit gedämpfter Kraft durchs Leben zu gehen, so dass es bedrohlich erscheint, auf einmal mehr Energie zu haben.

Für Regina wird es eine Weile dauern, bis sie die Ruhebedürfnisse ihrer gestressten Erwachsenen mit den Wünschen nach Lebendigkeit ihres Inneren Kindes in Einklang bringen wird. Es braucht Zeit, beiden gerecht zu werden, vielleicht im Wechsel. Dann kann die Erwachsene die Erfahrung machen, dass sie letzten Endes mehr Energie zu Verfügung hat, wenn sie das Spielerische, das Wilde, das Kraftvolle auch lebt. Doch sie hat zu oft als Kind gehört: „Sei still. Trampel nicht so! Wie führst du dich auf! Jetzt bleib doch mal sitzen! Das macht man aber nicht!" Sie hat zu wenig Resonanz auf ihre Lebendigkeit bekommen. Sie hat das Gefühl von Richtigsein verloren und findet es erst langsam wieder.

■ Vitalität ist ein stark körperliches Geschehen
Vitalität hat viel mit dem Körper und mit Bewegung zu tun. Die neueren Forschungen der Entwicklungspsychologie und der Gehirnforschung zeigen, dass

die Entwicklung von geistigen Fähigkeiten bei Kindern stark von der Entwicklung der vielfältigen, körperlichen Bewegungsmöglichkeiten abhängt. Und dass bei alten Menschen körperliche Bewegung ganz wichtig ist, um das Gehirn in Schwung zu halten und zum Beispiel Demenz vorzubeugen.

Wir leben in einer eher bewegungsarmen Gesellschaft, auch Kinder sitzen viel mehr als früher, und Freiräume, um zu toben, wilde Spiele zu spielen, auf Bäume zu klettern, Bäche zu stauen, überhaupt frei zu spielen, sind begrenzt. Vielleicht hatten Sie Glück und waren eines der Kinder, die draußen ungestört spielen konnten: Fangen und Verstecken, Indianer und Cowboy und andere freie Spiele in freier Natur. Sicher jedoch ist in Ihrem Erinnerungsschatz einiges verborgen an vitalen Körpergefühlen. Wissen Sie noch, wie es sich angefühlt hat, nach dem Schwimmen in der warmen Sonne herumzurennen und den Körper von oben bis unten zu spüren, vibrierend vor Lebendigkeit?

Unsere Vitalität wieder zu spüren hilft unserem Körper, gesund zu sein oder zu werden. Sie stärkt das Immunsystem und bringt alles Mögliche in unserem Körper in Schwung. Die Unterdrückung unserer Lebenskraft und unserer Lebensenergie in unserer Kindheit, an die unser verletztes Inneres Kind sich immer noch erinnert, haben sich auf unsere Gesundheit ausgewirkt. „Ich darf leben" „Ich darf mit meiner ganzen Kraft hier sein" sind Botschaften, die im Körper ankommen und ihn wieder kräftiger und stärker machen können.

■ Wie können wir unsere Vitalität wieder wecken?

Es gibt einfache Möglichkeiten, wieder lebendiger zu werden. Wir können rausgehen und uns bewegen, Sport treiben, laufen, wandern, schwimmen. Wir können dabei und danach unseren Körper bewusst spüren und die Empfindungen von Lebendigkeit wahrnehmen und genießen. Wir können beim Gehen stampfen, Töne machen, alles tun, was das Gefühl von Lebendigkeit fördert. Wir können Musik auflegen und einfach alle Bewegungen zulassen, die kommen, ohne uns zu zensieren. Wir verscheuchen die Innere Kritikerin und ziehen Grimassen, sind mal richtig doof und albern. Das ist oft mit anderen zusammen leichter. Wir können Holz hacken, überhaupt körperlich arbeiten.

In meinen Inneren-Kind-Kursen machen wir oft abends ein Lagerfeuer. Da wird mit Feuereifer Holz im nahen Wäldchen gesammelt und dickere Äste und Stämme werden gesägt und gehackt. Erfahrene Feuerfrauen zeigen den anderen, wie es geht, und ich höre, wie die Kraft-Schreie beim Spalten immer lauter werden. Nachher sitzen alle glücklich um das Feuer, in dem das selbstzerkleinerte Holz brennt. Die Power wird noch gesteigert, wenn die ersten Lieder angestimmt und die Trommeln und Rasseln geholt werden und vielleicht sogar stampfend ums Feuer getanzt wird. Die vitalen Inneren Kinder sind in ihrem Element.

■ Übungen

1. Finden Sie einen Weg, Ihre Vitalität und Lebendigkeit zu spüren

Gehen Sie raus oder legen Sie Musik auf, die Sie in Bewegung bringt. Spüren Sie die Kraft in Ihren Beinen, in Ihrem ganzen Körper. Da stecken noch Energiereserven, gebunkerte, nicht genutzte Kräfte. Geben Sie ihnen Ausdruck, gönnen Sie es sich, Ihre Power zu spüren. Treten Sie kräftig auf, trampeln Sie, schreien Sie beim Tanzen oder singen Sie laut mit, machen Sie ausladende Bewegungen. Lassen Sie dabei das kraftvolle Innere Kind mit seinen Bewegungen und seiner Lust, sich zu spüren, da sein. Danach legen Sie sich entspannt hin und genießen in Ruhe noch einmal die prickelnden Körperempfindungen, die sich überall ausbreiten.

2. Körpererinnerung

Erinnern Sie sich an eine Situation als Kind (oder auch als Erwachsene), in der Sie ganz in Ihrem Körper waren. Vielleicht beim Schaukeln, beim Skaten oder Rollschuhlaufen. Zoomen Sie diese Erinnerungen ganz nah heran und spüren Sie die Situation ganz deutlich, mit allen Sinnen. Spüren Sie, wie das lebendige Körpergefühl nachhallt. Kosten Sie es aus. Sehen Sie das Kind, das Sie waren, vor sich (oder das Kind, das sich als inneres Bild zeigt), lassen Sie es da sein, und sagen Sie ihm zum Beispiel: „Ich freue mich an dir. Schön, dass du so lebendig bist." Schauen Sie, wie das Innere Kind auf diese Ermutigung reagiert.

3. Sammeln Sie weitere Erinnerungen von Lebendigkeit ein und schreiben Sie sie auf

Finden Sie Fotos von sich als vitales Kind oder Fotos von anderen lebendigen Kindern. Machen Sie Kopien oder kleben Sie die Fotos in Ihr Inneres-Kind-Buch.

Kreativität und Fantasie

■ Kreativität als ein menschliches Grundbedürfnis

Das Leben zu gestalten, etwas zu erschaffen, ist ein Grundbedürfnis von uns Menschen. Wir leiden, wenn wir in unserem Alltag keine Gestaltungskraft mehr haben. Deshalb ist es beglückend, die eigene Kreativität zu entdecken und damit zu spielen. Und wer könnte uns das besser lehren als unser Inneres Kind!

Wir sind in unseren Herzen Schöpferinnen und Schöpfer. Wir sind ausgestattet mit den Fähigkeiten und der Freiheit, unser Leben selbst zu gestalten, wobei selbst nicht „allein" bedeutet, sondern auch als Gemeinschaft. Kreativität bedeutet also nicht nur künstlerisches Gestalten, sondern die Fähigkeit, etwas zu erschaffen – nicht umsonst spricht man von Lebenskünstlerinnen und -künstlern.

Das Grundbedürfnis nach gestalterischem Ausdruck zu befriedigen, gönnen sich die meisten Menschen zu wenig. Es gehört meiner Meinung nach zu einem erfüllten Leben dazu – egal, was es ist, ob wir einen Garten gestalten, sticken, mit Holz arbeiten, einen Tanzkurs besuchen, zeichnen oder malen, unsere Wohnung einrichten, Gedichte schreiben, Photos bearbeiten, Einladungskarten entwerfen ... Und gerade wenn Sie Ihr Inneres Kind in Ihren Alltag einladen, dann wird früher oder später das Bedürfnis entstehen, mit Materialien umzugehen und sich kreativ auszuprobieren. Denn das kreative, fantasievolle Innere Kind braucht Ausdruck, um zu heilen.

■ Tun, um des Tuns willen

Kinder haben noch die Fähigkeit, Dinge zu tun, einfach nur, weil es Freude macht, weil es begeistert, weil es interessant und spannend ist. Das selbstvergessene Tun, bei dem es nicht auf das Ergebnis ankommt und nicht (nur) auf die Bestätigung von außen, kennt unsere kindliche Seite.

Können Sie sich daran erinnern, wie es war, als Kind etwas voller Hingabe und Begeisterung zu machen? Dabei die Zeit völlig zu vergessen und einfach glücklich zu sein? Bei mir war es eine Zeitlang die Begeisterung zu kleben und auszuschneiden. Das Gefühl, völlig verklebte Uhu-Hände zu haben, kann ich ganz leicht zurückholen. Die Hände wurden nur im warmen Wasserbad langsam wieder sauber, wobei der Klebstoff abgerubbelt werden musste, so fest saß er.

Kleine Kinder malen noch voller Begeisterung. Welch Wunder, dass der Stift, den sie halten, tatsächlich ein Bild ergibt! Und sie genießen die Bewegung, malen mit dem ganzen Körper.

Viele moderne Methoden, um die eigene Kreativität wieder zu entfalten, beruhen darauf, diesen zeitlosen, selbstvergessenen Zustand zu erreichen und so die Freude am Tun (wieder) zu entdecken.

■ Die kindliche Fantasie wiederfinden

Kinder denken sich ganze Welten aus. Die sind bevölkert mit Gnomen, guten Freunden, Engeln, Feen, Dämonen, Aliens und anderen Gestalten. Sie leben darin, wenn sie spielen, und sie können ohne Problem wieder in die Realität wechseln. Puppen und Stofftiere werden lebendig, Kinder können in andere Rollen schlüpfen und darin eintauchen, als wären sie Ritter, Indianerinnen, Marsmenschen, Zirkusartistinnen, böse Monster oder gute Retter von anderen Sternen.

Früher waren es die Märchen und Mythen, die die Menschen faszinierten. Heute hat die Fantasie auch bei Erwachsenen Hochkonjunktur, die Verlage, die Filmindustrie und das Internet leben davon. Die Sehnsucht nach anderen Welten, nach einer Flucht aus der Realität, ist groß. Doch ist das die eigene Fantasie, die da geweckt wird, oder überlassen wir es anderen, uns in ihre anderen Welten hineinzuziehen?

Wir brauchen unsere Fantasie und wir brauchen auch andere Welten als nur die materielle, die unsere Augen und unsere Sinne wahrnehmen. Doch wie kann unsere Fantasie uns bereichern?

■ Sich von dem Inneren Kind Geschichten erzählen lassen

Wir können damit beginnen, uns von unserem Inneren Kind Geschichten erzählen zu lassen. Vor vielen Jahren hat mein kreatives Inneres Kind damit begonnen, mir kleine Tiergeschichten zu erzählen, und als meiner Kleinen die Drachin Ruach einfiel, ist ein ganzes Buch daraus geworden. Es waren für mich wunderbare Stunden damals in Südfrankreich in meiner selbstgebauten Hütte mit Blick auf die Pyrenäen. Im Bett mit einer Tasse Tee, den Stift in der Hand und ein Packen französische Schulhefte auf den Knien, in denen die Geschichte von Ruach sich wie von selbst erzählte.

In meinen Kursen suchen sich die Frauen Karten aus, auf denen Szenen eines Märchens oder einer Erzählung abgebildet sind. Zu ihrer eigenen Überraschung entstehen durch diese Anregungen wunderschöne kleine Geschichten, die die Teilnehmerinnen für ihr Inneres Kind schreiben oder die die Inneren Kinder den Erwachsenen erzählen. Ich staune immer wieder, wie viel Originalität in jeder und jedem von uns steckt und wie einfach sie zu Tage tritt, wenn wir ihr die Gelegenheit geben; wenn wir uns nicht mehr nur mit den Geschichten zufrieden geben, die sich andere ausgedacht haben und mit denen wir in Büchern, im Fernsehen und in Filmen überschüttet werden, sondern wenn wir uns Raum und Zeit nehmen, so dass die eigenen Geschichten aus uns auftauchen können.

■ *Die eigenen Ausdrucksmöglichkeiten finden*

Durch die Kraft der Fantasie können wir einen großen Schatz gewinnen, wenn wir uns an die eigene Quelle wenden, zu der unser Inneres Kind einen ganz leichten Zugang hat. Es gibt so viele Möglichkeiten, sich auszudrücken: Außer Geschichten erzählen oder schreiben können wir Theater spielen, Geschichten tanzen, sie mit Tönen und Geräuschen erzählen oder malen, Fotos machen und daraus eine Fotogeschichte basteln.

Bei Hans war es die Musik. Schon als Kind suchte er sich aus der großen Schallplattensammlung seines Vaters Jazzplatten aus, deutsche Schlager – alles Mögliche war dabei und er tanzte dazu. Gezappel nannte das seine Mutter. Als der Vater sich dann eine Gitarre kaufte, aber nie dazu kam, das Gitarrenspiel zu lernen, schnappte Hans sich das Instrument, übte nach einem Stück von Elvis und brachte sich so selbst das Spielen bei. Der einzige Kommentar seines Vaters: „Das ist ja nichts Eigenes!"

Als Erwachsener macht Hans nun eigene Lieder und begleitet sich dazu auf der Gitarre, er hat sich zudem das Akkordeonspielen und das Spielen auf einer elektrischen Geige selbst beigebracht, auch in einer Sambaband singt er. Er hat es also geschafft, sich seine Musikalität zu bewahren, trotz der kritischen Kommentare seiner Eltern. Und ab und zu sagt er zu seinem Inneren Kind: „Das machst du gut. Schön, dass es dir so viel Spaß macht!"

Astrid Lindgren ist eines der besten Beispiele dafür, wie die Verbindung zum geliebten Inneren Kind zu einer riesige Quelle von Kreativität werden kann und welche Schaffensfreude daraus entsteht. Sie hatte eine glückliche Kindheit, ist auf Bäume geklettert und machte das noch, bis sie achtzig war (!). Sie erzählt, dass sie den ganzen Tag mit ihren Geschwistern spielte. „Sogar beim Rübenziehen haben wir gelacht." So kann sie sagen: „Ich finde, das ganze Leben war ziemlich lustig. Aber am schönsten war die Kindheit, über diese Tatsache kommt man nicht herum." Sie kletterte als Kind zwischen Fenstern im dritten Stock, balancierte auf Dachfirsten und sprang auf anfahrende Straßenbahnen. Ihre Eltern haben sich gegenseitig und ihre Kinder sehr geliebt.

Astrids Biografin, die auch eine vertraute Freundin von ihr war, stellt fest: „Und diese Kindheit trägt sie immer mit sich, leicht verfügbar, wie ein ständiger Klangboden und steter Quell der Freude und Inspiration. Es gibt keinen Zweifel daran, wer im Land die größte Konsumentin von Krummeluspillen ist."

„Es kann niemand anders geben, der so kindisch ist wie ich", sagt Astrid Lindgren noch am Ende ihres Lebens (aus: Jakob Forell/Johan Erféus/Margareta Strömstedt: Astrid Lindgren – Bilder ihres Lebens, Oetinger 2007). Sie spielt gerne mit ihren eigenen und anderen Kindern – und auch mit gleichgesinnten Freundinnen. Und so konnte sie diese wunderbaren Bücher schreiben und so besondere Figuren erschaffen wie Pippi Langstrumpf und Ronja Räubertochter, die Millionen von Kindern und Erwachsenen begeistern.

■ Das kreative Innere Kind locken

Das kreative Innere Kind will wahrgenommen, angeregt und verwöhnt werden. Es hat so lange gedarbt und nun braucht es Nahrung! Es braucht visuelle Eindrücke, Materialien, Gerüche, Bewegung, kräftige Farben in dicken Flaschen, glitzerndes Goldpapier, Muscheln vom Strand, glatt geschliffenes Treibholz, dessen Formen die Fantasie anregen, Filzreste, bunte Baumwollfäden, dicken Draht, feine ungesponnene Wolle, Glasperlen in allen erdenklichen Farben …

Sabine ist eine Frau mit viel weiblicher Kraft, Sinnlichkeit und Vitalität. Doch immer wieder ist sie verzweifelt, wie eingesperrt sich diese Energie in ihr anfühlt. Sie will sie befreien! Ihr Körper will sich befreien! Sie dreht sich mit weit ausgebreiteten Armen kraftvoll und wütend im Raum und stellt sich vor, dass sie dabei die ganzen Verbote und Behinderungen, unter denen ihr Inneres Kind leidet, verbrennt. Sie schreit laut und haut auch ein paar Mal begeistert auf den Wutblock in meiner Praxis. Danach wippt sie mit ihrem ganzen Körper und schüttelt so mehr und mehr von der inneren Beklemmung ab. Dabei lässt sie ihr Inneres Kind erzählen, was es möchte: „Ich möchte in Pfützen springen, so dass es ganz hoch spritzt, ich will einen Baum umarmen und riechen, wie gut es im Wald duftet, und ich will malen! Ganz groß auf eine ganze Wand mit leuchtenden Farben, in Rot und in Gelb und in Orange. Oh, ich male mit den Händen, das fühlt sich gut an." Sie schwelgt in dieser Vorstellung. Es ist so offensichtlich: Ihr vitales und kreatives Inneres Kind braucht Ausdruck, sonst geht es buchstäblich ein. Sie nimmt sich Programme von Frauenbildungshäusern mit und entdeckt da einen Kurs: Ausdrucksmalen mit Tönen und Bewegung! Das ist genau das Richtige für ihre Kleine.

Was braucht Ihr Inneres Kind? Mit was können Sie es erfreuen, begeistern, aus der Reserve locken, so dass es zu einer wunderbaren Kraftquelle in Ihrem Leben werden kann? Ist es ein Akkordeon, das so laute und ausgelassene Töne machen kann, aber auch ganz sanfte und sehnsüchtige? Sind es CDs mit Rockmusik zum lauten Mitsingen? Liegt noch irgendwo eine Blockflöte, vergessen hinten im Regal? Da war doch eine Anzeige: Gebe Schlagzeugunterricht! Wie ist es mit dem Wunsch, eine Kreistanzgruppe zu besuchen? Taucht der nicht immer wieder auf und meldet sich hartnäckig weiter?

■ Mit kindlicher Neugierde auf Entdeckungsreise gehen

Um unsere Kreativität zu wecken, brauchen wir zuerst mal unsere Neugierde. Neugierde ist eine Art, unvoreingenommen die Welt auf sich wirken zu lassen und zu erkunden. Neugierde ist eine der ursprünglichsten menschlichen Regungen, ohne sie könnte sich kein Kind entwickeln, sie ist die Basis für jedes Lernen. Sie begleitet uns vom ersten Tag unseres Lebens an. Wir sind neugierig auf die Welt, darauf, wie unser Körper funktioniert. Babys tasten nach dem Gesicht der Mutter, um es zu erforschen. Sie erkunden die Welt neugierig mit den Lippen, mit den Händen, mit den Augen, mit den Ohren. Ohne Neugierde würde kein einziger Entwicklungsschritt passieren.

Sich inspirieren zu lassen, braucht Offenheit und einen neugierigen Blick. Und es braucht Zeit. Es braucht eine Wahrnehmung, die offen ist für sinnliche

Eindrücke – eine Art des Hinschauens, die die Vorstellung über das loslässt, was wir zu sehen meinen, und das aufnimmt, was da ist. Unvoreingenommen.

Sie können draußen bei Regenwetter schnell durch die Nässe hetzen und sich über das schlechte Wetter ärgern. „Regen ist schlecht und macht schlechte Laune" ist der eingefahrene Glaubenssatz, der Sie dabei bestimmt. Mit einer guten Regenjacke und einem Fotoapparat lassen sich dagegen wunderschöne Eindrücke einfangen. Haben Sie schon einmal die Regentropfen, die an Büschen, an Blüten und auf Blättern hängen, betrachtet? Ganze Welten spiegeln sich in einem kleinen Wassertropfen. Lichtpunkte leuchten in einem Busch. Jeder Tropfen hat wieder eine andere Form und das Wasser auf der Hagebutte lässt ihr Rot noch mehr leuchten. Entdecken Sie die Welt mit Kinderblick und lassen Sie sich davon inspirieren.

Sie können Fotos anschauen, Bücher, Gemälde und Graphiken, Musik hören, ins Ballett gehen, Material wie buntes Papier und Naturgegenstände suchen, in Spielzeug-, Bastel-, Secondhand-Läden gehen, Ausstellungen besuchen …

Nehmen Sie sich Zeit, um Ihr kreatives Inneres Kind zu nähren. Und achten Sie im ganz normalen Alltag auf Dinge, Erlebnisse, Bücher, Menschen, die Sie inspirieren und greifen Sie die Eindrücke auf. Es gibt so unendliche viele, wunderbare Möglichkeiten, unser kreatives Inneres Kind zu beschenken und ins Leben zu holen.

■ Die alten einschränkenden Botschaften durch neue ersetzen

Manchmal ist das kreative Potenzial tief in uns vergraben. Zu viel Kritik hat zu negativen Einstellungen uns selbst gegenüber geführt, welche uns behindern. Es kann sein, dass mangelndes Selbstwertgefühl jeden noch so kleinen Schritt in Richtung kreativer Ausdruck hemmt, dass Versagensängste alles vermasseln.

Unsere kreativen Inneren Kinder brauchen von uns viel Ermutigung und die Entlastung von Leistungsdruck und Perfektion. Sie brauchen Schutz vor den kritischen Stimmen von außen und von innen. Hier müssen wir uns Zeit nehmen und uns den Kleinen zuwenden. Vielleicht gibt's in der Erinnerung eine ganz strenge Deutschlehrerin, die nur auf Schreibfehler und richtige Grammatik Wert gelegt und gar nicht auf Originalität geachtet hat. Womöglich hat sie auch noch vor der ganzen Klasse entwertende Bemerkungen gemacht oder sogar etwas, das sie kritisiert hatte, aus einem Aufsatz vorgelesen.

Anne sang als Kind gerne, sie hatte alle möglichen Lieder im Kopf, aus dem Radio, aus dem Kindergarten, von Schallplatten und sie trällerte sie vor sich hin oder es trällerte in ihr. Doch dann kam der Musikunterreicht mit einem Lehrer, der missbilligend feststellte: „Du singst falsch." Wenn die ganze Klasse im Chor sang, machte Anne von da an nur noch den Mund auf und zu. Der Lehrer hatte sie an einem ihrer verletzlichsten Punkte getroffen: ihrer bis jetzt ungetrübten Freude am Singen. Sie verstummte und sagte noch vor einem Jahr: „Ich kann nicht singen." Doch langsam kommen sie wieder zurück – ihre Lieder. Sie musste aber zuerst in ihrer Vorstellung dem Lehrer von damals ihre Meinung sagen. Sie stellte sich als Erwachsene vor ihr Inneres Kind und nahm es in Schutz und sagte dem Lehrer, wie viel er angerichtet habe und was das denn für ein Musikunterricht sei, in dem den Kindern die Freude am Singen genommen werde! Dann nahm sie ihre Kleine an der Hand und verließ mit ihr die Schule – und zwar laut singend.

Anne hat Urlaub auf Sylt gemacht, da eine Singwoche gebucht und ihre Freude am Singen mit einer einfühlsamen Kursleiterin wiedergefunden. Sie trällert wieder vor sich hin: beim Spülen, beim Spazierengehen, bei der Büroarbeit. Und abends singt sie ihrer Kleinen immer ein Gute-Nacht-Lied.

Wenn Sie also feststellen, dass Ihre kindliche Kreativität früher kräftige Dämpfer bekommen hat, ist es Zeit, dem Inneren Kind positive Erfahrungen zu vermitteln. Vielleicht so, wie Anne das getan hat, oder indem Sie Ihrem Inneren Kind immer wieder sagen: „Du bist wunderbar. Mir gefällt das, was du malst, was für ein süßer Käfer! Komm, trau dich, ich steh zu dir!"

■ Übungen

1. Was haben Sie als Kind gerne gemacht?

Nehmen Sie sich noch mal Zeit zu erinnern, auf welche Art Sie als Kind kreativ waren. Lassen Sie in Ihrer Vorstellung diese Situationen wieder ganz lebendig werden. Wie hat sich das Papier beim Laternebasteln angefühlt? Wie war das, als dann eine Kerze darin angezündet wurde und die Farben des bunten Papiers zu leuchten begannen? Wie war es, die Kastanien in den Händen zu halten, aus denen Sie als Kind vielleicht eine Kette aufgezogen haben oder aus der mit Hilfe von Streichhölzern ein Tisch und zwei Stühle entstanden sind? Können Sie die glatte Schale der Kastanie spüren? Und die hellere Stelle, die sich etwas rauer anfühlt? Wie war das Körpergefühl dabei? Wie rochen die Gänseblümchen, aus denen Sie einen Kranz flochten?

Lassen Sie die Erinnerungen wieder nahe kommen, schreiben Sie sie auf. Sehen Sie dann das Kind vor sich, das Sie waren, und sagen Sie ihm: „Schön, was du gemacht hast!" oder „Ich freue mich an dir!" Oder nehmen Sie das Symbol für das Innere Kind und sagen der Puppe oder dem Stofftier, an was Sie sich freuen. Wie reagiert das Innere Kind auf Ihre Ermutigung? Lassen Sie das Innere Kind als Stimme, im inneren Bild oder als Puppe bzw. Stofftier antworten.

2. Fantasiereise: Mit dem kreativen Inneren Kind Kontakt aufnehmen

Entspannen Sie sich. Spüren Sie den Halt des Bodens, der Erde unter sich. Dann sehen Sie das Tor Ihres Inneren Gartens vor sich. Sie betreten den Garten und finden sich dort ein. Sie schlendern durch die schöne Natur und steuern den Lieblingsort für das Innere Kind an. Also: ab der Kreuzung beim Schild „Zum Lieblingsort für das Innere Kind" abbiegen, am Ufer des Baches entlang und da ist er schon. Heute ist dort alles da, was das Innere Kind zum Ausdruck seiner Kreativität braucht. Sie sehen die Gegenstände und können natürlich wie immer auch noch etwas dazuzaubern.

Ist Ihr Inneres Kind schon da? Wenn nicht, rufen Sie es, und es kommt mit einer seiner hilfreichen Gestalten. Sie begrüßen sich. Dann geht's ans Kreativsein: basteln, tanzen, Geschichten erfinden, malen, im Sand formen, Gegenstände finden.

Gemeinsam genießen Groß und Klein die kreative Zeit zusammen. Sie bestätigen Ihr Inneres Kind in dem, was es gerade tut. Wenn Sie möchten, können Sie sich in den kindlichen Körper hineinversetzen und spüren, wie sich dieses Eintauchen ins Tun, Begeistertsein und Spielen anfühlt. Sie werden wieder zur Erwachsenen und besprechen mit dem Inneren Kind, was davon im Alltag umgesetzt werden kann.

Wie jede der Fantasiereisen schließen Sie sie ab, indem Sie das Innere Kind entweder in Ihr Herz nehmen oder am Lieblingsort zurücklassen. Sie gehen zurück zur Kreuzung und lassen dabei das kreative Innere Kind mit den neuen Erfahrungen in sich langsam größer werden. Zu welcher Erwachsenenseite wächst es heran? Was würde die gerne kreieren? Sie kommen zum Tor und dann auch wieder in der Gegenwart an. Schreiben Sie einen Reisebericht.

3. Umsetzung im heutigen Leben

Gibt es etwas aus der Sammlung von Erinnerungen und aus der Fantasiereise, das Sie einmalig oder längerfristig als kreative Tätigkeit wieder aufgreifen könnten?

Oder gibt es so etwas wie Klarinettespielen, im Chor singen, Zeichenunterricht nehmen, Sticken, Holzarbeiten machen etc., das Sie als Kind oder als Erwachsene begonnen haben – oder sich gewünscht hätten – und was Sie wieder aufgreifen können?

4. Das kreative Innere Kind sich ausdrücken lassen – einige Anregungen

Laden Sie bewusst Ihr Inneres Kind ein, kreativ zu werden, ohne dass es etwas Besonderes sein muss. Es gibt Tricks, das zu erleichtern und ich mache Ihnen hier ein paar Vorschläge:

a) Mit links (bzw. der nicht dominanten Hand) malen
Nehmen Sie die Farbstifte oder den Pinsel in die nicht dominante Hand oder malen Sie einmal mit beiden Händen. Fingerfarben eignen sich auch sehr gut dafür. Lassen Sie Ihr Inneres Kind mit den Farben spielen und lassen Sie wirklich alle Ansprüche und Vorhaben weg!

b) Mit Knete oder Ton blind formen
Ein Stück Knete oder Ton nehmen und mit geschlossenen Augen formen. Wenn Sie wollen, können Sie dann die Augen öffnen und weiter formen.

c) Eine kurze Geschichte schreiben
Nehmen Sie ein Foto, ein Bild, eine Skulptur, eine Illustration aus einem Buch ... und denken Sie sich ein kleines Märchen dazu aus. Es beginnt mit: „Es war einmal ..." und dann geht es ganz einfach weiter. Lassen Sie Ihre Fantasie spielen.

Herzöffnung und Vertrauen

▊ Das Herz öffnen und Freude empfinden

Die Begegnung mit dem geliebten Inneren Kind bringt uns in unser Herz. Das Leben fühlt sich anders an, wenn wir unserem Herzen folgen. Der Kopf und die Probleme, die er sich ausdenkt, treten zurück. Plötzlich sehen wir die Schönheit, die uns umgibt und für die wir vorher kein Auge hatten, weil wir viel zu viel beschäftigt waren. Uns fallen die zarten Wolken in einem strahlend blauen Himmel auf. Wir freuen uns an den orangen und gelben Blüten der Kapuzinerkresse auf dem Balkon. Wir halten inne und beobachten, wie ein Falke über uns kreist und keinen Flügelschlag dabei macht. Wir sind einfach da.

Unser Herz wird warm, wenn wir einen lieben Menschen treffen, die Stimme der oder des von uns Geliebten hören. Wir lachen mit den Kindern und bekommen Lust, mit ihnen etwas Schönes zu erleben, weil wir spüren, dass dies jetzt viel wichtiger ist als all das, was wir unbedingt erledigen wollten.

Um diese Freude zu erleben, die uns unser Herz schenkt, müssen wir der vertrauensvollen Kleinen oder dem geliebten Jungen in uns unser Herz öffnen.

Hanna ist sehr gewissenhaft. Das macht sie manchmal etwas streng sich selbst und auch anderen gegenüber. Bevor sie es sich gönnt, Pause zu machen, muss vorher wirklich alles, was sie sich vorgenommen hatte, erledigt sein. Sie wirkt immer etwas gestresst. Da sie alleine lebt, gibt es auch niemanden an ihrer Seite, der sie ab und zu in den Arm nimmt und sagt: „Es ist alles gut. Komm, ruh dich mal aus, ich mach uns einen Tee. Du schaffst das schon." Eines Tages sitzt sie erschöpft in meiner Praxis. „Ich kann nicht mehr!", sagt sie. „Es muss sich was ändern in meinem Leben, das macht keinen Spaß so." Sie sehnt sich nach wirklicher Freude, nach Entspannung, nach Da-Sein.

Ich begleite sie auf der Suche nach ihrer freudigen Kleinen. Es dauert eine Weile, bis die sich am Lieblingsort zeigt. Sie ist zuerst wütend auf Hanna, weil die ihr so wenig Raum gönnt. Hanna versteht sie und sagt, dass sie ihr mehr Zeit im Alltag einräumen will. „Ehrlich?", sagt die Kleine recht skeptisch.

„Da bin ich aber gespannt, ob das klappt!" Doch sie taut auf und erzählt von einer Zeit, in der sie ganz viel Freude hatte: die Hühner des Nachbarn zu füttern, mit ihrer Freundin nach Radiomusik im Wohnzimmer zu tanzen, Vogelfedern fürs Indianerspielen zu bemalen. Hanna ist so berührt von der Kleinen, dass sie sie in die Arme nimmt und sagt: „Was bist du für eine Wunderbare. Ich hab dich lieb und will nicht mehr ohne dich sein."

Im Hier und Jetzt sein und mit allen Sinnen wahrzunehmen, öffnet unser Herz. Wir können uns dann an „Kleinigkeiten" wie dem Schnurren einer Katze oder dem Plätschern eines Baches erfreuen, die eigentlich etwas Großartiges sind, nämlich Ausdruck der unermesslichen Lebenskraft, die uns umgibt. Wir können dann erfahren, dass ständig Energie zu uns fließt. Durch die Wärme der Sonne, durch das Licht, durch die Stille der Nacht, durch die Farben der Natur, durch der Klang von Vogelstimmen … Wir sind eingehüllt in Lebensenergie und wir können diese Energie als Liebe spüren, die immer da ist. Das ist etwas, das unsere Erwachsenenseite oft übersieht. Wir müssen uns das, was da zu uns fließt, erst wieder bewusst machen, damit wir diese Geschenke wieder in ihrer ganzen Fülle wahrnehmen können. Doch das Potenzial des heil gebliebenen Inneren Kindes in uns kann uns wieder dahin führen.

■ *Sich selbst und andere annehmen und lieben*

Das offene Herz des geliebten Inneren Kindes hat es noch leicht, sich geliebt zu fühlen und andere so zu lieben, wie sie sind. Auch das wurde bei den meisten von uns irgendwann verschüttet. Durch Urteile von außen haben wir begonnen, uns selbst zu bewerten und das dann auch mit anderen zu tun. Voreingenommenheit hat Liebe und Freude ersetzt.

Das Herz des geliebten Inneren Kindes weiß noch, wie es sich anfühlt, wenn wir keine Vorbehalte haben, sondern uns einfach anvertrauen und davon ausgehen, dass die anderen und das Leben es gut mit uns meinen. Wir alle haben diese Fähigkeit zu vertrauen in uns, auch wenn Sie sich daran im Moment nicht mehr erinnern können!

Es braucht vielleicht Geduld und es kann sein, dass Sie die Fähigkeit nicht so einfach wiederfinden. Das ist abhängig davon, wie viel Verletzungen Ihr Herz in Ihrer Kindheit und auch in Ihrem Erwachsenenalter davongetragen hat.

Katja kann andere ganz gut annehmen und sie hat ein großes Herz für die Menschen um sich herum. Doch Liebe anzunehmen fällt ihr schwer. Ihre Lebensgefährtin leidet manchmal darunter, da sie das Gefühl hat, dass ihre Liebe in manchen Situationen einfach nicht ankommt, obwohl ihr Herz so voll Zärtlichkeit und Liebe für Katja ist. Als Katja dann in einer Paarsitzung einfach nur da sitzt und atmet und die Liebe ihrer Freundin in ihr Herz einströmen lässt, muss sie zuerst weinen. Doch allmählich wird ihr Gesicht froher, ihre Augen beginnen zu strahlen und sie sieht um mindestens vierzig Jahre jünger aus. Das geliebte Innere Kind, das noch vertraut, leuchtet aus ihrem Gesicht. Auch wenn es ein Weg durch ein Tränental war und die Tränen immer wieder ins Fließen kommen, wenn sie Liebe spürt, lohnt sich diese Reise, und ihr vertrauensvolles Inneres Kind traut sich immer mehr, da zu sein. Sie spricht es selbst immer wieder an und sagt: „Du bist geliebt, mein Schatz!"

Es ist wunderbar, dass Katja geliebt wird. Das Herz immer wieder zu öffnen ist eine Herausforderung, die sich lohnt. Gleichzeitig ist es ihre eigene Aufgabe, ihr Inneres Kind, das noch Vertrauen kennt, zu bestätigen, so dass es sich traut, wieder da zu sein. Es ist, als würde sie dadurch etwas Ursprüngliches wiedergewinnen, und zwar das selbstverständliche Gefühl, geliebt zu sein und mit offenem Herzen zu lieben.

■ Unserem Inneren Kind das Urvertrauen wiedergeben

Um unserem Inneren Kind das Urvertrauen wiederzugeben, das wir vielleicht in unserer Kindheit nicht entwickeln konnten, können wir uns zurücklehnen in eine große Kraft, die immer um und in uns ist, und die die meisten von uns verlernt haben wahrzunehmen. Wir lassen uns fallen in die Liebe des Universums, der großen Mutter, der göttlichen Eltern und finden darin die Fähigkeit, dem Kind in uns zu sagen: „Du bist geliebt, immer und jederzeit, was auch immer du tust, wie auch immer du bist."

Frauen aus meinen Kursen stellen immer wieder die Frage: „Wie kann ich nur meinem Inneren Kind Liebe geben? Ich fühle mich unfähig dazu. Ich bin nicht stark genug." Wir können viele Wege finden, um dazu fähig zu werden, und Sie finden dazu unzählige Anregungen in diesem Buch. Doch letzten Endes entsteht die Kraft aus der Hingabe an die Stille hinter allem, in der wir einfach sein können, durch das Anvertrauen an den Fluss des Lebens. Durch das Wahrnehmen einer

Liebe, die zu uns strömt und die gleichzeitig in uns ihre Quelle hat und die unabhängig von einem anderen Menschen ist.

Und wenn dann diese große Liebe durch unser Herz zu unserem Inneren Kind fließt und sein kleines Herz zum Strahlen bringt, dann kann unser kindlicher Teil in Kontakt kommen mit dem Urvertrauen, nach dem es sich sehnt.

Wenn Sie die folgenden Übungen machen, kann es sein, dass Sie zuerst einmal durch einige Tränen gehen, die das alte Misstrauen auswaschen. Wenn das so ist, suchen Sie sich im Kapitel über das verletzte Innere Kind Hilfe.

■ Übungen

1. Situationen im Erwachsenenleben einsammeln

Kommen Sie zur Ruhe und gehen Sie in sich. Nehmen Sie den Stift zur Hand und schreiben Sie auf, wann Sie sich in Ihrem Erwachsenenleben von Ihrem Herz haben leiten lassen und wie sich das angefühlt hat. Wann gibt es heute in Ihrem Alltag Situationen, in denen Ihr Herz spricht? Spüren Sie nach, an was Sie erkennen, dass sich Ihr Herz meldet. Was sind die Körpergefühle? Wie Ihre Stimmung? Welche Gedanken haben Sie dann? Welche Impulse?

Gestalten Sie bewusst Situationen in Ihrem Alltag, die Sie mit Ihrem Herz in Verbindung bringen. Gehen Sie spazieren und schauen Sie mit Kinderblick.

2. Das Innere Kind im Herzen finden

Werden Sie ruhig und legen Sie eine Hand aufs Herz. Folgen Sie Ihrem Atem, ohne ihn zu verändern. Werden Sie sich einfach nur bewusst, dass Sie atmen. Dann lassen Sie Ihren Atem durch Ihr Herz fließen und Wärme dort entstehen. Tiefe ruhige Wärme. Sie gehen mit Ihrer Wahrnehmung ganz ins Zentrum Ihres Herzens, als würden Sie Schicht für Schicht tiefer und tiefer gehen. Ganz im Inneren sehen Sie ein Licht strahlen. Aus diesem Licht taucht ein Kind auf, das Kind, das noch ein ursprüngliches Vertrauen hat: ins Leben, in die anderen, in sich selbst. Lassen Sie das Kind immer deutlicher werden.

Lassen Sie es mit dem Licht größer werden. Begrüßen Sie es als einen großen Schatz. Bitten Sie es, da zu sein. Fragen Sie nach innen, was es braucht, um wieder in Ihr Leben zu kommen. Schreiben Sie dies auf und finden Sie einen Weg, diese Bedürfnisse umzusetzen.

3. Das heil gebliebene Kind wiederfinden

Entspannen Sie sich und gehen Sie durch das Tor in Ihren Inneren Garten. Es gibt dort einen heiligen Platz, an dem eine Quelle entspringt. Das kann eine besondere Stelle in der Natur sein, ein Tempel, eine Kapelle… Sie finden dort das Schutzwesen für das Innere Kind, ein himmlisches Wesen, ein Licht. Dort ist diese heilige Quelle, in die Sie Ihr Inneres Kind tauchen. Die Quelle wäscht die Schmerzen ab, die Belastungen, die Ihr Inneres Kind noch mit sich trägt, ab. Sie reiben und berühren es zärtlich. Die Quelle ist erfüllt von heilsamen Kräften, sie kann Vergangenes abspülen und so das Kind ins Hier und Jetzt holen. Sehen Sie, wie das Kind sich verwandelt, während Sie es waschen. Sie können das auch dem Engel überlassen und zuschauen. Sie sehen wie das Kind wieder seine Unschuld und sein ursprüngliches Vertrauen zurückgewinnt. Sie sehen es in seinen Augen und seinem Gesichtsausdruck.

Rastplatz am Ufer: Alles ist im Fluss

Wir lagern heute an einem Fluss. Das Wasser plätschert, an manchen Stellen strömt es über große Steine und rauscht laut. Es ist ein schöner Platz, um Pause zu machen. Wir werden langsam ruhig und schauen in die Wellen, ohne zu sprechen. Das Innere Kind spielt am Ufer und findet runde Steine, die der Fluss glatt gewaschen hat. Es sammelt die Steine und legt Muster damit. Ab und zu wirft es einen voller Kraft ins Wasser, weil es die Ringe sehen möchte, die der Stein erzeugt. Wir packen den Proviant aus. Nach dem Wandern schmeckt alles besonders gut. Danach gibt es noch einen Kaffee oder einen Tee, ganz wie Sie möchten. Während wir das heiße Getränk schlürfen, möchte ich Ihnen etwas erzählen. Ich möchte Ihnen einen Ausblick geben, was sich durch diese Reise verändern kann.

Wir sind vielfältige Wesen in ständiger Wandlung
Wenn wir die Tausenden Blätter einer Eiche anschauen, dann sehen wir kein Blatt, das einem anderen genau gleicht. Die Natur hat eine unendliche Kreativität und wir – als Teil der Natur – sind genau so. Die jeweilige Mischung unserer Seiten und wie sie zusammenspielen ist einzigartig und zudem ist diese ganz besondere Mischung, die jede und jeder von uns darstellt, in ständiger Bewegung. Wir sind in Kontakt mit unserer Umwelt und dadurch verändern wir uns. Die Bäume reagieren auf die Sonne, auf den Regen, auf den Wind, auf Tiere und Pflanzen. Wir befinden uns in einem faszinierenden Wechselspiel mit allem, was ist.

Auch das Innere Kind verändert sich
Wie alles in uns, ist auch das Innere Kind eine Seite, die sich wandelt. Wundern Sie sich also nicht, wenn Sie Ihr Inneres Kind immer wieder in anderer Form und in anderer Verfassung antreffen! Wenn wir uns dem Inneren Kind zuwenden, geschieht schon meist dadurch eine Veränderung. Es fühlt sich wahrgenommen und gesehen. Wenn wir die lebendigen kindlichen Seiten anerkennen, werden sie schon dadurch stärker, selbstbewusster und für die Erwachsene erfahrbarer.

Die schmerzvollen Seiten des Inneren Kindes, die wir häufig aus unserer Wahrnehmung verbannt haben – und das aus gutem Grund – werden vielleicht zuerst spürbarer und dann häufig weicher, wenn wir uns ihnen zuwenden. Und es kann passieren, dass wir irgendwann dieses verletzte Kind nicht mehr in uns finden. Jedenfalls nicht so, wie es war. So schnell, wie Kinder manchmal zu trösten sind und sich dann wieder freuen können, genauso verändert auch das Innere Kind sein Gesicht. Manchmal geschieht es in fünf Minuten, dass das verletzte Innere Kind sich in die getröstete geliebte Kleine verwandelt. Die Wunden der Vergangenheit heilen im Hier und Jetzt in der Liebe, die wir heute für uns selbst aufbringen und die wir uns erlauben anzunehmen. Doch können Empfindlichkeiten bleiben. Es sind Schwachstellen, über die eine heilende, feine Schutzschicht gewachsen ist, die jedoch immer noch nach Achtsamkeit und Vorsicht rufen und unser Mitgefühl brauchen. Diese kindlichen Erfahrungen haben ja auch unsere Persönlichkeit mit ihren Eigenheiten mitgeschaffen. Und in unseren „Schwächen" kann unsere größte Kraft verborgen sein.

Die Erwachsenenseiten verwandeln sich auch

Auch die erwachsenen Aspekte unserer Persönlichkeit verändern sich in diesem Prozess des Bewusstwerdens über uns selbst. Liebevolle Seiten in uns werden gestärkt, schon dadurch, dass wir entscheiden, uns um unser Inneres Kind zu kümmern. Wir entwickeln Mitgefühl, öffnen unser Herz für uns selbst und dadurch auch für andere. Je weiter wir in diesem Heilungsprozess fortschreiten, desto mehr entwickeln wir unsere liebevolle Erwachsenenseite.

Wir stoßen dabei auch auf unsere (selbst-)kritischen Seiten, in denen wir zerstörerisch gegen unsere kindlichen und schöpferischen Impulse denken und handeln. Die kritischen, verurteilenden, fordernden Stimmen in uns sind häufig „Lösungen", die wir als Kind gefunden haben, um für uns schwierige Situationen zu ertragen. Die lieblose Erwachsenenseite ist direkt aus dem ungeliebten Kind hervorgegangen und hat da ihre Wurzeln. Die Heilung des ungeliebten Inneren Kindes verändert also diese Erwachsenenseiten mit.

Die Erwachsenenseite und das Kind in uns verschmelzen miteinander

Wenn wir unsere positiven kindlichen Erfahrungen und Sehnsüchte wichtig nehmen, dann finden die Qualitäten des kreativen, geliebten Inneren Kindes jetzt und heute Eingang in unser Leben. Das kraftvolle Innere Kind wird stärker und freier und bereichert damit den Alltag der Erwachsenenseite. Das Innere Kind kommt mehr und mehr mit seinen Schätzen in der Gegenwart an und ist gleichzeitig immer weniger in den Verletzungen der Vergangenheit gefangen. Die Erwachsene und das Innere Kind versöhnen sich und bilden ein starkes Team. Sie gehen Hand in Hand. Beide verbinden sich miteinander, in einem Tanz, in dem mal die eine Seite die Führung hat und dann die andere. Vereint können diese Seiten das Leben leichter, erfüllter und kreativer gestalten.

Wir entwickeln die Fähigkeit zur urteilsfreien Wahrnehmung

Was sich in diesem Prozess der Selbsterkenntnis beinahe von selbst entwickelt, ist die Fähigkeit des wertfreien Wahrnehmens. Wir beobachten, was in uns geschieht, welcher kindliche Anteil sich meldet, wie es ihm geht. Wir sind interessiert, neugierig und offen. Wir versuchen, nicht zu urteilen, sondern wir betrachten einfach das, was sich in uns abspielt. Das ist eine sehr erwachsene, reife Fähigkeit, verbunden mit einer kindlichen Neugierde.

Im Lauf der Zeit entwickelt sich diese Seite mehr und mehr und begleitet uns in unterschiedlichen Situationen in unserem Leben. Wir bemerken immer wieder: „Ich spüre Angst – da taucht meine Kleine auf" oder „Jetzt prickelt es in mir, mein Kleiner meldet sich" oder „Ich bin angespannt, sollte mal an die frische Luft gehen". Wir halten einen Moment inne und beobachten uns selbst, ohne uns zu beurteilen. Diese Seite wird also im Lauf der Zeit immer deutlicher als liebevolle, weise und gütige Stimme zu hören sein. Die Erwachsenenseite, die sich mit dieser Seite verbindet, gewinnt immer leichter den Überblick über das innere Geschehen und kann so zur aktiven Vermittlerin für die unterschiedlichen Inneren Anteile werden und ihnen im alltäglichen Leben zu einem balancierten Ausdruck verhelfen.

Die Entwicklung verläuft in Spiralen

Diese Entwicklung in uns geschieht weniger geradlinig, sondern eher in Spiralen. Wir sehen einen kindlichen Teil, gehen mit ihm in Kontakt, klären und entwickeln diese Beziehung, finden Harmonie und Aussöhnung und integrieren diese kindliche Seite. Das ist dann eine Runde der Spirale auf dem Weg mit dem Inneren Kind, die uns stärkt. Eine andere kindliche Seite wird aus dem Dunkeln geholt. Oder eine andere Erwachsenenseite. Oder ein vergessenes Potenzial, das wir schon als Kind in uns spürten, darf wieder da sein.

Der Kreis unserer Möglichkeiten wird dadurch immer größer. Die Entwicklung geht weiter. Wir sind so vielfältige und großartige Wesen, die immer wieder neue Seiten entdecken und entwickeln können. Wir können uns entscheiden, immer mehr unsere Vielfalt und Größe zu leben, so dass der spiralige Weg zu uns selbst immer weitergeht.

Teil 5
Dem verletzten Inneren Kind begegnen

Stärkung und Klarheit

■ *Gestärkt durch die letzte Reiseetappe geht es nun weiter*
Sie sind ihm im Lauf der Reise wahrscheinlich hin und wieder
schon begegnet: dem verletzten, traurigen, ängstlichen, vernachlässigten Inneren Kind! Freudige und traurige Gefühle
liegen oft nah beieinander, und wenn wir uns für das eine
öffnen, schlüpft manchmal das andere auch mit durch die
Tür. Deshalb nehmen wir uns nun vor dem Hintergrund der
gemeinsamen Erfahrungen eine etwas schwierigere Wegstrecke vor, auf der das verletzte Innere Kind im Mittelpunkt stehen wird.

Vielleicht wird es Ihnen etwas ungemütlich bei dieser Ankündigung, vielleicht sagt aber auch etwas in Ihnen: „Endlich! Ich warte schon so lange darauf, dass ich gesehen werde."

Der folgende Weg kann schon mal etwas steinig sein. Vielleicht geht es anstrengende Pfade bergauf und wir müssen dafür unsere Kraftreserven aktivieren. Es kann auch abwärts in tiefere Täler gehen und wir setzen dann vorsichtig Schritt für Schritt, um nicht abzurutschen. Das Betreten unwegsamer Gegenden braucht vielleicht zuerst Mut. Doch können wir Landschaften mit einer ganz eigenen Schönheit entdecken, die sich auf den ersten Blick nicht offenbart hat. Es kann auch sein, dass wir sagen: „Das ist mir gerade zu gefährlich, dieser Strecke fühle ich mich nicht gewachsen. Ich mache einen Umweg, der leichter zu gehen ist, und laufe die Strecke ein andermal oder suche mir dafür eine gute Führerin oder einen erfahrenen Führer." Es kann auch passieren, dass Sie schon bei den ersten Schritten bemerken: Das geht über meine Kräfte. Dann brechen Sie die Reise erst einmal an dieser Stelle ab (oder an jeder anderen, an der Sie nur mit diesem Arbeitsbuch nicht weiterkommen) und suchen eine geeignete Unterstützung in Form einer psychotherapeutisch arbeitenden Fachkraft.

Bevor es losgeht, setzen wir uns nun gemütlich an einen geschützten Platz mit einer weiten Aussicht in die Ferne. Hinter uns rauschen die Blätter der Bäume in einem leichten Wind. Wir machen ein kleines Feuer, es gibt gleich Tee.

Teil 5 . Dem verletzten Inneren Kind begegnen

■ Die Pflege der Kraftquellen ist hier besonders wichtig

Auf dem folgenden Stück des Weges sind die Kraftquellen wichtig, die Sie bis jetzt kennen gelernt haben, und den Kontakt mit ihnen werden wir zuerst wieder auffrischen. Sie kontrollieren die Grundausrüstung und schauen nach, ob alles da ist, was Sie für die folgende Reisestrecke brauchen. Ich möchte Ihnen vorschlagen, sich selbst immer wieder Ihrer erwachsenen und Ihrer kindlichen Ressourcen zu versichern, mit denen Sie sich schon in den vorhergegangenen Kapiteln beschäftigt haben und sich auch zwischendurch damit zu stärken, vor allem, wenn Sie sich nun den Verletzungen Ihres Inneren Kindes zuwenden.

Die Reise soll keine Überforderung werden, sondern eher eine Herausforderung, in der Sie sich neue Kraftquellen erschließen: nämlich die Potenziale des verletzten Inneren Kindes. Die sind nicht ganz so einfach zugänglich wie die der kraftvollen Inneren Kinder, doch es steckt so viel Liebe, Sensibilität und Stärke in den verletzten Seiten – vorausgesetzt, wir nehmen uns ihrer an.

Auch wenn es hier um das verletzte Innere Kind geht, bedeutet das also nicht, dass Sie sich ab jetzt ausschließlich darum kümmern. Nein, es ist wichtig, dass Sie auch weiter die fröhliche Kleine/den unternehmungslustigen Kleinen einladen, kindlichen Aktivitäten in den Inneren- Kind-Zeiten Raum geben und die Kraftquellen der Erwachsenenseite pflegen. Besonders jetzt!

Wenn Sie also meiner Reiseleitung gefolgt sind, haben Sie viele Vorbereitungen getroffen. Sie haben Handwerkszeug an die Hand bekommen, um sich nun ganz bewusst den schmerzlichen Seiten in sich zuzuwenden. Sie haben den Dialog geübt, um zu erfahren, was Ihr Inneres Kind heute von Ihnen braucht, und Sie wissen, wie Sie mit Ihrem Inneren Kind kommunizieren können. Diese Reiseausrüstung wird Ihnen auf Ihrem Weg eine verlässliche Hilfe sein.

■ Der gesunde Abstand

Was den Erwachsenenseiten hilft, bei Kräften zu bleiben, sind nicht nur die Kraftquellen und auch nicht nur die Liebe und das Mitgefühl den kindlichen Seiten gegenüber, es ist auch die Fähigkeit, sich auf eine liebevolle Art von den verletzten kindlichen Anteilen zu distanzieren. Die Erwachsene verschmilzt dadurch nicht vollständig mit den Gefühlen des Inneren Kindes. Es ist also wichtig, dass der Erwachsene klar unterscheiden kann zwischen erwachsenen und kindlichen Zuständen. Das ist nicht immer leicht, besonders wenn uns die Gefühle des Inneren Kindes zuerst nicht bewusst sind. Wir sind dann zum Beispiel überzeugt, dass unsere Partnerin uns übel mitspielt und uns verletzen will und bemerken nicht, dass es hauptsächlich die Gefühle des verletzten Inneren Kindes sind, die durch sie angesprochen wurden. Wenn wir im Lauf der Zeit die Fähigkeit entwickeln, mit Hilfe unserer Inneren Beobachterin oder unseres Inneren Beobachters wertfrei wahrzunehmen, was in uns geschieht, dann können wir von dieser Warte aus immer leichter erkennen, aus welchem unserer Anteile die Gefühle von Trauer, Verletzung oder Verzweiflung herrühren.

Birgit wird des Öfteren überrollt von alter Trauer und das ist ihr im Moment zu viel. Im Gespräch wird klar, welche tiefen Verlassenheitsgefühle sich immer wieder Bahn brechen. Das hilft ihr schon etwas, sich selbst zu verstehen. Doch sie hätte gerne noch mehr Abstand zu diesen Gefühlen. So nimmt sie eine der Puppen in meiner Praxis als Symbol für das Innere Kind und legt es so weit weg von der Stelle, an der die Erwachsene steht, dass sie diese Gefühle nicht mehr spürt. Ich begleite sie dabei, sich ihrer Fähigkeiten und Wünsche als Erwachsene bewusst zu werden und sie merkt, dass sie dadurch Boden gewinnt. Im wörtlichen Sinne: Sie kann besser stehen. Sie merkt eindeutig einen Unterschied in ihrer Körperwahrnehmung. Wenn sie von ihrer Arbeit erzählt, leuchten ihre Augen. Sie arbeitet mit Jugendlichen und sie macht das mit Begeisterung. Sie hat im Rahmen eines Malkurses andere Menschen getroffen und ihre Fähigkeit, auf andere zuzugehen, wiederentdeckt. Sie steht gleich noch aufrechter da, als sie mir davon berichtet. Sie entscheidet sich, sich innerhalb des Hauses, in dem sie mit ihrer Familie wohnt, ein eigenes Zimmer einzurichten, um sich selbst deutlicher zu spüren. Hier kann sie ihre frisch gemalten Bilder aufhängen. Sie stellt sich das neue Zimmer deutlich vor. Danach ist es ihr möglich, sich ihrer verletzten Kleinen zuzuwenden und ihr zu sagen: Bald kümmere ich mich um dich.

Es ist also sinnvoll zu üben, wie Sie Abstand zum Inneren Kind gewinnen können, bevor Sie sich ihm zuwenden. Wenn also im Folgenden die Gefühle des Inneren Kindes für die Erwachsenenseite zu heftig werden, nutzen Sie diese Möglichkeiten. Eine große Hilfe, um gesunden Abstand zu schaffen, sind der Lieblingsort und das Schutzwesen. Dahin können Sie Ihr Inneres Kind bringen, Sie geben es dort in Obhut wie in einen guten Kindergarten und können dann wieder ganz in Ihrer Erwachsenenseite sein.

Teil 5 . Dem verletzten Inneren Kind begegnen

Häufig finden wir die verletzten Inneren Kinder zuerst an unwirtlichen Orten. Die Rettungsaktion holt sie von dort weg und bringt sie an den sicheren Lieblingsort im Inneren Garten. Es ist gut, das immer wieder zu üben, so dass Sie die kindlichen Seiten immer schneller dorthin in Sicherheit bringen können.

Manchmal tauchen leblose oder sehr kranke Innere Kinder auf. Bringen Sie diese in Ihrer Vorstellung an einen guten Ort mit Schutzwesen, Engeln, Heilerinnen und Heilern, guten Ärzten, und vertiefen Sie diesen Kontakt im Rahmen dieser Reise nicht weiter. Dafür ist eine professionelle Unterstützung zu empfehlen, die Sie in psychotherapeutischen Sitzungen direkt begleiten kann.

■ Übungen

1. Die Kraftquellen noch einmal stärken

a) Schauen Sie in Ihrer Liste der Kraftquellen der Erwachsenenseite nach und suchen Sie sich eine (oder auch mehrere) aus, die Sie die Zeit über, in der Sie sich mit Ihrem verletzten Inneren Kind beschäftigen wollen, besonders intensiv ausschöpfen. Wenden Sie gleich heute eine an.

b) Kraftort der Erwachsenenseite visualisieren
Frischen Sie den Kraftort für die Erwachsene wieder auf, indem Sie ihn sich immer wieder vorstellen. Rufen Sie die weise Gestalt für die Erwachsenenseite und sehen Sie sie deutlich vor sich. (Vielleicht sind Sie nun schon so geübt, dass Sie nicht mehr die ganze Fantasiereise machen, sondern sich sofort an die entsprechenden Plätze „beamen" können.)

c) Eine der Kraftquellen des vitalen, kraftvollen Inneren Kindes pflegen
Schauen Sie in Ihrer Liste nach oder entscheiden Sie sich für eines – oder mehrere – der Dinge, die Ihrem kraftvollen Inneren Kind gut tun. Gönnen Sie Ihrer Kleinen in der nächsten Zeit immer wieder die Erfahrung.

2. Mit einem Symbol Abstand schaffen

Wenn Sie zu denen gehören, die eine Puppe oder ein Stofftier gewählt haben, die das Innere Kind vertritt, dann nutzen Sie dieses Symbol für die folgende Übung. Wenn nicht, dann suchen Sie sich jetzt etwas, was das verletzte Innere

Kind symbolisiert: einen Stein, ein Foto, eine Muschel, ein Holzstück oder auch ein Blatt Papier, auf den Sie den Namen des Inneren Kindes schreiben.
Dann nehmen Sie dieses Symbol und geben ihm einen Platz im Zimmer oder nutzen den Inneren-Kind-Platz in Ihrer Wohnung. Sie suchen verschiedene Gegenstände, die dem Inneren Kind gefallen könnten und es gut versorgen: die Skulptur des Lieblingsortes, ein Bild oder eine Skulptur des Schutzwesens, ein schönes Foto, eine kuschelige Decke, ein weiches Kissen, eine Kerze, eine Blume, etwas Schönes ... Sie sagen den Inneren Kind: „Ich gehe jetzt weg, weil ich für mich sein möchte. Ich komme wieder, wenn ich Kraft gesammelt habe. Du bist hier gut aufgehoben."
Dann entfernen Sie sich von dem Symbol und zwar so weit, dass Sie sich gut geerdet und erwachsen fühlen. Welcher Abstand tut der erwachsenen Seite gut? Erlauben Sie sich, dass Sie sich abwenden, vielleicht in eine ganz andere Richtung schauen und dort Ruhe und Kraft sammeln. Sie werden feststellen, dass dies Ihnen hilft, sich irgendwann später wieder der Kleinen oder dem Kleinen zuzuwenden.

3. Rettungsübung

Hier visualisieren Sie den Lieblingsort und das Schutzwesen und bringen das Innere Kind dort so schnell wie möglich hin. Verabschieden Sie sich und sagen Sie, dass Sie zu einem anderen Zeitpunkt für es da sein wollen. Üben Sie das immer wieder, so dass es schnell geschehen kann.

Geduld und Annahme

■ *Das verletzte Innere Kind ruft danach,*
 gesehen und gehört zu werden
Nun sind Sie bereit, ganz bewusst auf das verletzte Innere Kind einzugehen. Es ruft danach, von Ihnen gesehen zu werden! Es hat die ganze Zeit schon angeklopft. Es hat immer schon Zeichen gegeben. Gewartet, dass es Aufmerksamkeit bekommt. Es steht immer noch da, wie in der Situation damals,

als Ihnen als Kind etwas weh tat. Und hofft immer noch auf das, was damals gefehlt hat.

Es hat sich in Müdigkeit gezeigt oder in Unruhe, in Abhängigkeit von anderen Menschen oder in Angst vor Nähe, in Verweigerung oder in Übereifer, in Depressionen oder in ständiger Wut, in Süchten oder im Versagen von Genüssen und in vielem mehr. Es hat sich zu einer lieblosen Erwachsenenseite entwickelt, die versucht, das Kindliche und damit die Schmerzen abzuschneiden.

■ *Das verletzte Innere Kind kann das Leben der Erwachsenen sehr einschränken*

Das verletzte Innere Kind kann die Erwachsenenseite davon abhalten, ihre Wünsche zu leben. Vielleicht ist das Innere Kind sehr schüchtern und hat große Angst, sich zu zeigen, oder es hat Angst vor Fremden und Neuem. So wird die Reise nach Island immer wieder aufgeschoben, obwohl die Erwachsene sich die so sehr wünscht, oder die Teilnahme am Malkurs scheitert an der Angst zu versagen. Vielleicht ist das Innere Kind Menschen gegenüber sehr misstrauisch und hält den Erwachsenen davon ab, unterstützende Kontakte zu finden oder nahe Beziehungen einzugehen. Und manchmal merken wir gar nicht, wie sehr wir durch kindliche Gefühle bestimmt werden, die der Nachhall von schmerzhaften Erfahrungen in unserer Kindheit sind. Wir merken nur, dass wir nicht so können, wie wir wollen, sondern in unserem Leben immer wieder die gleichen Schleifen drehen und aus bestimmten einschränkenden Verhaltens- und Denkweisen nicht herauskommen. Wir wundern uns, warum wir sie nicht einfach ändern können, wo wir doch einsehen, dass eine andere Art, mit uns und anderen umzugehen, viel leichter wäre!

Da ist das verletzte Innere Kind am Werk, das immer noch bestimmte Sichtweisen über sich selbst und die Welt vertritt, die sich früher einmal gebildet haben. Die Zuwendung unserem verletzten Inneren Kind gegenüber bedeutet also auch, diese einschränkenden Sichtweisen und Festlegungen in uns zu erkennen, aufzuweichen und durch neue Botschaften zu ersetzen. Dadurch können sich langsam festgefahrene Strukturen in uns verändern. Die Erwachsene, die beginnt, das verletzte Innere Kind zu sehen, kann dann liebevoll auf die Ängste, das Misstrauen, die Verlorenheit, die Trauer, die Zurückhaltung eingehen und gleichzeitig ihre eigenen Wünsche und Bedürfnisse leben, anstatt das verletzte Innere Kind darüber bestimmen zu lassen.

■ Die gute Nachricht: Das Innere Kind hat einen Selbstheilungsdrang in sich

Das verletzte Innere Kind hat einen starken Selbstheilungsdrang in sich. Deshalb sucht es unermüdlich Gelegenheiten, um sich zu zeigen und gehört zu werden. Dies sind zwar oft Situationen, in denen uns das gar nicht so angenehm ist, zum Beispiel beim Gespräch mit einem Vorgesetzten oder in der Auseinandersetzung mit einem Partner oder einer Freundin. Dennoch, es sind Signale des Inneren Kindes, die gehört werden wollen – eines Kindes, das nicht aufgibt, das immer noch nach der Liebe und Anerkennung sucht, die es früher nicht bekommen hat. Anstatt gegen diese Signale des Inneren Kindes anzukämpfen oder uns selbst gar abzulehnen, können wir genau die Kraft nutzen, die dahintersteckt. Wir können erkennen: Da ist etwas in uns, das wachsen und sich entwickeln möchte! Wir haben eine große Selbstheilungskraft in uns, die sich ihren Weg bahnen will. Wir können sie auch als eine „Selbstorganisationskraft" bezeichnen, die unserem Gesamtorganismus innewohnt, die zu uns gehört. Genau wie unser physischer Körper Wunden heilen kann und Gesundheit anstrebt, möchten unsere psychischen Wunden ebenfalls heilen. In uns ist ein Bestreben, Ungleichgewichte auszugleichen, Defizite nachzunähren und Versäumtes nachzuholen.

■ Die Hoffnung bleibt

Was in jedem therapeutischen und in jedem Selbstheilungsprozess zu beobachten ist: Das verletzte Innere Kind hat letzten Endes die Hoffnung nie ganz aufgegeben, mag sie noch so versteckt sein. Genau an den Stellen, an denen Entwicklung, Wachstum und Entfaltung unterbrochen wurden, ist der Drang, dies zu vollenden, am größten.

Wir wollen wachsen und reifen. Diese Sehnsucht nach Ganzheit immer wieder in uns und in anderen zu entdecken ist faszinierend. Eigentlich müssen wir nur diesem inneren Fluss den Weg wieder frei räumen. Er ist vielleicht gestaut, hat aber in sich die Kraft behalten, weiter fließen zu wollen. Und auf diese Kraft können wir vertrauen. Was sie braucht, sind förderliche Bedingungen, genau die, die es damals nicht gegeben hat, aber die wir in unserer inneren und manchmal auch in unserer äußeren Welt schaffen können. Es ist unser Inneres Kind, das diese Wachstumskraft in sich hat.

Seien auch noch so viele Verletzungen in unserer Vergangenheit geschehen, bleibt doch etwas in uns unversehrt. So wie es möglich ist, einen jahrhundertealten Samen wieder mit Wasser und in fruchtbarer Erde zum Keimen zu bringen, so ist es auch möglich, unsere Selbstheilungskraft in gute Erde zu legen – unsere Liebe – und zu wässern – mit unserem Verständnis – von der Sonne bescheinen zu lassen – unserer liebevollen Aufmerksamkeit – und von einem leichten Wind streicheln zu lassen – unserer Zärtlichkeit für uns selbst.

■ Das verletzte Innere Kind hat viele Schätze in sich

Wenn wir uns um diesen Teil in uns kümmern, dann kann er seine Potenziale entfalten. Denn hinter der Verletzung steckt die Kraft. Das starke Kind, das zu einem Zeitpunkt in unserer Kindheit verschwunden ist, sich nicht mehr getraut hat, da zu sein, kann wieder auftauchen und seine Fähigkeiten entfalten. Vielleicht steckt eine ganz Mutige hinter der Ängstlichen, vielleicht wartet hinter dem Traurigen ein ganz Sensibler.

Auch die Schutzmechanismen, die das verletzte Innere Kind entwickelt hat, können zu einer Kraftquelle werden, wenn wir sie anerkennen. Es gibt Stärken darin zu entdecken, die wir heute bewusst einsetzen können.

■ Die Erwachsene übernimmt die Fürsorge für den verletzten Inneren Anteil

Wenn Sie nun im Gespräch sind mit Ihrem traurigen, enttäuschten, verzweifelten, ängstlichen, belasteten oder hilflosen Inneren Kind und es Ihnen auf dieser Reisestrecke die Stellen zeigt, an denen seine Verwundungen sichtbar sind, dann kommt es im Dialog auf ganz einfache Dinge an: Da-Sein, Verständnis, Anerkennung der Gefühle, Trost.

Es kann aber auch bedeuten, sich eine Entspannungsmassage zu gönnen, die das Innere Kind tröstet, oder eine gute Freundin anzurufen und zu sagen: „Ich brauche mal eine Umarmung. Kann ich vorbeikommen?" Oder auch sich professionelle Hilfe zu holen, falls das Innere Kind mit so einschneidenden Verletzungen aufwartet, dass sie leichter mit Begleitung bewältigt werden können.

Es ist also die Erwachsenenseite, die sich entschieden hat, für das Innere Kind Fürsorge zu übernehmen und im Dialog zu entdecken, was sie ihm geben kann und will. Wir brauchen dafür nicht unbedingt in unsere Vergangenheit zu gehen, denn: Heilung geschieht im Hier und Jetzt. Doch das verletzte Innere Kind ist nicht nur das Kind, das Sie einmal waren und dessen Verletzungen Sie noch in sich tragen, es ist auch das Innere Kind, das immer noch jeden Tag von der Großen vernachlässigt wird, nicht ernst genommen, verurteilt, an die Seite geschoben, nicht beachtet oder lächerlich gemacht wird.

Die lieblose Erwachsenenseite hat sich identifiziert mit den Eltern, den Lehrern oder wem auch immer, die damals das Kind, das Sie waren, nicht verstehen oder fördern konnten. Sie ist auch entstanden aus der „Notreaktion", dem Überlebensmechanismus des Kindes. Und da wir viele dieser Fühl-, Denk - und Verhaltensweisen beibehalten, führt das dazu, dass wir fortsetzen, was wir früher einmal entschieden haben oder das mit uns selbst machen, was damals mit uns geschehen ist; diesmal in eigener, unbewusster Regie. Es kann sein, dass Sie Ihr Inneres Kind im Alltag zu wenig schützen und es immer wieder schmerzlichen Situationen aussetzen, die die alten Wunden aufreißen.

Sie haben vielleicht bisher nicht wirklich ernst genommen, dass es dem Inneren Kind weh tut, wenn Sie es immer wieder verlassen, indem Sie sich nicht vor den verbalen Attacken Ihres schlecht gelaunten Chefs schützen. Oder indem Sie immer wieder einen Freund anrufen, der Ihnen nur ein Ohr abkaut und seinen Frust loswerden will.

Also, machen Sie sich darauf gefasst, dass Ihr Inneres Kind auch die Verletzungen durch die lieblose Erwachsenenseite ins Gespräch bringt! Sie können da Einiges zu hören bekommen!

Ein Briefwechsel

„Jahrelang hast du dich wegen mir geschämt", schreibt das Innere Kind einer Kursteilnehmerin. Wenn ich geweint habe, hast du gesagt: „ Die doofe Heulerei! Hör endlich auf damit!! Wie sieht das denn aus, da nimmt dich ja niemand ernst. Komm reiß dich zusammen. Das ist mir peinlich!!" Und schreibt dann: „Und jetzt willst du Mitgefühl haben? Das soll ich dir glauben? Bleib mir weg damit!!" Das war keine leichte Situation, wie Sie sich vorstellen können. Wie da reagieren?

Die Große versuchte es damit: „Es tut mir echt leid. Mir war das gar nicht klar, dass ich dir damit so weh getan habe. Ich glaube, es war alte Gewohnheit. Ich wusste gar nicht, dass das auch anders gehen könnte. Ich bin ganz schön geschockt über mich und ich bin froh, dass du mir gesagt hast, wie das für

Teil 5 . Dem verletzten Inneren Kind begegnen

dich ist. Und ich kann gut verstehen, dass du mir nicht so einfach traust. Ich weiß ja selbst nicht, wie ich das ändern soll. Aber ich möchte da einen anderen Weg finden, jetzt wo ich weiß, wie sehr du darunter leidest."

Ihr liefen dabei die Tränen – und in dieser Situation war ihr das gar nicht peinlich. Sie hat noch viel geweint in den folgenden Tagen, ihre Kleine weinen lassen, und das vor der ganzen Gruppe. Das war ein großer Schritt für sie und am Ende der Seminartage schrieb ihr Inneres Kind: „Ich glaube dir jetzt." Und das war ein ganz starker Moment für die Erwachsene.

Bei der Begegnung mit dem verletzten Inneren Kind geht es also immer wieder auch darum, das Verhältnis zwischen der Erwachsenenseite und dem Innerem Kind zu klären und zu prüfen, inwieweit sich die Verletzung im Heute fortsetzt.

■ Übungen

1. Briefwechsel

Spüren Sie zuerst Ihre Erwachsenenseite mit ihren Kraftquellen. Beschreiben Sie für sich eine kraftspendende Situation als Vorbereitung für den Kontakt mit dem verletzten Inneren Kind. Sie können sich auch Ihre weise Gestalt unterstützend in Ihrer Nähe vorstellen. Schreiben Sie danach Ihrem verletzten Inneren Kind einen Brief und fragen Sie es, was Sie im Alltag tun können, um ihm Schutz und Trost zu geben. Fragen Sie auch nach, ob und wie die Erwachsene das Innere Kind immer wieder selbst verletzt, fragen Sie, wie das geschieht und was sich das Innere Kind von Ihnen wünscht. Fragen Sie es, wann und in welchen Alltagssituationen es den sicheren Platz in Ihrer Wohnung und/oder den Lieblingsort braucht. Machen Sie ein Zeichen aus, mit dem es sich dann melden kann, falls es Schutz braucht und die Erwachsenenseite es nicht von sich aus bemerkt.

2. Nach innen sprechen

Sagen Sie Ihrem Inneren Kind in Form des Symbols oder nach innen:
„Ich pass auf dich auf." · „Ich bin für dich da." · „Ich schütze dich."
Sagen Sie einen dieser Sätze oder mehrere davon immer wieder, finden Sie die richtige Art, sie zu sagen. Mit welcher Stimme, in welcher Lautstärke sagen Sie die Trostsätze? Lauschen Sie auf die Reaktion. Machen Sie das immer wieder.

3. Ausprobieren, was Halt und Sicherheit gibt
Probieren Sie aus, wie Sie sich selbst körperlich halten können. Finden Sie eine Geste, die Sicherheit, Geborgenheit und Trost vermittelt. Wiederholen Sie diese immer wieder.

4. Das verletzte Innere Kind mit Hilfe eines Symbols trösten
Entspannen Sie sich und legen Sie zuerst eine Hand auf Ihr Herz, um es zu wärmen und mit Liebe zu füllen. Dann versorgen Sie Ihr bedürftiges Inneres Kind über eine Puppe, ein Stofftier oder eine andere symbolische „Vertretung". Decken Sie es zu, schaukeln Sie es, drücken Sie es an sich, halten Sie es im Arm, singen Sie ihm ein Lied.
Singen ist eine gute Möglichkeit, Kinder, auch die Inneren, zu beruhigen und zu trösten. Gibt es ein Gute-Nacht-Lied, das Sie als Kind mochten oder finden Sie ein neues, das Ihnen gefällt? Vielleicht singen Sie ein paar Töne, erfinden eine eigene kleine Trostmelodie. Gibt es eine Geschichte, ein Märchen, das als Kind tröstend für Sie war oder eine, die Sie jetzt besonders mögen? Machen Sie das öfter.

5. Fantasiereise
Entspannen Sie sich. Machen Sie eine Reise in Ihren Inneren Garten. Gehen Sie zuerst an den Kraftort für die Erwachsene und tanken Sie dort auf. Rufen Sie die hilfreiche Gestalt für die Erwachsene dazu. Danach erst treffen Sie das verletzte Innere Kind am Lieblingsort. Laden Sie sein(e) Schutzwesen dazu ein. Begrüßen Sie das Innere Kind und schauen Sie mit ihm zusammen, wo es sich am sichersten fühlt. Bauen Sie eventuell um. Sie haben ja Ihren Zauberstab. Versorgen Sie die Kleine optimal unter dem Aspekt Schutz, Sicherheit und Geborgenheit. Wo ist es gemütlich, sicher, geborgen am Lieblingsort? Dann fragen Sie, was es noch von Ihnen braucht, wie Sie es trösten und halten können. Geben Sie ihm das, falls Sie es können. Und bitten Sie das Schutzwesen, auch mit dabei zu sein. Was ist seine Aufgabe? Bevor Sie gehen, hüllen Sie das Innere Kind in ein Schutzmäntelchen, es kann ein unsichtbares sein, oder schenken Sie es dem Inneren Kind, so dass es diesen Schutz immer zur Verfügung hat, wenn es das möchte. Verlassen Sie den Ort und entscheiden Sie, wie immer, ob Sie das Innere Kind da lassen oder es in Ihrem Herzen mitnehmen.

Mitgefühl und Trost

■ Das Innere Kind lebt und heilt im Hier und Jetzt
Ich höre immer wieder Menschen, die sagen: Warum soll ich in der Vergangenheit wühlen? Das ist doch schon vorbei. Ich lebe doch jetzt!

Und das kann ich gut verstehen. Gerade wenn man Schweres in der Vergangenheit erlebt hat, ist das Bedürfnis groß, dieses hinter sich zu lassen Und genau das will die Beschäftigung mit dem Inneren Kind unterstützen, denn sie findet im Hier und Jetzt statt. Das Innere Kind ist der kindliche Teil, der heute in uns lebt. Allerdings ist dieser Teil von uns manchmal noch in der Vergangenheit gefangen und möchte in die Gegenwart geholt werden.

■ Dem Kind, das wir waren, Mitgefühl und Anerkennung geben
Manchmal kann es daher wichtig sein, uns prägende Erfahrungen oder Stimmungen aus unserer Kindheit noch einmal bewusst zu machen. Das verletzte Innere Kind ist ja damals entstanden und es braucht Mitgefühl für das, was es durchgemacht hat. Und es ist so heilsam, wenn es Anerkennung bekommt für seine Gefühle und für die Lösungen, die es damals für sich gefunden hat, um die Situation zu überstehen.

In meinen Kursen tun sich die Teilnehmerinnen in kleinen Gruppen zusammen und erzählen jeweils eine, und zwar nur eine, schwierige Situation aus ihrer Kindheit. Die anderen drücken ihr Mitgefühl aus für das Kind von damals, achten seine Gefühle, und gemeinsam schauen alle mit einem anerkennenden Blick auf die Lösung, die das Kind damals für sich gefunden hat – mit dem Wissen, dass es das Beste und Kreativste war, was unter den Umständen damals möglich war. Und zusammen finden sie heraus, welche Stärken die Teilnehmerin als Kind aufgrund dieser schweren Situation entwickelt hat. Wenn Sie vielleicht als Kind einige Umzüge zu verkraften hatten und die Abschiede von den Freunden und Freundinnen schmerzlich waren, haben Sie irgendwann entschieden: „Das tut so weh! Besser, ich mache Dinge für mich allein und öffne mein Herz nicht wieder für jemanden." So haben Sie die Stärke entwickelt, allein zu sein, haben viel gelesen und können heute immer noch leicht in andere Welten abtauchen und sich dabei gut erholen.

Diese Vorgehensweise erfordert, dass wir positiv auf uns und auf uns als Kind schauen. Es bedeutet nicht, dass wir die Not leugnen, die aus den Erfahrungen damals entstanden ist und bis heute nachwirkt, sondern im Gegenteil: Wir nehmen die Gefühle ernst, die das verletzte Innere Kind heute noch in sich trägt. Wir machen dabei immer wieder die Erfahrung, dass genau diese Anerkennung der früheren Bewältigungsstrategien den Weg frei macht dafür, die alten Reaktionen aufzulösen und neue zu finden.

■ *Die schmerzlichen Erinnerungen nur stückchenweise hervorholen*
Um Kontakt mit dem verletzten Inneren Kind aufzunehmen, das noch an vergangenen Situationen hängt, kann es wichtig sein, sich an schwierige Begebenheiten aus Ihrer Kindheit zu erinnern. Aber bitte nur eine auf einmal! Sie können dem Kind, das Sie waren, heute Ihr erwachsenes Mitgefühl und Ihr Verständnis entgegenbringen – das, was früher gefehlt hat! Mitgefühl ist immer der erste Schritt des Dialogs und der Heilung.

Sie sollten auf jeden Fall vermeiden, alle Verletzungen und Entbehrungen Ihrer Kindheit auf einmal aufzuzählen. Sie begraben sich dadurch unter einem Berg von Leiden und nehmen sich selbst die Kraft, die Sie brauchen, um etwas davon zu heilen.

Irene erzählt von einer Situation mit ihrem kleinen Bruder, der viel mehr Aufmerksamkeit als sie bekam. Es war die Zeit, als kleine Stammhalter etwas sehr Wichtiges darstellten. Schon, dass sie als Erstgeborene ein Mädchen war, war für ihren Vater eine Enttäuschung gewesen. Sie hatte sich deshalb sehr zurückgesetzt gefühlt, als ihr Bruder auf die Welt kam. Nachdem sie davon erzählt hat, bitte ich sie, sich das Kind, das sie damals war, vorzustellen: So, als würde es auf sie zukommen und sie könnte den Schmerz in seinem Gesicht und Körperausdruck sehen. Sie bekommt schnell ein Bild, kann das blaue Strickkleidchen sehen, das sie mit fünf Jahren trug. Sie bekommt sofort Mitgefühl mit dem Kind, das nun vor ihr steht. Es fällt ihr leicht zu sagen: „Das hat ja wirklich total weh getan." Und das Kind fängt an zu weinen. Es möchte allerdings (noch) nicht in den Arm genommen werden. Denn es hat damals angefangen, sich unabhängig zu machen, mit einer starken Selbstständigkeit, die Irene geholfen hat, einige schwierige Situationen in ihrem Erwachsenenleben zu meistern. Die sehnsüchtige Kleine, die anerkannt sein wollte, hat natürlich in ihrem Inneren weitergelebt. Nun kann Irene auch sehen, dass sie als Kind mit dieser starken Unabhängigkeit die für sie damals beste Lösung gefunden hat, und kann ihrem Inneren Kind sagen: „Du hast

deine eigene Stärke gefunden, auch wenn das schwer war. Das finde ich toll."
Die Kleine schaut erstaunt. Sie wird plötzlich gesehen! Mit Ihrem Schmerz, aber auch der Kraft, die sie aufgewandt hat, um sich nicht unterkriegen zu lassen. Das Kind sieht nun gar nicht mehr so traurig aus, berichtet Irene, die mit geschlossenen Augen dasitzt und versunken ist in ihre Innere Welt. Sie bringt dann noch das Kind an seinen Lieblingsort. Sein Schutzwesen ist ein kuscheliger Bär und bei ihm erlaubt sich das Kind, sich anzulehnen. Danach öffnet Irene wieder die Augen und lacht mich sehr zufrieden an.

Hier haben Sie nun die Möglichkeit, die Schmerzen und die Leistungen des Kindes, das Sie waren, anzuerkennen und schon damit eine neue Erfahrung für Ihr Inneres Kind zu schaffen.

■ Das Dilemma des verletzten Inneren Kindes

Das verletzte Innere Kind steckt in einem Dilemma. Zum einen ist es traurig oder wütend oder verzweifelt oder alles auf einmal. Gleichzeitig trägt es die alte Botschaft in sich: Diese Gefühle sind nicht ok. Sie interessieren niemand. Es wird nicht danach gefragt. Schlimmer noch: Würden diese Gefühle gezeigt, dann gäbe es noch mehr Ablehnung.

Sabine fühlt noch einmal die Gefühle, die sie als Kind hatte. Es ist die alte Belastung: Ich muss vernünftig und brav sein, aushalten und darf keine eigenen Bedürfnisse ausdrücken. Ihre Schultern hängen dabei, ihr Kopf sinkt und in ihrem Brustkorb wird es ganz eng. Sie merkt, dass sie sich eigentlich aufrichten will und wütend sagen möchte: Ich bin auch da! Seht mich doch endlich! Sie tut es und dann merkt sie: Aber dann bin ich allein. So will mich niemand. Da gibt es zwei Bedürfnisse: Das eine ist, gesehen zu werden, wie sie ist, und das andere ist, geliebt zu werden – und die scheinen sich auszuschließen. So hat sie als Kind darauf verzichtet, ihre Wut und damit ihre Eigenart zu zeigen, um Liebe zu bekommen.

Diesen Widerstreit trägt das verletzte, ungeliebte Innere Kind häufig in sich und wird dann zu einer Erwachsenen, die taktiert. Die nicht wagt, sie selbst zu sein, und sich die Zuneigung anderer erkauft durch Nettigkeit, Zurückhaltung der eigenen Interessen und Bedürfnisse, und die sich für andere aufopfert.

■ Die Gefühle anerkennen

Das zeigt, wie wichtig es für die kindliche Seite ist, die Gefühle von Trauer, Verzweiflung und Ärger anerkannt zu bekommen. Die liebevolle Erwachsene kann das alte Dilemma aufheben, indem sie sagt: „Ich nehme dich an, wie du bist. Ich mag dich, auch wenn du ärgerlich, wütend, trotzig oder traurig bist. Deine Gefühle sind o.k. und du bist o.k." Das kann für den Alltag bedeuten, dass Sie eine Zeitlang manche Gefühle intensiver spüren als bisher. Dass die Gefühle, die verdrängt waren, nun an die Oberfläche kommen. Bisher haben Sie diese im Untergrund gehalten, genau wie Sie das Innere Kind, das diese Gefühle hat, lieber nicht wahrnehmen wollten. Jetzt, wenn Sie Ja zu der Kleinen sagen, und ihr die Last nehmen, diese Gefühle ständig wegzuschieben, kann es sein, dass Sie deutlicher spüren, dass Sie traurig sind, und dass Sie leichter weinen oder in Situationen Ihre Wut bemerken, in denen Sie davor immer freundlich oder mit Selbstbeschuldigungen reagiert haben.

Es kann für das Innere Kind ganz entscheidend sein, dass es weinen darf, dass Sie sich die Zeit nehmen, wenn Sie einen Anflug von Traurigkeit merken und sich zurückziehen. Sie können dann die Arme um sich legen, sich unter eine weiche Decke kuscheln und der Kleinen erlauben, die Tränen fließen zu lassen.

■ Das verletzte Innere Kind aus der Zeitkapsel holen

Das Kind, das Verletzungen in sich trägt, ist in der Vergangenheit gefangen. Es hat sich abgekapselt, oder genauer gesagt, ein Teil von uns hat irgendwann entschieden, diese Seite abzuspalten, weil das zum damaligen Zeitpunkt für uns die bestmögliche Lösung war. Es sitzt also in einer Zeitkapsel, aus der es nicht herauskommt. Festgehalten in der alten Situation braucht es die Hilfe der Erwachsenen, um diese alte Zeit verlassen zu können.

Doch es sitzt nicht nur im „alten Film", sondern es hat Schlüsse daraus gezogen, die es verallgemeinert hat und nun auf alle ähnlichen Situationen anwendet: „Aha, hier bekomme ich wieder nicht, was ich brauche, wie damals! Wahrscheinlich ist mit mir etwas nicht in Ordnung. Lieber sage ich gar nichts und ziehe mich zurück (wütend bin ich trotzdem)."

Von daher wird es immer wieder Ihre Aufgabe sein, das Kind aus der alten Zeitkapsel und aus den alten Überzeugungen zu befreien. Das heißt, Sie holen Ihr Inneres Kind in die Gegenwart und geben ihm neue Erfahrungen und neue, heilsame Botschaften über sich und die Welt. Dadurch kann es wieder wachsen, fließen, lebendig werden und unsere Gesamtpersönlichkeit mit seinen Schätzen und auch mit seinen Empfindlichkeiten bereichern.

▰ Übungen

1. Aufbewahrung für schmerzvolle Erinnerungen

Um nicht von schmerzvollen Erinnerungen überwältigt zu werden, ist es gut, wenn Sie eine Möglichkeit haben, diese bewusst „wegzusperren". Finden Sie in Ihrer Vorstellung einen Behälter, eine Kiste (gut verschließbar!), eine Truhe, einen Schrank, einen Tresor, irgendetwas, in dem Sie Erinnerungen aufbewahren können. Sie können die Erinnerungen dort zum Beispiel auch in Schachteln sortieren. So fällt es Ihnen leichter, immer nur eine hervorzuholen und andere im Behälter zu lassen.

Nehmen Sie sich Zeit, diesen Behälter in Ihrer Vorstellungskraft zu finden. Sie können ihn malen, zeichnen, formen oder beschreiben. Immer, wenn im Folgenden zu viele Erinnerungen kommen, schließen Sie diese dort ein. Vielleicht finden Sie auch einen kleinen Gegenstand als Symbol. Sie halten ihn in der Hand und konzentrieren sich darauf, dass Sie die Erinnerungen wegpacken.

2. Die Erfahrungen, die Sie als Kind gemacht haben, anerkennen und würdigen

Bevor Sie sich an eine schwierige Situation aus Ihrer Kindheit erinnern, vergewissern Sie sich Ihrer Kraftquellen. Schlagen Sie die Seite in Ihrem Buch auf, auf der Sie Ihre Kraftquellen zusammengestellt haben. Wählen Sie eine aus und lassen Sie diese Kraft in sich einströmen. Sie können sich an den Kraftort für die Erwachsene begeben. Sie können sich ein Symbol für Ihre Erwachsenenqualitäten zurechtlegen. Lassen Sie diesen Teil der Übung nicht aus!

Schreiben Sie zuerst ein nicht ganz so schmerzliches Ereignis aus Ihrer Kindheit auf. Schauen Sie mit einem liebevollen, anerkennenden Blick auf das Kind, das Sie damals waren. Schreiben Sie in diesem Sinne auf, welche Stärke Sie in diesem Kind jetzt sehen können und was für eine damals beste Lösung es gefunden hat.

Dann sehen Sie das Kind vor sich, das Sie damals waren, und sagen Sie ihm einige dieser folgenden Sätze: **„Es war wirklich ganz schlimm für dich.",** **„Es tut mir so leid für dich.",** **„Das hast du wirklich gut gemacht, dass du dann …",** **„Du hast das Beste gemacht, was du damals tun konntest."**

Benennen Sie die Qualitäten positiv. Hören Sie auf die Reaktion des Inneren Kindes und/oder visualisieren Sie es. Oder lassen Sie es per Brief antworten. Trösten Sie es, wenn es das braucht, nehmen Sie es/sich in die Arme.

3. Sich dem verletzten Inneren Kind im Körper zuwenden

Sie erden sich, das bedeutet, dass Sie bewusst den Halt des Bodens spüren, ob Sie liegen oder sitzen. Spüren Sie Mutter Erde unter sich. Konzentrieren Sie sich eine Zeitlang auf ein angenehmes Körpergefühl. Dann reiben Sie Ihre Hände aneinander und schicken Ihre liebevollen Gefühle für Ihr Inneres Kind in Ihre warmen Hände. Fragen Sie sich: Wenn das verletzte Innere Kind im Körper wäre, wo würde ich es am meisten spüren? Dann legen Sie Ihre warmen Hände dorthin.

Ihre liebevollen Hände sprechen zu dem Inneren Kind über den Körper. Sie sagen: „Ich bin da und ich sehe dich. Das, was du fühlst, ist ganz in Ordnung. Du darfst diese Gefühle haben."

Sie sagen diesen Satz nach innen. Vielleicht kommen angenehme Gefühle, vielleicht kommen Tränen, kommt Trauer. Vielleicht nehmen Sie die Gefühle einfach wahr, vielleicht werden die Gefühle auch stärker und Sie weinen. Wenn es Ihnen gut tut, erlauben Sie sich, wütend zu werden und behalten gleichzeitig den Kontakt zu Ihrer Erwachsenenseite, so dass Sie auch immer wieder den liebevollen Satz sagen können.

Falls Sie die Gefühle in diesem Moment überfordern sollten, dann spüren Sie den Boden unter sich und erinnern sich an Ihre Kraftquelle. Sie lenken sich bewusst ab, indem Sie sich im Raum umschauen, ganz in der Gegenwart ankommen. Sie gehen ein paar Schritte. Tun etwas ganz anderes.

Gut ist es, nach dieser Übung eine der Kraftquellen zu aktivieren, das kann heißen: spazieren zu gehen, was Leckeres zu essen, eine schöne Musik zu hören oder was auch immer Ihnen gefällt.

4. Sich dem verletzten Innere Kind zuwenden – Fantasiereise

Sie entspannen sich. Dann sehen Sie das Tor zu Ihrem Inneren Garten vor sich. Sie öffnen es mit Ihrem Schlüssel und gehen dann Ihren Weg zum Kraftort für die Erwachsene. Dort schöpfen Sie Energie, ruhen sich aus. Was erleben Sie da? Haben Sie schon nach der Blume geschaut, die aus dem Samen gewachsen ist? Dann gehen Sie wieder zurück zur Kreuzung und nehmen den Pfad am Bach entlang zum Lieblingsort des Inneren Kindes. Dort angekommen, schauen

Sie, ob das Innere Kind da ist oder ob Sie es rufen müssen. Heute ist es das verletzte Innere Kind, das sich zeigt. Wie sieht es aus? Wie alt ist es? Die Schutzwesen sind auch da und Sie begrüßen alle Anwesenden. Sie sehen ziemlich schnell, was das verletzte Innere Kind von Ihnen braucht: Trost, Zuhören, Wärme. Will es weinen, will es etwas erzählen? Was möchte es erfahren, was möchte es hören? Sie und das oder die Schutzwesen kümmern sich um diese kindliche Seite. Sie sehen, wie sich das Innere Kind durch die Fürsorge verändert. Das Kind vor der Verletzung kommt langsam zum Vorschein. Wie sieht es aus? Welche Potenziale hat es? Sie bleiben, so lange es nötig ist und Sie es wollen, dann verabschieden Sie sich. Entweder bleibt das Innere Kind da oder Sie nehmen es in Ihrem Herzen mit.

Wut und Selbstbehauptung

Das wütende Kind darf da sein

„Ich bin sooo sauer", schreit Silvia und wirft die Kissen an die Wand, noch eines und noch eines. Sie fängt an zu stampfen, legt sich eine Unterlage unter die Füße, so dass sie richtig kräftig zutreten kann, und dies macht ihr sichtlich Spaß. Sie ballt die Fäuste und fängt mit wahrer Begeisterung an, auf den Wutblock zu schlagen, den ich für sie festhalte. „Ich durfte nie richtig Kind sein", brüllt sie und schon geht es weiter. Ich ermuntere sie: „Hier kannst du dich austoben, so viel du willst." Sie lässt sich das nicht zweimal sagen. Es fliegen wieder die Kissen an die Wand. Sie hüpft wie ein Gummiball auf und ab, voller Energie. Nun ist es mehr und mehr Lebensfreude, die sich Bahn bricht. Wir lachen beide, ich schreie mit, um sie noch anzufeuern. Danach steht sie breitbeinig da, die Fäuste in die Hüften gestemmt und sagt laut und ganz ruhig: „Ich bin o.k.!"

Silvias wütendes Inneres Kind durfte einfach da sein und dadurch hat sich die Energie in Lebenskraft verwandelt. Sie kam mit Magenschmerzen in die Praxis und wusste nicht, was mit ihr los war. Außer, dass sie viel Druck in sich fühlte. Das ständige „Muss-Muss", wie sie es nennt. Ich wiederhole einfach nur ihre innere Stimme: „Ja du musst funktionieren, sonst liebt dich keiner. Mach ja keine Schwierigkeiten. Ja, das muss sein."

Und schon kocht die Wut in ihr hoch. Die kommt eindeutig aus dem Magen. Sie sieht einen Vulkan darin. Und gleichzeitig merkt sie, wie sie den Ausdruck im Hals zurückhält. Wir suchen einen Weg, wie sich diese Energie ausdrücken kann.

■ Wo ist Ihre Wut?

Kennen Sie das auch, dass es in Ihnen manchmal brodelt und kocht? Oder haben Sie die kindliche Wut irgendwo tief unten verbuddelt und fühlen sich manchmal eher gelähmt, blockiert oder schwermütig? Oder neigen Sie dazu, sich manchmal so richtig selbst fertig zu machen?

Kennen Sie die Erfahrung, dass Sie sich Ihre Wut ausreden? Oder dass Sie Ihre Wut an ungünstiger Stelle ablassen und es Ihnen dann leid tut? Die meisten von uns haben im Inneren ein wütendes Kind! Manchmal sehr verdeckt, vergraben und verleugnet. Doch meiner Erfahrung nach tauchen im Lauf der Beschäftigung mit dem Inneren Kind irgendwann diese kindlichen, vitalen Seiten auf, die häufig weggeschoben werden mussten und so nicht mitwachsen konnten. Dann fehlen uns im Erwachsenenleben Selbstbewusstsein, Stärke und Durchsetzungsvermögen. Und ohne diese Qualitäten ist das Leben um einiges beschwerlicher!

Besonders Mädchen durften und dürfen diese vitalen Kräfte nicht wirklich ausdrücken. Da unsere Eltern als Kinder und später als Erwachsene meist auch wenig Vorbilder und Anleitung hatten, Aggressionen konstruktiv zu leben, konnten sie wiederum mit der vitalen Lebensenergie, die wir mitbrachten, schlecht umgehen. Und wir geben diese Unfähigkeit, wenn wir sie uns nicht bewusst machen, an unsere Kinder und die Kinder, mit denen wir zu tun haben, weiter. Besonders unsere Mütter haben in ihrer Kindheit gelernt, ihre Wildheit, ihre Widerspenstigkeit, ihren Trotz, ihren Mut, ihren Kampfgeist zu unterdrücken. So wirkt die Weitergabe patriarchaler Familienstrukturen über Generationen bis heute fort.

Der Bestrafung entgehen, sich die Zuneigung nicht verscherzen, anerkannt werden und anderes sind Gründe, warum Kinder Ärger unterdrücken. Dass Ärger

Lebensenergie ist und Wut Vitalität in sich birgt und dass es darum geht, Wege zu finden, diese Gefühle auszudrücken und zu der Lebendigkeit dahinter zu kommen, ohne jemanden wirklich zu verletzen, haben die wenigsten von uns gelernt.

Und wenn wir unsere Welt von heute und auch die der letzten zweitausend Jahre anschauen, sehen wir, dass es für die Menschheit als Ganzes darum geht, für die Aggressivität einen Weg zu finden, der nicht uns und andere zerstört. Dies ist sicher eine der größten Herausforderungen unseres Zeitalters, in dem der Menschheit grausame und mächtige Zerstörungstechniken zur Verfügung stehen.

■ Wir alle haben ein instinktives Selbst mitbekommen

Wir alle haben ein instinktives Selbst. Zu unserer natürlichen Ausrüstung, mit der wir auf die Welt gekommen sind, gehören Aggressionen! Sie sind da, um uns zu schützen, um uns bei Gefahr verteidigen und ganz direkt und spontan auf Gefahr reagieren zu können. Sie sind in einem ganz existenziellen Sinn überlebensnotwendig. Was nicht bedeutet – und das möchte ich an dieser Stelle klar stellen –, dass wir nun den bisher unterdrückten Emotionen in unserem Alltag einfach freien Lauf lassen sollten. Häufig wird ein Ärger viel zu lange unterdrückt und explodiert plötzlich, richtet wirklich Schaden an, so dass sich dann ein schlechtes Gewissen und Angst vor der eigenen Wut einstellen und sie wieder unterdrückt wird. So entsteht ein ewiger Kreislauf! Wir sollten auch keinesfalls unseren Ärger, unseren Groll, unsere Abneigung anderen Menschen, auch nicht unseren Eltern gegenüber, pflegen und festhalten. Darum geht es keinesfalls. Das belastet uns nur selbst. Silvia in unserem Beispiel konnte ihre kindliche Wut in einer Therapiesitzung erkunden. Es hat ihr geholfen, im Alltag „mehr Klartext zu reden", wie sie es beschrieben hat, also selbstbewusster und ehrlicher aufzutreten.

Die Auswirkungen von nicht-bewältigter Aggression sind mangelndes Selbstvertrauen, Selbstkritik, depressive Stimmungen, mangelnder Mut, Gefühle von Unsicherheit, Unfähigkeit sich auseinanderzusetzen, die eigenen Bedürfnisse zu erkennen und sich dafür einzusetzen, Hang zur Abhängigkeit und mangelnde Gestaltungskraft und Kreativität. Wenn wir unsere aggressive Seite nicht in unser Gesamtselbst integriert haben, fehlt uns also Wesentliches. Ein ungeklärtes Verhältnis zu den eigenen Aggressionen, unter dem Frauen meistens mehr leiden als Männer, da diesen vom Rollenverständnis her eher ein aggressives Verhalten zugestanden wird, führt auch zu Schwierigkeiten mit dem eigenen sexuellen Ausdruck.

Teil 5 . Dem verletzten Inneren Kind begegnen

■ Die Wildkatze und andere beeindruckende Tiere

Anke hat eine ungeliebte Arbeit aufgegeben und bekommt nun massive Angstattacken, was ihre Zukunft angeht. Das ängstliche Innere Kind, das sich ungeschützt fühlt, ist alarmiert. Ich bemerke ihre große körperliche Unruhe und schlage ihr vor, dieser einfach einmal nachzugehen. Sie steht auf, beginnt sich zu schütteln, zu hüpfen. Ihre Bewegungen werden zunehmend aggressiver, sie beginnt zu stampfen, zu treten und bemerkt, dass sie ihren Unterkiefer vorschiebt und fauchen oder knurren möchte. „Wie eine Katze", sagt sie. Auf meine Anregung hin, lässt sie die Bewegungen der Katze nun wie in Zeitlupe ablaufen. So dass sie genau spüren kann, was da passiert. Und so setzt sie an zu einem großen Sprung, die Krallen ausgefahren. Es sieht beeindruckend aus: Ihre Bewegungen sind fließend und kraftvoll. Als Wildkatze stürzt sie sich nun auf ihren Gegner und zwingt ihn zu Boden. „Ich will dich nicht töten", sagt sie, „ich will dir nur zeigen, dass ich stark bin und dass man mich respektieren muss." Genüsslich versetzt sie ihrem imaginären Gegner einen einzigen gezielten Kratzer mit ihren Krallen. „Nur zur Erinnerung", sagt sie und steht dann auf, gut geerdet, mit funkelnden Augen und voller Vitalität und Selbstvertrauen. Ich staune, wie sich diese gerade noch von Angst und Selbstvorwürfen gebeutelte Frau gewandelt hat. Sie selbst auch. „Ich wusste gar nicht, dass das in mir steckt. Etwas Angst hatte ich schon. Ob ich so sein darf. Aber es fühlt sich gut an." Sie sucht noch den Kontakt zu einer Seite in sich, die eventuell Bedenken hat, aber diese ist relativ schnell zu überzeugen, dass es gerade für das ängstliche Innere Kind wichtig ist, eine Beschützerin zu haben.

Hier sehen wir, dass es wirklich instinktive Kräfte sind, die da wirken, unsere tierischen Wurzeln, die ein Teil von uns sind. Diese ursprüngliche, vitale Kraft kann zu einer starken Verbündeten werden. In einem Seminar, in dem die Teilnehmerinnen ihre wilden Tiere eingeladen hatten, war der Raum von Fauchen, Brüllen, Springen, Kämpfen und Toben erfüllt. Und zunehmend von Freude. Das Kämpfen wurde immer lustvoller. Einige Bärinnen rollten genüsslich auf dem Boden. Löwinnen begannen zu schnurren. Wildschweine rieben ihr Fell aneinander. Tigerinnen zeigten sich die Krallen und umtanzten einander mit strahlenden Augen. Schlangen zischten und zeigten ihre Schönheit. Und alles vibrierte vor Lebendigkeit. Wenn Sie dies lesen, was meinen Sie: Welches der Tiere lebt wohl in Ihnen? Sie können einen Moment beobachten und spüren: Macht es mir Angst, diese Geschichten zu lesen? Oder macht es mich lebendig? Ist es mir nicht ganz geheuer? Einfach nur beobachten, nicht beurteilen!

■ Annahme führt zur Integration

Auch hier gilt, wie beim Umgang mit anderen verdrängten Anteilen: wenn wir sie annehmen und anerkennen, dann können wir sie für uns nutzen und in das Ganze, das wir sind, integrieren. Wenn wie unsere aggressiven Anteile ablehnen, dann kontrollieren sie uns „aus dem Untergrund" oder kommen uns von außen als Bedrohung entgegen.

Das Innere Kind ist eng mit diesen vitalen Kräften verbunden. Also mit Lebendigkeit, Aggression, Bewegungslust, Angriffslust, Körperlust. Diese Kräfte zu spüren bedeutet, sich instinktiv sicher zu fühlen. Sie als Kind verdrängen zu müssen, weil vitaler Ausdruck von den Erwachsenen unterbunden und verurteilt wird, führt zu einem ganz elementaren Gefühl von Schutzlosigkeit. Wir haben etwas Ursprüngliches in uns aufgegeben und brauchen viel Kraft, diese Energie ständig in uns in Schach zu halten. Es entwickeln sich (oft sehr strenge) innere Kontrollinstanzen. Da wir den Kontakt zu unserer natürlichen Fähigkeit, uns verteidigen zu können, verloren haben, brauchen wir andere Verhaltensweisen, mit denen wir eine Umwelt kontrollieren, die sich ja jetzt viel bedrohlicher anfühlt. Diese Kontrollversuche sind: nett sein, Leistung bringen, Anpassung an den Willen anderer, Opfer sein, Dramen erzeugen und anderes. Und so setzen wir heute mit unserem Inneren Kind die gleiche Unterdrückung oder Abspaltung fort. Unsere innere Kontrollinstanz bewirkt, dass wir die kindliche Wut hinunterschlucken und uns selbst damit schaden oder sie unbewusst an anderen abreagieren.

Was können wir tun? Was machen Sie, wenn sich Ihre kindliche Wut einen Weg bahnen will? Endlich mal? Seit Urzeiten wartet sie darauf und blockiert Ihre Lebensenergie!

■ Die kindliche Wut als berechtigt anerkennen

Auch da bietet die Innere-Kind-Arbeit wunderbare Möglichkeiten. Wir verstehen ja, warum die Kindheit so war, wie sie war. Wir haben inzwischen begriffen, dass unsere Eltern das Beste taten, was sie eben tun konnten. Dass sie aus einem Wertesystem reagiert haben, das wiederum von ihren Eltern übernommen wurde. Und dass sie das, was sie selbst nie an Liebe und Annahme erfuhren, auch nicht weitergeben konnten.

„Ich kann doch nicht wütend auf meine Eltern sein", sagen Sie vielleicht. „Die konnten doch nicht anders!" Aus der Erwachsenenperspektive haben Sie Recht! Doch das Kind, das Sie damals waren, hatte trotzdem „Grund" wütend zu sein, zum Beispiel darüber, funktionieren zu müssen und nicht richtig Kind sein zu dürfen. Und so können Sie nun als die Erwachsene, die Sie heute sind, Ihrem Inneren Kind sagen: „Ich verstehe, dass du wütend bist." (Sie erinnern sich: Mitgefühl und Annahme sind immer der erste Schritt und manchmal sogar der einzige, den es braucht.) „Du hättest etwas anderes gebraucht."

Sie können also Ihrem Inneren Kind voll und ganz erlauben, wütend zu sein, ohne im Alltag selbst wütend sein zu müssen und das an Ihrer Umwelt auszutoben. Hier können wir mit den Dialogmöglichkeiten arbeiten, die uns durch das ganze Buch begleiten. Manchmal reicht die innere Vorstellung. „Was würdest du gerne machen?", könnten Sie Ihr Inneres Kind fragen. Es sagt vielleicht: „Ich würde so gerne laut schreien." Nun kann in Ihrer Vorstellung Ihr Inneres Kind schreien, toben, was auch immer es möchte, und Sie sagen ihm: Das ist total in Ordnung!

Silke kommt mit einer schweren Depression. Sie hat keinen Kontakt mehr zu ihren Gefühlen. Sie sagt, sie würde so gerne weinen können. Ihre Trauer spüren. Wieder lebendig sein. Da ich weiß, dass Depression nach innen gerichtete Aggression ist, bemerke ich, wie sie sich selbst bewertet und unter Druck setzt, und richte mein Augenmerk zuerst eher auf versteckte aggressive Impulse als auf die Trauergefühle. Und wir werden fündig! Ihr Vater war sehr streng und leistungsorientiert gewesen. Lob gab es keines, nur Tadel und sehr viel Druck. In einer Stunde schildert sie eine Situation, in der ihr Vater sie mit ihren drei Geschwistern zu einem Spielplatz in einer anderen Stadt mitgenommen hatte. Ein besonderes Ereignis! Die vier Kinder waren sozusagen außer Rand und Band und rannten sofort los, nachdem sie aus dem Auto gestiegen waren, sie hüpften und lachten vor Freude und tobten Richtung Spielplatz. Da kam ein Schrei von hinten! Der Vater pfiff sie zurück. Sie mussten wieder zum Auto und von da aus langsam, leise und ruhig zum Spielplatz gehen.

Das ist der Umschwung. Silke spürt, wie sehr sie damals ihre Lebendigkeit und dazu auch noch ihre Wut auf die Unterdrückung ihrer Lebensfreude verleugnen musste. Als sie dies erzählt, wird sie so wütend und ihr Inneres Kind darf jetzt toben und schreien! Dann stellt sie sich vor, wie sie als Kind wieder voller Freude mit ihren Geschwistern losrennt und sie als Erwachsene dies jetzt unterstützt. Die Depression zog sich danach langsam, aber sicher zurück. Silke hatte ihre Lebensfreude wieder.

■ Wut ist ein stark körperliches Geschehen

Manchmal reicht die Vorstellung in einer Fantasiereise oder eine kürzere Visualisierung, denn für das Gehirn macht es keinen so großen Unterschied, ob wir uns etwas vorstellen oder etwas wirklich tun. Sie können also Ihr Inneres Kind an Ihrem Lieblingsort toben lassen, ihm ein Tier als Verbündeten an die Seite geben, es mit Farben schmieren, mit Matsch werfen oder jemanden verhauen lassen, dem gegenüber es sich früher ohnmächtig gefühlt hat. Da Wut ein sehr körperliches Geschehen ist, kann es aber auch sehr befreiend sein, körperliche Ausdrucksmöglichkeiten für die Wut Ihres Inneren Kindes zu finden: tanzen, stampfen, Töne machen, ein wildes Tier spielen. Sie können auf eine Matzratze, aufs Bett, aufs Sofa einschlagen. Alte Zeitungen zerreißen. Sie können (vor dem Spiegel) die Zähne fletschen, Grimassen schneiden, die Zunge rausstrecken. Sie können im Wald mit trockenen Ästen werfen. Im Auto lassen sich übrigens gut Kampfschreie üben.

Bei dieser Aufzählung werden Sie wahrscheinlich schon merken, was Ihr wütendes Inneres Kind anspricht und was Sie ausprobieren könnten. Sie werden merken, wie viel lebendiger Sie sich danach fühlen, wie viele Kräfte es in Ihnen freisetzt, Ihre Wut zuerst vielleicht sehr ernst und dann mehr und mehr spielerisch auszudrücken.

Auch wenn Sie kindlichen Trotz in sich spüren, anerkennen Sie dieses Gefühl mit dem eigenen Willen, der darin steckt, und gehen Sie mit dem Inneren Kind darüber in Kontakt. Jungen wird in unserer Gesellschaft das Ausdrücken von Wut und Lebensenergie eher zugestanden. Manchmal dient Wut auch dazu, Gefühle von Trauer und Angst zu verdecken. Dann geht es darum, die Gefühle hinter der Wut anzunehmen oder auch andere Gefühle willkommen zu heißen.

Jochen und die vielen Kinder aus seiner Nachbarschaft spielten jeden Tag an ihrer „Böschung", einer ehemaligen Abraumhalde. Da wurde gekämpft und gerungen, gesiegt und verloren, dramatisch gestorben und gleich wieder aufgestanden, gekonnt angeschlichen und genau gezielt, gestritten und sich wieder vertragen. Es wurde keiner gemobbt oder auch kein Schwächerer von den Starken verprügelt. Trotz des manchmal harten Kampfes ging es in der Jungengruppe gerecht zu. Jochen konnte seinen Bewegungsdrang und seine Lust zu kämpfen, als Kind voll aus leben. Das setzte sich dann im Sport fort und auch heute, mit über 50, läuft er Marathon, geht bei gutem Wind surfen, übt eine sanfte asiatische Kampfkunst und zusammen mit einem seiner Söhne besucht er ein Mal in der Woche einen Fechtclub. Die Kraftquelle aus seiner

Kindheit ist heute ein guter Ausgleich zu seinem Beruf. Wenn er so nachdenkt, stellt er fest, dass zu dem angestrengten Kämpfen und dem starken Willen in seiner Kindheit im Lauf der Erwachsenenjahre mehr Sanftheit hinzugekommen ist. Er beschreibt, wie er gelernt hat, beim Surfen nicht mehr mit den Wellen zu kämpfen, sondern im richtigen Moment loszulassen. Dann wird alles leichter. Er wird vom Wasser und dem Wind getragen. Er kann dem Jungen in sich immer wieder sagen: „Toll, dass du so stark bist und gleichzeitig fair sein kannst. Ich freue mich darüber, dass du dich für deine Interessen einsetzt. Du darfst jetzt loslassen, ich nehme dich in den Arm. Sei einfach da, es ist alles o.k.!"

Wenn Sie sich Ihrem Kleinen zuwenden, wird er Ihnen zeigen, was er braucht.

■ Übungen

1. Die Wut malen

Lassen Sie Ihr Inneres Kind seine Wut mit Farben auf ein großes Blatt Papier bringen. Am allerbesten lässt sich Wut mit Fingerfarben und beiden Händen ausdrücken. Oder mit großen Pinseln und Wasserfarben. Dicke Wachsmalkreiden eignen sich auch. Halten Sie mehrere Blätter bereit. Wenn das eine voll ist, nehmen Sie ein weiteres Blatt, geben Sie Ihrer Kleinen die Möglichkeit, so lange zu malen, bis „alles raus" ist.

2. Einen körperlichen Ausdruck finden

Im Kapitel gab es schon einige Anregungen dafür. Probieren Sie aus, lernen Sie Ihre Wut kennen, spielen Sie mit ihr. Am leichtesten fällt es den meisten mit Musik oder draußen in der Natur.

3. Finden einer/eines Tierverbündeten

Welches Tier könnte Ihre Wut ausdrücken oder unterstützen? Suchen Sie nach Fotos, Postkarten oder malen oder formen Sie das Tier. Lassen Sie das Tier sprechen, indem Sie aufschreiben, was das Tier zu Ihnen sagt. Sie können sich auch stattdessen (oder zusätzlich) das Tier vorstellen und in Ihrer Vorstellung mit ihm reden, seine Kraft sehen, es zu Ihrem/Ihrer Verbündeten machen. In Alltagssituationen, in denen Sie diese anpackende, klare, konfrontierende Kraft brauchen, können Sie dieses Tier rufen und um Unterstützung bitten.

4. Fantasiereise: *Das wütende Innere Kind treffen*

Gehen Sie in Ihren Inneren Garten. Dort begeben Sie sich an den Lieblingsort für das Innere Kind. Sie erkennen ihn wieder, betrachten ihn und laden dann das wütende Innere Kind ein. Sie rufen auch die oder den Tierverbündete(n). Sie sagen oder zeigen dem Kind, dass seine Wut in Ordnung und ein natürliches Gefühl ist und lassen es die Wut auf seine Art ausdrücken. Danach geben Sie ihm Halt. Wenn das Kind gar nicht mehr aufhören kann, dann finden Sie eine sanfte, aber klare Form, um das Innere Kind aus der Wut herauszuholen. Sie beobachten, wie das Kind sich verändert, nachdem Sie dessen Wut angenommen haben, und welche Gefühle dahinter zum Vorschein kommen. Dann verlassen Sie den Inneren Garten und entscheiden, wie immer auf diesen Reisen, ob Sie das Innere Kind in Ihrem Herzen mitnehmen oder an seinem Ort lassen.

5. *Der Wut einen Platz geben und mit ihr sprechen*

Nehmen Sie ein Blatt Papier und schreiben Sie „Meine Wut" darauf. Nehmen Sie auch ein Blatt Papier als Platzhalter für den erwachsenen Anteil, und schreiben Sie Ihren Namen darauf. Stellen Sie sich zuerst auf dieses Blatt. Spüren Sie den Boden unter den Füssen und denken Sie an ein Kraftquelle, die Sie stärkt. Fragen Sie sich dann: Wenn meine Wut außerhalb von mir wäre, wo würde sie sich aufhalten? Sie legen das Blatt Papier für die Wut an diese Stelle. Dann stellen Sie sich wieder an Ihren Platz auf den Zettel mit Ihrem Namen und spüren nach: Wie fühlt es sich an, dass die Wut genau dort ist? Ist sie erreichbar? Sichtbar? Unterstützend? Versteckt? Führend?

Stellen Sie sich nun auf den Platz der Wut und spüren, wie diese sich an dieser Stelle fühlt. Angenommen? Verdrängt? Wichtig? Stark? Schwach?

Sie gehen wieder an Ihren Platz. Sie beginnen ein Gespräch mit der Wut und sagen ihr, wie Sie sich ihr gegenüber fühlen, was Sie von ihr möchten. Sie wechseln wieder den Platz und sprechen als Wut zur Erwachsenenseite und so weiter. Sie arrangieren die Plätze neu im Raum, so dass beide, Sie und die Wut, sich gut fühlen. Achten Sie darauf, dass Sie diejenige sind, die die Wut anerkennt, aber auch deren Einsatz und Ausdruck regelt. Bleiben Sie die Chefin oder werden Sie der Chef, die Instanz, die die Energie der Wut regelt.

Rastplatz auf dem Berg: Überblick

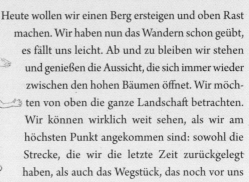

Heute wollen wir einen Berg ersteigen und oben Rast machen. Wir haben nun das Wandern schon geübt, es fällt uns leicht. Ab und zu bleiben wir stehen und genießen die Aussicht, die sich immer wieder zwischen den hohen Bäumen öffnet. Wir möchten von oben die ganze Landschaft betrachten. Wir können wirklich weit sehen, als wir am höchsten Punkt angekommen sind: sowohl die Strecke, die wir die letzte Zeit zurückgelegt haben, als auch das Wegstück, das noch vor uns liegt. Es ist ein freies Gefühl hier auf dem Berg, weit entfernt vom alltäglichen Leben. Die Dörfer und kleinen Städte liegen in der von den Feldern und Weiden gemusterten Ebene, als bestünden sie aus Spielzeughäusern. Wir zeigen auf alles Mögliche, das wir erkennen. Ach, hier waren wir schon! Sind wir diese Straße auch gegangen? Das Kind ist ganz aufgeregt und rennt von einer Seite zur anderen.

Im nächsten Reiseabschnitt werden Sie Ihrem Inneren Kind eine neue Vergangenheit und damit auch eine bessere Zukunft geben, indem Sie neue Lösungen für vergangene Situationen, neue innere Botschaften und einiges mehr finden werden.

■ Übung

Welchen kindlichen Anteilen sind Sie auf den letzten zwei großen Reiseabschnitten begegnet? Schreiben Sie auf, welche kindlichen Seiten Sie getroffen haben: kraftvolle Innere Kinder, geliebte Innere Kinder, kreative Innere Kinder, vertrauensvolle Innere Kinder. Waren die verletzten Inneren Kinder traurig, wütend, verzweifelt, ängstlich, bedürftig, wütend? Wie alt waren sie jeweils? Welche Kleidung trugen sie? Was sind ihre Schätze, ihre Potenziale?

Was hat jede dieser Seiten von der liebevollen Erwachsenen gebraucht und bekommen? Und wie hat sie sich dadurch verändert?

Teil 6
Dem Inneren Kind eine neue Geschichte geben

Die Fähigkeiten der Erwachsenenseiten

■ *Der Erwachsenenanteil zeigt dem Inneren Kind seine Fähigkeiten*
Welche Möglichkeiten haben Sie heute als Erwachsene, die Sie als Kind nicht hatten? Welche Fähigkeiten haben Sie im Laufe Ihres Lebens entwickelt? Die können Sie nun Ihrem Inneren Kind zur Verfügung stellen! Auf diesem Stück der Reise geht wieder die Erwachsenenseite vor und führt das Innere Kind. Sie zeigt den Weg, schaut dazu vielleicht auf die Karte. Sie erzählt ihm etwas über die Bäume. Sie weiß, wie man ein Zelt aufbaut und so bei Regen trocken bleibt und zündet ein Feuer an, wenn es kalt wird. Die Kleine lernt dabei und erfährt, wie fähig die Erwachsene ist. Sie macht die Erfahrung, dass es möglich ist, sich zu schützen, für sich selbst gut zu sorgen und die eigenen Fähigkeiten für sich selbst einzusetzen.

Maja hat als Kind keine Möglichkeit gehabt, ihre Musikalität zu entwickeln. Sie wollte gerne Klarinette spielen und ihre Eltern fanden das überhaupt nicht sinnvoll. Sie solle doch lieber mehr für die Schule lernen. Auch andere Interessen konnte sie nicht umsetzen. Wenn dieses Kind in ihr den Ton angibt, hat sie das Gefühl, auch heute diese Dinge nicht tun zu können. Dieses ohnmächtige Gefühl richtet sich dann auf ihre finanzielle Situation oder auf ihren Partner, der sie nicht so begeistert unterstützt, wie sie gerne möchte.

Nun, als Erwachsene, entscheidet sie, sich selbst alle Möglichkeiten zu geben, um diese wunderbaren lebendigen und kreativen Impulse für sich selbst leben zu können. Sie stellt also ihrer Kleinen zuerst einmal den Glauben an sich selbst, den sie inzwischen hat, zur Verfügung. Danach gibt sie ihr ihre Zuversicht. Dann geht sie auf den Flohmarkt und findet tatsächlich eine gebrauchte, gute Klarinette. Und danach tut sie einen Lehrer auf, der ihr die Grundlagen beibringt. Sie übt für sich, braucht nur ab und zu eine Stunde. Sie merkt, dass sie sich das auch leisten kann. Sie verzichtet einfach auf ein paar neue Klamotten, mit denen sie sich sonst getröstet hätte. Das Klarinettespielen war das Erste, dem sie nachging. Darauf nahm sie mit Begeisterung auch noch andere Dinge in Angriff, wie einen Aquarellmalkurs bei der VHS und die Anschaffung eines guten, ebenfalls gebrauchten Rades, mit dem sie alleine die Gegend erkundete.

Die Fähigkeit, sich die Dinge zu beschaffen, die sie sich wünscht, hat sie ganz bewusst in einer Fantasiereise ihrem Inneren Kind gezeigt und gegeben.

Teil 6 . Dem Inneren Kind eine neue Geschichte geben

■ Gestern war gestern und heute ist heute

Gerade das verletzte Innere Kind steckt oft in der alten Ohnmacht fest. Kinder sind so abhängig von ihrer Umwelt, von Schutz und Unterstützung. Und manche Fähigkeiten kann ein Kind einfach noch nicht entwickeln, wie zum Beispiel klar und überzeugend zu argumentieren, so dass auch verbohrte Erwachsene ein Einsehen haben. Es kann auch nicht einfach von einem schwierigen Zuhause weglaufen und sich selbst versorgen.

Doch wir haben im Lauf unseres Lebens die Erfahrung machen dürfen, dass wir Dinge in die Hand nehmen und ändern können, dass wir nicht mehr in dem Maße abhängig sind wie als Kind. Wir haben uns in der Erziehung von Kindern und in Ausbildung und im Beruf Fähigkeiten angeeignet, die uns Selbstbewusstsein geben, und auch diese können unserem Inneren Kind zugute kommen.

Bevor Sie also im nächsten Kapitel Ihrem Kind in der Vergangenheit beistehen, besinnen Sie sich hier auf Ihre Fähigkeiten und zeigen so Ihrer Kleinen, dass das Gestern vorbei ist und heute heute ist. Dieses In-der-Gegenwart-Ankommen ist etwas sehr Grundlegendes bei der Begegnung mit dem Inneren Kind und taucht auf dieser Reise immer wieder auf.

■ Die Innere Kritikerin in Urlaub schicken

Sie sammeln also alles ein, was die Erwachsene an Fähigkeiten entdeckt und im Lauf ihres Lebens entwickelt hat. Doch da könnten Ihnen die Innere Miesmacherin oder der Innere Richter einen Strich durch die Rechnung machen, wenn Sie es zulassen. Bemerken Sie also die kritischen Stimmen, die eventuell auftauchen und ihnen einreden wollen: „Das kannst du doch gar nicht. Da und da hast du es auch nicht gekonnt! Was bildest du dir eigentlich ein! Das solltest du noch besser machen … oder öfter … warum hast du nicht … ?" Diese verletzenden Stimmen verhindern einen positiven Blick auf uns selbst. Sie bemerken sie aber und schicken sie dann einfach mal in Urlaub oder bitten sie, zur Seite zu treten und etwas anderes durchzulassen, nämlich das wertschätzende, sich selbst bejahende Schauen auf Ihre eigenen Schätze.

Als Fähigkeiten zählt auch etwas, das nicht immer gelingt, aber doch manchmal in Ansätzen da ist! Sie können Ihrer Kleinen auch sagen: „Das möchte ich gerne für dich weiterentwickeln. Es gelingt noch nicht immer so gut, aber mir ist das so wichtig, dass ich dir das geben kann! Deshalb werde ich dranbleiben! Ich hab dich lieb!"

Die Fähigkeiten den kindlichen Anteilen vermitteln

Wenn Sie also diese Fähigkeiten haben oder als Potenzial in sich tragen, warum fühlt sich das Innere Kind dann trotzdem oft unfähig, falsch, unsicher, ungeschützt und nicht wahrgenommen? Unter anderem deshalb, weil Sie es ihm noch nicht vermittelt haben und die Kleine noch in ihrer alten Kapsel sitzt. Ein weiterer Grund kann sein, dass Sie vielleicht meinen, das Kind wegschieben zu müssen, um ihre erwachsenen Fähigkeiten nicht zu „gefährden". Um diesen Job zu packen, darf ich nicht schwach werden, denken Sie vielleicht und sagen damit zu Ihrem Inneren Kind: „Du bist schwach und ich möchte dich nicht."

Doch haben Sie die Möglichkeit schon einmal in Erwägung gezogen, dass das Kind eventuell gar nicht so schwach ist oder dass es stärker werden könnte durch Annahme und Unterstützung? Dass es auch möglich sein könnte, in anderen Situationen die Sensibilität zuzulassen und somit gegen die vermeintliche Schwäche nicht mehr ankämpfen zu müssen?

Im Verlauf Ihrer Begegnungen mit Ihrem Inneren Kind werden Sie immer mehr Sicherheit gewinnen, dass die Erwachsene fähig ist, mit den Gefühlen des Inneren Kindes umzugehen, ohne ihre Stärke dabei zu verlieren.

Elke hat schon als kleines Kind gelernt, stark zu sein. Ihre Eltern stritten sich und irgendwann war ihr geliebter Papa dann ganz weg und ihre Mutter war hilflos und konnte ihr keinen Halt geben. Elke erinnert sich an eine Situation, in der sie in ihrem Zimmer alleine mit ihrer hilflosen Wut war und ihr Spielzeug an die Wand warf, das kaputt ging, worauf sie wütend auf sich selbst wurde. Niemand kam und half ihr dabei, mit ihren Gefühlen klarzukommen. So hat sie heute Angst vor ihrer traurigen und wütenden kindlichen Seite. Doch dann erinnert sie sich, mit wie viel Verständnis und Liebe sie auf ihren dreijährigen Sohn eingehen kann, wenn der eine seiner Wutattacken hat, aus der er selbst nicht mehr rauskommt. Sie spürt diese Geduld und dieses Mitgefühl als Fähigkeit in sich und kann dann zu dem Kind, das sie damals war, gehen und es aus diesem Zimmer herausholen. Sie fühlt sich jetzt gleichzeitig stark (ihre Erwachsene) und „schwach" (ihre kindliche Seite) und ist ganz erstaunt, dass dies gleichzeitig geht.

Wie schon öfter erwähnt, gibt es kindliche Anteile und Gefühle, mit denen die Erwachsene vielleicht im Moment nicht oder nicht ohne Unterstützung umgehen kann, und das gilt es dann zu akzeptieren. Doch häufig geht es leichter als gedacht. Erst wenn Sie die Existenz der kindlichen Teile anerkennen, können Sie diesen Seiten auch Ihre Ressourcen zur Verfügung stellen. Und wenn, wie ich es hier vorschlage, die Erwachsene sich ihre Fähigkeiten bewusst macht, kann diese Stärkung sehr dazu beitragen, sich auch den verletzten Seiten des Inneren Kindes gewachsen zu fühlen. Sie können also diese Fähigkeiten zuerst für sich wahrnehmen und anerkennen und sie dann Ihrem Inneren Kind zeigen.

■ Fähigkeiten, die wir anderen geben, unserem Inneren Kind zukommen lassen

Manchmal fällt es uns leichter, unsere Fähigkeiten auf andere Menschen – sowohl privat als auch im Beruf – anzuwenden. Wenn also in Ihrer Sammlung viele soziale Qualitäten auftauchen, die Sie anderen geben, wie geduldig zuhören, kochen, massieren, unterhalten, sich kümmern, etwas organisieren, schöne Geschenke machen, versorgen, anlachen, aufheitern, etwas reparieren, zum Weinen bringen, zu Bewegung animieren, ins Kino einladen, dann stellen Sie sich einmal vor, wie es wäre, dies alles Ihnen selbst und Ihrem Inneren Kind zukommen zu lassen!

In meinen Kursen suchen sich die Teilnehmerinnen Gegenstände aus, die drei dieser Eigenschaften symbolisieren, die sie hauptsächlich anderen zukommen lassen. Sie wählen zum Beispiel ein weiches blaues Tuch für Mitgefühl, eine Feder für Leichtigkeit und eine Holzkugel für gutes Versorgen mit Essen. Sie spielen, tanzen und bewegen sich dann mit diesen Gegenständen durch den Raum. Sie geben sie anderen und dann geben sie diese sich selbst und schauen, was sie selbst damit anfangen können. Es ist häufig ein kleiner heilsamer Schock zu bemerken, wie leicht es fällt, diese Schätze anderen zu geben und wie ungewohnt es ist, sie sich selbst zur Verfügung zu stellen. Und da purzeln die Erkenntnisse nur so: „Wenn ich mich selbst mit diesem blauen Tuch umhülle, dann fühlt sich mein Inneres Kind geborgen! Wenn ich meinem Inneren Kind diese Weichheit im Alltag geben könnte, dann könnte ich mich einfach in den Arm nehmen, wenn ich mit meinem Sohn gerade einfach nicht weiter weiß!

Wenn ich mir selbst diese Feder ins Haar stecke, wird mein Inneres Kind sofort fröhlich und fängt an zu tanzen. Wenn ich diese angenehm schwere, glatte Kugel in meinen geöffneten Händen halte, dann fühle ich mich plötzlich satt und genährt und ich kann meiner Kleinen sagen: Ich sorge für dich."

Renate hat gerade eine selbstkritische Phase. Sie hadert ständig mit sich, dass sie nach der Erziehung ihrer Kinder bis jetzt keinen Anschluss an eine Berufstätigkeit gefunden hat. Sie hat viele Talente, kennt sich mit Bachblüten aus, behandelt ihre Familie gut mit Homöopathie, kocht ausgezeichnet und gesund, hat einen Garten, in dem sie biologisch anbaut, näht wunderschöne Meditationskissen aus Stoffen, die sie von Reisen mitgebracht hat.

Sie machte als Kind die Erfahrung, dass ihre Mutter ihre sanftmütige Schwester vorzog, während sie selbst die Wilde war. Dann wurde sie als Legasthenikerin nicht entsprechend in der Schule unterstützt und ihr Inneres Kind hat den Glaubenssatz gespeichert: Ich bin nicht gut genug.

Renate ist erfahren in Meditation. Bei der sogenannten Metta-Meditation, bei der Liebe und Mitgefühl sowohl sich selbst als auch anderen gegeben wird, hat sie auch bemerkt, dass es ihr viel leichter fällt, in ihrer Vorstellung anderen Menschen ihre Liebe zu schicken, als sie sich selbst zu geben. In unserem Gespräch erinnert sie sich wieder an diese Meditationsform, die sie länger nicht geübt hat. Sie will diese wieder aufnehmen und jeden Tag sich selbst und ihrem Inneren Kind Liebe und Mitgefühl schenken. Dann möchte sie auch im Alltag ihr Augenmerk darauf richten, wenn sie kritisch über sich selbst denkt, und dann ihrer Kleinen dasselbe Verständnis entgegenbringen wie ihren Kindern, ihrem Mann und ihren Freunden und Freundinnen.

▪ Die Inneren Kinder sind begeistert über die fähigen Erwachsenen

Oft sind die kindlichen Anteile dann völlig begeistert von den tollen Qualitäten der Erwachsenen und werden richtig stolz auf sie! Endlich können sie von den Erfahrungen der Erwachsenen profitieren. Und wenn die Erwachsene dann spürt oder erfährt, wie sehr das Innere Kind ihre Stärke braucht, ist das eine zusätzliche Motivation, diese noch weiter zu entwickeln oder noch konsequenter auf sich selbst zu richten!

Karin möchte ihrem Inneren Kind ihre Stärke, nein zu sagen, schenken. Sie begibt sich an den Lieblingsort ihres Inneren Kindes und trifft dort die Kleine und deren Schutzwesen, eine Bärin, die schon auf sie warten. Neben ihr taucht auch noch ihre weise alte Frau auf. Sie hat lange graue Haare und ein heiteres, fast verschmitztes Gesicht. Die Kleine ist, wie so oft, recht unsicher und etwas verschüchtert. Karin hat einen Stock aus Holz mitgebracht. Sie zeigt der

Kleinen, wie sie den Stock entschieden auf die Erde stößt und dazu ganz bestimmt „Nein" sagt. Sie sagt ihr: „Das habe ich gelernt. Es ist gar nicht so schwierig und es fühlt sich saugut an, einfach mal Nein zu sagen, anstatt das zu machen, was die anderen wollen und sich dabei gar nicht wohl zu fühlen."

Sie gibt ihr einen kleineren Holzstab und dann stoßen sie beide gleichzeitig ganz entschieden die Stöcke in die Erde und schreien dabei „Nein!". Sie schreien immer lauter, die Bärin hält sich schon die Ohren zu, die grauhaarige Alte lacht und hält sich den Bauch und alle amüsieren sich köstlich.

Die große Karin schenkt der kleinen Karin dann den Holzstock. Sie hat noch ein paar bunte Fäden herumgewickelt, für die Lebensfreude, die darin steckt, wirklich das zu tun, was Freude macht. Die Kleine hat rote Backen bekommen und freut sich wie eine Schneekönigin und schaut mit glänzenden Augen bewundernd auf ihre Erwachsene.

■ Übungen

1. Die Fülle meiner Fähigkeiten

Halbieren Sie drei Blätter Papier der Länge nach und kleben Sie die schmalen Seiten mit Klebstoff oder Tesafilm zusammen. Auf diese Art bekommen Sie einen langen Papierbogen. Lassen Sie oben etwa 5 cm frei. Oben steht dann in Großbuchstaben MEINE FÄHIGKEITEN. Dann schreiben Sie mit einem Filzstift oder anderem dicken Schreibgerät alle Ihre Fähigkeiten auf, die Ihnen so einfallen, und zwar so schnell, dass die Innere Kritikerin nicht „zuschlagen" kann. Assoziieren Sie wild drauf los. Überlegen Sie an dieser Stelle nicht, ob es eine kindliche oder eine erwachsene Qualität ist. Schreiben Sie einfach alles auf, was Ihnen zu Ihren Fähigkeiten einfällt. Gehen Sie in die Fülle! Auch das, was Sie vielleicht als Kleinigkeiten abtun, wie einen Raum schön schmücken, Apfelkuchen backen, den Schreibtisch ordentlich sortieren, Hausarbeit zügig erledigen, sich gut entspannen können etc.

Wenn Ihnen nichts mehr einzufallen droht, dann überlegen Sie einmal, was die gute Seite an den Eigenschaften ist, die Sie an sich nicht so mögen, wie „Oh, ich mache alles immer so genau, das dauert so lange!" Was ist das Positive? Ihre Gründlichkeit! Sie können natürlich noch mehr Papierbögen anhängen. Am Schluss suchen Sie zwei dünne Holzstäbe oder Äste und kleben diese oben und unten an die Liste. Sie können diese eine Weile zur Aufmunterung an die

Wand hängen oder auch eingerollt, mit einer bunten Schnur drum herum, gut aufbewahren. Wenn Sie dann mal an sich selbst zweifeln sollten, entrollen Sie die Liste und staunen über die Fülle Ihrer Fähigkeiten.

2. Die Fähigkeiten verankern, bestärken und dem Inneren Kind schenken

Schauen Sie Ihre Liste noch einmal an und dann entspannen Sie sich und richten Sie Ihre Aufmerksamkeit auf Ihren Körper. Welche Körperempfindungen spüren Sie? Wo macht sich eine besondere Stärkung, ein Wohlgefühl, Kraft bemerkbar? Stellen Sie sich hin und achten Sie auf Ihren Stand, Ihren Bodenkontakt, Ihre Aufrichtung. Machen Sie sich noch einmal die Fülle Ihrer Fähigkeiten bewusst. Erlauben Sie sich die angenehmen Körperempfindungen zu spüren, so dass Sie diesen Zustand in sich verankern. Gibt es eine Geste, die dem Bewusstsein dieser Fülle entspricht? Stellen Sie sich die hilfreiche Gestalt für die Erwachsene in Ihrer Nähe vor, die Sie in diesen Fähigkeiten bestärkt. Was sagt sie oder er zu Ihnen? Stellen Sie sich Ihr Inneres Kind in Ihrer Nähe vor oder legen Sie das Symbol für das Innere Kind neben sich oder nehmen es in den Arm und sagen Sie ihm: „Das bin ich. Das alles habe ich und kann ich und ich möchte es dir geben. Du sollst eine starke Erwachsene bekommen." Oder finden Sie die für Sie passenden Worte.

3. Besondere Fähigkeiten auswählen

Suchen Sie aus Ihrer Liste diejenigen Fähigkeiten aus, die Sie Ihrem Inneren Kind gerade ganz besonders zum Geschenk machen möchten, und schreiben Sie diese noch einmal in Ihr Buch. Achten Sie besonders auf die Fähigkeiten, die Ihrer Meinung nach Ihr Inneres Kind im Moment gut gebrauchen könnte. Die Kleinen sind meistens froh über die Eigenschaften, die ihnen als Kind gefehlt haben. Schutz und Sicherheit sind außerdem grundlegende Bedürfnisse. Die eigenen Grenzen und die eigenen Bedürfnisse bemerken und sich dafür einzusetzen, ist ebenfalls grundlegend für unser Wohlbefinden. Wenn Sie mögen, schreiben Sie oder überlegen Sie, wann Ihnen das gelungen ist. Auch, wenn es nur einmal war, es zählt!

Dann suchen Sie eine der Dialogformen aus, die Sie inzwischen schon gut geübt haben. Sprechen Sie mit dem Inneren Kind darüber, wann es diese Fähigkeiten von Ihnen braucht und wie es sie einsetzen könnte. Bemerken Sie die Veränderungen, die beim Inneren Kind geschehen.

Dem Inneren Kind in der Vergangenheit beistehen

■ *Die Vergangenheit verändern*
Was wäre wenn,
... Sie einfach in die Vergangenheit zurückgehen und da alles ändern könnten, wonach Ihnen der Sinn steht?
... Sie das Kind, das Sie waren, glücklich machen könnten, ihm das Musikinstrument schenken, das es immer wollte, mit ihm auf einen Ponyhof fahren, was es so gerne mal getan hätte, ihm erlauben, rumzuschreien und Krach zu machen? Wenn Sie die Vergangenheit sogar so verändern könnten, dass Ihre Eltern in der Lage wären, anders auf Sie als Kind zu reagieren?
... es eine gute Fee gegeben hätte oder eine tolle Tante, die sich ganz auf die Seite des Kindes, das Sie mal waren, stellen würde?
... Sie als Erwachsener mit all der Erfahrung und dem Wissen, das Sie heute haben, rückwärts in der Zeit reisen, in Ihrer Kindheit auftauchen und da mal nach dem Rechten sehen könnten? Für das Kind, das Sie waren, sorgen könnten?

■ *Unser Gehirn ist sehr flexibel*
Das alles ist möglich. Warum und wie möchte ich Ihnen hier zeigen. Wenn wir uns bewusst machen, dass die Vergangenheit gar nicht mehr existiert, sondern nur noch als Eindrücke in unserem Gehirn, als bestimmte Verknüpfungen, als Schlussfolgerungen in uns vorhanden ist ... Wenn uns zudem klar wird, dass wir ja nur bestimmte Dinge erinnern und andere vollkommen in der Versenkung verschwunden sind; dass zudem andere Menschen dieselben Situationen ganz anders wahrgenommen und für sich anders ausgewertet haben ... dann erkennen wir, dass unsere Vergangenheit lediglich ein bestimmtes Konstrukt ist, das wir als Erinnerung bezeichnen – mit vielen Interpretationen, Bewertungen über uns selbst und über die Welt. Auf jeden Fall etwas, das wir zwar auf unsere Weise in unserem Gehirn und Körper gespeichert haben, das aber tatsächlich vorbei ist. Was existiert, ist immer nur das Jetzt.

Und wenn wir dann noch die neueste Erkenntnis der Gehirnforschung mit einbeziehen, dass unser Gehirn kolossal flexibel ist, Neues dazulernen kann und Altes löschen, dann wird die Chance ganz greifbar, tatsächlich die in uns gespeicherte Vergangenheit heilsam zu verändern.

Das bedeutet nicht, dass wir unsere Wurzeln leugnen, unsere Eltern ablehnen oder keinen Sinn sehen in dem, was wir erlebt haben, in der Situation, in die wir hineingeboren wurden und in den Umständen, unter denen wir groß geworden sind. Es bedeutet auch nicht, dass wir die Realität der alten Schmerzen und Verletzungen verneinen. Es ist natürlich entscheidend, dass wir die Erfahrungen anerkennen, von denen uns das Innere Kind berichtet. (Sie haben das in einem der vorherigen Kapitel getan.) Manchmal ist es so ungemein wichtig für das Innere Kind, dass wir ihm wirklich glauben, vor allem, wenn Sie als Kind immer wieder gehört haben: „Stell dich nicht so an." – „Das war doch nicht so schlimm." – „Das bildest du dir nur ein" und Ähnliches.

■ Wir geben uns eine neue Erinnerung

Doch wie können wir uns im Hier und Jetzt die Freiheit nehmen, die Aspekte unserer Vergangenheit, unter der wir leiden, positiv zu verändern? Wie können wir unserem Gehirn sozusagen eine andere Erinnerung geben? Wir haben dann nicht nur die alte Erfahrung in uns, sondern noch eine andere, die es uns möglich macht, aus alten Schlussfolgerungen auszubrechen: eine Vergangenheit, die wir selbst wählen. Wir geben unserem Gehirn eine neue Botschaft.

Also, wenn Sie möchten, können Sie jetzt (und immer wieder) eine Zeitreise unternehmen. Leihen Sie sich einen fliegenden Teppich aus einem Märchen und begeben Sie sich als Zauberfee, als liebevoller Erwachsener in eine Situation, in die Ihr Inneres Kind Sie ruft.

Es weiß, in welchen Situationen es noch feststeckt, welche alten Erfahrungen es noch bestimmen und belasten; wo es die Hilfe einer guten Fee braucht, um es aus der Erstarrung der Vergangenheit zu erlösen.

■ Wir lösen einen alten Zauber

Stellen Sie sich vor, etwas in Ihnen läge wie Dornröschen unter einem Bann. Und da kommen Sie nun an, als Prinz oder Prinzessin, als gute Fee oder als starke Erwachsene und lösen den Zauber. Durch Ihre Liebe zu Ihrem Inneren Kind.

Liebe ist die größte Zauberkraft, das ist ja auch im Märchen so, und Ihre Liebe bewirkt nun, dass diese eingefrorene Situation wieder in Bewegung kommt und diesmal anders ausgeht als damals. Sie sehen sofort, wenn Sie mit Ihrem fliegenden

Teppich dort ankommen, was nottut. Sie sehen, was dem Kind, das Sie einst waren, fehlt und was in seinem Inneren vorgeht. Sie erkennen ohne Probleme, was das Mädchen oder der Junge von damals aus der Situation geschlossen hat.

Sie überblicken also die Situation. Welche Unterstützung braucht das Kind, um sich anders auszudrücken, um seine Bedürfnisse zu zeigen, um bei sich zu bleiben? Welche Fähigkeiten können Sie ihm geben? Es kann sein, dass Sie das Kind aus der Situation herausholen. Sprechen Sie dann als Autorität mit den beteiligten Erwachsenen und machen Sie ihnen klar, was diese gerade anrichten. Vielleicht sorgen Sie dafür, dass die Eltern auch von einer anderen Seite Unterstützung bekommen, damit sie das Kind anders behandeln können.

Dies alles und noch mehr ist möglich, wenn Sie Ihrem Inneren Kind in der Vergangenheit beistehen möchten. Für Heide war es wichtig, die Kleine zuerst mal aus der Situation zu befreien und an einen schönen Ort zu bringen.

Heide ist das gut gelungen, indem sie das Kind, das sie war, von einer „ätzenden" Familienkaffeetafel weggeholt hat. Sie hat mit den Biegepüppchen, mit denen sie gerne Situationen nachspielt und einer Kleenexschachtel, die ein weißes „Tischtuch" bekommen hat, diese Situation nachgebaut. Sie hat mit viel Mitgefühl gespürt, wie es ihr als Kind damals ergangen ist: Obwohl sie sehr unglücklich und traurig war, hatte sie damals gemeint, lieb und freundlich sein zu müssen und auf keinen Fall weinen zu dürfen. Sie hatte in einer anderen Situation miterlebt, wie ihre Kusine ausgelacht wurde, als Tränen flossen. Es war einfach superanstrengend, da zu sitzen und die eigene Traurigkeit zurückzuhalten. Diese Traurigkeit hatte sie fast immer, da ihre Eltern sich ständig heftig stritten und auch nicht bemerkten, wie es ihren Kindern dabei ging. Auch niemand von den anderen Verwandten fragte nach ihr und niemand bemerkte ihre Not. Das hätte sie so dringend gebraucht.

Als Heide dann diesen Kaffeetisch mit den ganzen Verwandten betrachtete, war ihr sofort klar, dass sie das Kind einfach an der Hand nehmen und aus dem Raum führen musste. Sie wollte kein Schutzwesen dafür einladen, sondern es selbst machen. Sie sagte: „Ich bringe dich an einen Ort, an dem nette Menschen sind, wo du so sein kannst, wie du bist. Du kannst dort weinen, lachen, erzählen, spielen, was immer du möchtest." Das tut das Innere Kind dann auch. Es weint und wird von der Erwachsenen getröstet. Es kommt eine lustige Elfe dazu, mit der es spielt und lacht. Dann lädt es viele Kinder ein und es gibt Kakao und Kuchen und alle sind ausgelassen und spielen.

Für den Fall, dass die Erwachsene hilflos ist und nicht weiß, wie sie mit der vergangenen Situation umgehen soll, kann sie das Schutzwesen oder eine gute Fee bitten, den Job zu machen, um dann später in die Situation einzusteigen oder um einfach nur zuzuschauen, wie die Lösung aussehen könnte.

■ Einen neuen Film drehen

Christoph war mit vier Jahren für drei Wochen im Krankenhaus. Seine Eltern kamen nur einmal in der Woche auf Besuch, und er hat sich völlig verloren gefühlt. Es wird ziemlich schnell klar, dass es den erwachsenen Christoph zum momentanen Zeitpunkt überfordern würde, direkt in die alte Erfahrung zu gehen und dem Kleinen zu helfen.

Ich biete ihm an, sich in einen bequemen Sessel zu setzen und sich eine Leinwand vorzustellen, auf der er sich den alten Film anschauen kann. Er hat eine imaginäre Fernbedienung in der Hand, mit der er den Film anhalten, ihn auch schwarz-weiß stellen, den Ton abdrehen, die Bilder heran- oder wegzoomen kann.

Diesen Vorschlag greift er begeistert auf und lässt den ersten Film laufen: Er kann sich als Kind in dem Krankenhausbett sehen, ganz verstört und einsam. Er hält den Film an, wenn es ihm zu viel wird, erlaubt sich zu weinen, dann atmet er tief durch und macht weiter. Danach dreht er einen neuen Film mit folgender Handlung: Ein guter Zauberer geht geradewegs ins Krankenhaus, kümmert sich überhaupt nicht um das Schild: Keine Besuchszeit! Er eilt in einem wallenden, mit Sternen übersäten Gewand und einem hohen lila Hut an den verdutzten Schwestern vorbei, denen der Mund offen stehen bleibt. (Anscheinend gehen Zauberer und Feen selten in Krankenhäuser – schade eigentlich.) Er steuert die Kinderstation an und setzt sich bei Klein-Christoph aufs Bett. Plötzlich glitzert alles um ihn herum. Der gütige Zauberer schenkt ihm einen blauen, blinkenden Zauberstab, mit dem er seine Eltern herbeirufen kann, wann immer er sie braucht. Den kann er übrigens auch an andere Kinder ausleihen. Dann nimmt er Christoph in den Arm und das tut so gut! Er sagt ihm, dass er nicht mehr lange hier sein muss. Als er geht, verzaubert er noch die erstaunten Krankenschwestern, so dass diese gar nicht anders können, als in die Krankenzimmer zu gehen und den Kindern Geschichten vorzulesen, Eis zu bringen und denen, die es wollen, die Köpfe zu streicheln.

Teil 6 . Dem Inneren Kind eine neue Geschichte geben

Danach sieht der erwachsene Christoph im Abspann des Filmes, wie dieser getröstete, von der alten Vergangenheit befreite kleine Christoph zu einem Mann wird, der Vertrauen in andere Menschen hat. Er ist sehr zufrieden mit seiner Produktion!

Diese Bildschirmübung ist in der Traumatherapie entstanden und da besonders gut anwendbar, aber auch für die Verarbeitung von anderen verletzenden Situationen geeignet. Diese Filmsituation ermöglicht eine gute Distanz zum Geschehen und macht so ein Eingreifen leichter. Wenn es um Erlebnisse geht, in denen Sie Gewalt erfahren haben und in denen körperliche oder seelische Grenzen stark verletzt wurden, möchte ich nicht, dass Sie diese Übung alleine machen. Auch hier empfehle ich noch einmal dringend eine professionelle Begleitung, mit der Sie dann zum richtigen Zeitpunkt diese Übung durchführen.

■ *Übungen*

Vorgehen: Sie können sich zwischen Übung 1 und Übung 2 entscheiden. Übung 2 ermöglicht mehr Abstand. Sie können auch beide ausprobieren, aber nicht am selben Tag.

1. In einer Fantasiereise oder Visualisierung dem Kind beistehen
Begeben Sie sich in Ihrem Inneren Garten an den Lieblingsort für das Innere Kind. Treffen Sie das Kind, rufen Sie das Schutzwesen für das Innere Kind dazu und bitten Sie das Kind dann, Sie in die Vergangenheit mitzunehmen und Ihnen eine Situation zu zeigen, die einen besseren Ausgang braucht.
Sie nehmen den Zauberteppich, einen Vogel, einen Drachen, eine Zeitmaschine – was Ihnen gerade recht ist –, mit dem oder der Sie in Ihre Vergangenheit reisen und wieder zurückkommen können. Sie landen genau in der Situation, in welcher der Einsatz der Erwachsenenseite und der hilfreichen Gestalten gefragt ist.
Sie und die hilfreichen Wesen tun das, was getan werden muss. Was das ist, wird Ihnen klar werden, wenn Sie die Situation sehen. Beobachten Sie, wie das Kind und die anderen Beteiligten auf das Eingreifen reagieren. Sie und Ihre weise Gestalt für die Erwachsene und das Schutzwesen sind so lange dabei, bis sich für das Kind eine neue, heilsame Lösung einstellt. Sie können alles

Hilfreiche dazu nehmen: Menschen und Kinder, die in Ihrer Vergangenheit unterstützend waren; Gegenstände, die Fähigkeiten und Kraftquellen symbolisieren. Sie können ein Licht vom Himmel kommen oder Mutter Erde persönlich auftauchen lassen. Hüllen Sie die Situation in eine Atmosphäre der Liebe, in der sich alle Beteiligten verändern.

Danach verlassen Sie die Vergangenheit und bleiben mit dem Inneren Kind und dem Schutzwesen noch eine Zeitlang am Lieblingsort und schauen, was das Kleine noch braucht, um sich ganz aus der alten Erfahrung zu lösen. Trost, Spiel, eine Erklärung über das Vorgefallene, ein Reinigungsbad oder etwas anderes? Nehmen Sie sich Zeit dafür. Wenn Sie sich dann verabschieden und zurück zum Tor gehen, lassen Sie das Kind mit der neuen Erfahrung in Ihnen wachsen. Sie zählen mit Ihren Schritten die Jahre, bis Sie bei Ihrem jetzigen Alter angekommen sind. Welchen Charakter, welche Eigenschaften, welches Selbstwertgefühl hat die Erwachsenenseite, die aus dem geheilten Inneren Kind erwächst?

2. Bildschirmübung

Stellen Sie sich vor, dass Sie in einem bequemen Sessel sitzen und eine Fernbedienung in der Hand haben, mit der Sie anhalten, etwas überspringen, zurückgehen, den Ton ausstellen können oder auch alles schwarz-weiß zeigen. Sie können sich auch ein Kissen oder die Rückseite eines Sessels als Bildschirm vor sich hinstellen. Legen Sie in Ihrer Vorstellung zuerst einen Film ein, der Sie als Erwachsene in einer kurzen, angenehmen Situation zeigt. Den lassen Sie als Erstes ablaufen und üben daran die Fernbedienung. Können Sie den Film anhalten, abstellen, wieder neu anlaufen lassen? Dann legen Sie einen Vergangenheitsfilm ein, der nur eine alte Situation zeigt. Lassen Sie ihn anlaufen und achten Sie darauf, Pausen zu machen. Sie erkennen, was die Not des Kindes damals war. Wo wäre Hilfe und Unterstützung nötig, was hat gefehlt?

Danach wechseln Sie zu einem neuen Film, der unter Ihrer eigenen Regie läuft und immer wieder veränderbar ist. Sie gestalten den Film so, dass im richtigen Moment die passende Hilfe kommt: durch die liebevolle Erwachsenenseite und deren Fähigkeiten, durch die hilfreichen Wesen, durch Geschenke, die Sie dem Inneren Kind geben. Es kann alles noch mal ausdrücken, was damals nicht möglich war, Wut, Trauer, Wünsche ... alles. Es soll für das Kind alles gut enden. Im Abspann wächst es zu einer starken Erwachsenenseite heran. Sie können sich als Erwachsene mit den Erwachsenen von damals unterhalten, die an der Situation beteiligt waren, und zwar auf einer Ebene der Klarheit, Ehrlichkeit und des Verständnisses, vielleicht auch des Vergebens, wenn sich das für Sie einstellt.

3. Kreatives Gestalten

Suchen Sie ein Foto oder Fotos von sich als Kind und machen Sie Kopien davon. Dann gestalten Sie eine Karte oder ein Bild, in dem Sie einen schönen Hintergrund malen oder eine Collage gestalten. Schauen Sie in Ihrer Materialkiste nach oder suchen Sie in Zeitschriften, Postkarten, bunten Papieren etc dafür Material. Fügen Sie das aus dem Foto ausgeschnittene Kind in die neue Umgebung ein. Sie können auch mehrere Fotos verwenden.

4. Entlastungsübungen *(die folgenden Übungen können Sie immer wieder machen)*

a) Dem Kind einen Rucksack abnehmen

Stellen Sie sich vor, dass Ihr Inneres Kind einen Rucksack aufhat, der mit vergangen Belastungen gefüllt ist. Sie nehmen ihm den Rucksack ab und sagen: „Das ist jetzt vorbei, das musst du nicht mehr tragen."

b) Das Reinigungsbad

Sie gehen in Ihren Inneren Garten. In der Nähe des Lieblingsortes oder am Lieblingsort gibt es einen kleinen Wasserfall oder einen See, eine Badewanne oder Ähnliches. Darin waschen Sie das verletzte Kind liebevoll. Das Wasser fühlt sich wunderbar weich an, es hat die Zauberkraft, die alten Schmerzen wegzuwaschen.

Die kindlichen Glaubenssätze erkennen und loslassen

■ *Als Kind kommen wir mit einer großen Weite auf die Welt*
Eigentlich sind wir große strahlende Wesen, mit Schöpferkraft ausgestattet und mit unendlichen Möglichkeiten der Entfaltung und Gestaltung unseres Lebens. Um dieses Potenzial auszuschöpfen, müssten wir Hunderte von Jahren alt werden!

Teil 6 . Dem Inneren Kind eine neue Geschichte geben

Und wie fühlen wir uns oft? Ausgeliefert, klein, unter Druck, zweifelnd, eng, uns selbst und andere kritisierend. Wie kommt es zur Identifikation mit diesem kleinen Ich, das sich mit anderen vergleicht, sich einsam und ungenügend fühlt, oder sich - im Gegenteil - aufgeblasen, überheblich, abwertend verhält, anstatt die eigene Schönheit zu sehen?

Als Kind kommen wir mit einer großen Weite auf die Welt, die Augen eines Säuglings zeigen das: Sie sind noch tief und offen, ohne Misstrauen und Vorsicht, Zurückhaltung und Verstecken. Das kleine Kind vergleicht sich nicht, wertet nicht, sondern IST einfach. Und dann geschehen unterschiedliche Dinge: Das Kind erfährt vielleicht, dass keine wirkliche Resonanz auf seine eigene bedingungslose Liebe da ist. Es erlebt, dass seine Bedürfnisse nicht wahrgenommen werden. Es spürt Atmosphären um sich herum, in denen es sich zusammenzieht. Irgendwann hört es dann ganz viele Neins, erfährt Kritik .Es gibt unzählige Möglichkeiten von frustrierenden Ereignissen, die wir als Kind erfahren – von kleinen Kränkungen bis zu großer Einsamkeit und massiver Gewalt, die kaum zu überleben sind.

Als Kind ziehen wir Schlüsse aus dem, was geschieht, das ist kein bewusster Vorgang. Wir lernen ja langsam die Welt kennen und fangen an, uns darin zu orientieren. Wenn wir also immer wieder ähnliche Erfahrungen machen oder auch wenn einzelne traumatische Dinge geschehen, richten wir uns darauf ein und fertigen ein Bild von uns und der Welt daraus. „Ich darf mich nicht freuen." „Die Welt ist gefährlich." „Meine Gefühle sind nicht erwünscht." „Ich bin nicht in Ordnung so wie ich bin."

Die Weite, mit der wir auf die Welt gekommen sind, wird langsam eingeschränkt, durch diese Kernüberzeugungen ersetzt. Diese Sätze werden gespeichert und prägen unser Leben nachhaltig oder - besser gesagt - unsere Wahrnehmung von uns selbst und anderen.

Mareike wird als Kind von ihrer großen Schwester oft gehänselt, diese will sie auch nicht so gerne mitnehmen zum Spielen mit ihren Freundinnen, ihr ist die Kleine lästig. Mareike hat als Kind daraus geschlossen, dass sie nicht so liebenswert ist wie die anderen Freundinnen und dass es besser ist, allein zu sein. Als erwachsene Frau ist sie sehr vorsichtig mit anderen Menschen und zieht sich schnell zurück, wenn sie den Eindruck hat, jemand mag nicht so viel mit ihr zu tun haben. Und da täuscht sie sich öfter.

■ Die alten Einstellungen verhindern, dass wir die jetzige Realität wahrnehmen

Dieses Einordnen des Geschehens in eine bestimmte Kategorie von Erfahrungen beruht auf einer eingespielten Art und Weise, sich selbst und die Welt zu sehen. Genau das behindert uns im erwachsenen Leben heute so sehr, denn wir können dadurch nicht mehr flexibel mit Situationen umgehen und haben keine Wahlmöglichkeiten in unserer Reaktion. Da ist uns das verletzte Innere Kind mit seinen immer wieder auftauchenden gleichen Reaktionen im Weg ... solange wir uns ihm nicht zuwenden!

Alte Erfahrungen haben sich in uns verdichtet zu Einstellungen gegenüber uns selbst und der Welt. Damals war dies ein Schutz, eine Erklärung für nicht oder schwer begreifbare Situationen, hat Sicherheit bedeutet („Jetzt weiß ich, warum das geschieht: Ich bin nicht liebenswert!"). Außerdem können Kinder Dinge, die geschehen, nicht nicht auf sich beziehen. Alles, was geschieht, hat mit ihnen zu tun.

Heute nutzen wir diese Erklärung weiterhin als Orientierung in der Welt, im Kontakt mit uns selbst und den anderen. Was für uns als Kind die damals mögliche „(Not-)Lösung" war, kann für uns heute als Erwachsene sehr hinderlich sein. Wir fahren in alten Spuren und in vorgefertigten Bahnen und schränken uns dadurch selbst ein. Wir blicken damit häufig an der Wirklichkeit vorbei. Das heißt, wir sehen in anderen etwas, was gar nicht da ist, wie zum Beispiel Ablehnung. Wir sehen in uns nicht das, was da ist, beispielsweise unseren Wunsch nach Nähe und Liebe. Oder wir erkennen selbst nicht, wie liebenswert wir sind, und können die Liebe von anderen dann auch nicht annehmen.

Es sieht manchmal so aus, als wollten wir lieber in der Sicherheit und Vertrautheit unserer alten Einstellung verharren, als uns auf neues, unsicheres Terrain zu begeben, weil wir da vielleicht wieder mit dem alten Schmerz konfrontiert würden. Das wollen wir ja durch die festgelegten Glaubenssätze vermeiden, so wie früher. Als Kind war es anscheinend leichter für uns, ein negatives Bild über uns selbst zu haben, als immer wieder den Schmerz über eine ungerechte Behandlung zu spüren.

■ Neue unterstützende Botschaften finden

Wie kommen wir aus dieser Situation heraus? Wie immer: durch die Fürsorge für unser Inneres Kind. Wir geben unserer kindlichen Seite jetzt eine verständige

Erwachsene an die Seite, die ihre Not sieht, aber auch ihre Lebensfreude. Und wir erklären ihr Dinge und Ereignisse, die für das einstige Kind nicht zu verstehen waren.

Für Mareikes Inneres Kind war es hilfreich zu hören, dass ihre Schwester einfach gerne öfter mit Gleichaltrigen spielen wollte und dass ihre Mutter sie zu oft dafür eingespannt hatte, sich um Mareike zu kümmern, dass Mareikes Schwester also auch Unmut an ihr abreagiert hat. Es war dabei wichtig, dass sich Mareike nicht selbst als Erwachsene diese Erklärungen gab, denn das hatte sie schon öfter getan. Die Kleine musste es erfahren und Antworten auf ihre Fragen bekommen! Für das Innere Kind war es wichtig zu hören: „Du bist liebeswert und das Verhalten deiner Schwester hatte mit dir, so wie du bist, gar nichts zu tun!"

So können sich diese alten, inneren Einstellungen verändern. Wir klären die einengenden Glaubenssätze auf und finden neue, unterstützende und liebevolle Worte, die den Platz der alten Überzeugungen einnehmen können. Indem wir sie unserem Inneren Kind immer wieder sagen, ersetzen wir das alte Muster.

Mareike spricht eine Weile täglich mit ihrem Inneren Kind: „Du bist liebenswert. Andere Menschen freuen sich über deine Gesellschaft. Es ist schön, bei dir zu sein."

■ Die Umwelt als Spiegel nutzen

Es gibt zentrale Einstellungen uns selbst oder der Welt gegenüber, die sozusagen unseren Charakter geformt haben. Sie waren entscheidend, um bestimmte Situationen in unserer Kindheit zu bewältigen, oder sie sind als Beurteilungen ständig auf uns eingeprasselt, so dass sie sich in unser Selbstbild eingraviert haben. Das sind die zentralen Kernüberzeugungen, wie wir sie nennen können, die uns und unser Leben stark bestimmen.

Es gibt einen noch nicht zur Gänze erforschten, aber in der Praxis sehr gut beobachtbaren Mechanismus: Das, was wir von uns glauben und über uns denken, kommt auch von außen auf uns zu. Wir ziehen durch unsere Gedanken und durch das, was unser Selbstbild nach außen ausdrückt, genau die Ereignisse an, die wir befürchten. Es ist ja auch gar nicht so verwunderlich: Wenn wir gelernt haben,

Teil 6 . Dem Inneren Kind eine neue Geschichte geben

den Kopf einzuziehen und uns bei Autoritäten klein zu machen mit der inneren Überzeugung „Ich bin sowieso unterlegen und habe keine Chance", dann haben dominante Menschen leichtes Spiel mit uns.

Es scheint dann, als würde das Leben uns immer wieder in unserem Selbstbild bestätigen! So kann ein Teufelskreis entstehen, in dem sich die alten Einstellungen immer weiter verfestigen. Doch so weit sollten wir es nicht kommen lassen. Die Begegnung mit dem Inneren Kind ist eine ideale Methode, um das zu verhindern! Doch geben Sie sich Zeit dafür in dem Wissen, dass diese Glaubenssätze lange eine wichtige Stütze waren und dass es Zeit braucht, bis die gewohnheitsmäßigen Denk- und Fühlmuster sich ändern. Es sind die meist befahrenen Nervenstraßen, also die Autobahnen im Gehirn, die Sie verändern wollen, und das geht erst, wenn neue Verbindungen erschlossen sind. Wenn wir genau betrachten, wie die Umwelt und andere Menschen auf uns reagieren, dann können wir sie als Spiegel nutzen, um unsere inneren Glaubenssätze darin zu erkennen.

Sybille erkennt, dass sie sich bis jetzt immer an einem „Strohhalm" festgehalten hat. Der hieß: „Ich muss mich an andere anpassen, um nicht alleine zu sein." In ihren Liebesbeziehungen hat sie also auf Grund dieses Glaubenssatzes regelmäßig ihre eigenen Impulse und Wünsche hinten angestellt und sich dabei verloren. Sie hörte lieber nicht auf ihre innere Warnlampe, die ihr signalisierte, dass etwas in ihrem Leben ganz und gar nicht stimmt. Ihre Partner verließen sie immer wieder, weil sie nach einiger Zeit in den Beziehungen – verständlicherweise – depressiv wurde und dann nicht mehr attraktiv, sondern eher eine Belastung für sie war. In ihrem alten Muster fragte sie sich dann: „Was habe ich falsch gemacht?", anstatt mit ihrer Wut in Kontakt zu kommen und dadurch wieder zu sich zu finden.

In der Einzelstunde malt sie ein weinendes Kind mit einem dicken Strohhalm, das ganz verloren dasteht. Klar, als Kind blieb ihr nichts anderes übrig, als brav zu sein und die eigenen Wünsche zu verleugnen. Sie hatte keine andere Chance. Doch der Satz, der daraus entstanden war, ist für sie jetzt überholt. Sie kann ihre Kleine nun trösten und ihr sagen: „Du darfst deine eigenen Wünsche haben und ich bleibe bei dir." Sie gibt ihrer Kleinen also die Zusicherung, dass sie sie nicht alleine lässt, und schafft so die Voraussetzung, die kindliche Abhängigkeit von anderen Menschen zu lösen. Sie malt sich im nächsten Bild in einem Boot, die Ruder in der Hand und die Kleine mit dabei. Die Warnlampe am Boot ist deutlich sichtbar angebracht. „Freiheit", fällt ihr dazu ein.

Und sie lernt einen Mann kennen, bei dem sie sich frei fühlt. Die Warnlampe geht an, als er gleich mit ihr zusammenziehen will und sie hört darauf. Sie genießt es, allein in ihrer neuen Wohnung zu leben, in die sie ihn immer wieder für ein paar Tage einlädt. Sie braucht ihren alten Strohhalm nicht mehr. Sie sagt sich selbst immer wieder: „Ich darf meinen Wünschen folgen und kann doch einem anderen Menschen nah sein."

■ Die eigenen Gedanken beobachten

Wir können den eingefahrenen Glaubenssätzen auch auf die Spur kommen, indem wir unsere Gedanken beobachten. Was denken wir über andere, was denken wir über uns selbst? Wenn wir im ständigen Fluss unserer Gedanken auf Beurteilungen stoßen, auf Ablehnungen und Kritik, dann sind wir auf einer Spur. Denn hinter wertenden Verallgemeinerungen stecken meist negative Glaubenssätze, mit denen wir uns das Leben schwer machen. Da können uns Achtsamkeitsübungen helfen, die wir in östlichen Philosophien und spiritueller Praxis finden. Das bedeutet, dass wir still werden, in uns hineinhören und beobachten, welche Gedanken sich in unserem Kopf tummeln, um im Lauf der Übung immer mehr Abstand zu diesen Gedanken zu bekommen. Wir identifizieren uns dann weniger mit ihnen und wissen: Es sind nur Gedanken. Ihr Inhalt sagt nichts über das aus, was wir wirklich in unserem Wesen sind.

■ Übungen

1. Mit Hilfe eines unterstützenden Satzes die alten Glaubenssätze aufspüren

Nehmen Sie den Satz „Du bist ganz und gar liebenswert" und schreiben Sie ihn groß auf ein Blatt, und zwar auf eine linke Seite in Ihrem Buch. Auf die rechte Seite schreiben Sie alle Zweifel, die Ihnen zu diesem Satz kommen. In diesem Fall lassen Sie ganz bewusst alle gegenteiligen Gedanken und Gefühle zu, die in Ihnen aufsteigen. Zum Beispiel: Nee, manchmal bin ich zu laut. Ich gehe anderen auf die Nerven. Ich bin doof. Andere mögen mich nicht, wenn ich sauer bin.

Sie notieren alles, was Ihnen spontan in den Sinn kommt. Sie wählen sich dann einen der Sätze aus, den Sie als besonders einschränkend empfinden, und schreiben ihn auf die nächste Seite. Sie notieren, was Ihnen zu diesem Satz einfällt. Wenn Sie ihn vor sich hinsprechen, wer könnte diesen Satz früher gesagt oder gedacht haben und in welchem Tonfall? Wo hat der Satz seinen Ursprung, wann ist er entstanden, welche Aufgabe hatte er damals, vor was hat er sie bewahrt, welches Bedürfnis hat er befriedigt?

Welcher positive Satz könnte ab heute an seine Stelle treten? Schreiben Sie diesen dick auf, mindestens doppelt so dick wie den alten. Sie können den alten auch durchstreichen, einen Zettel damit verbrennen etc.

2. *Eine neue Geschichte erfinden*

Beschreiben Sie eine Situation in der Vergangenheit, in der Sie gelitten haben. Versuchen Sie zu verstehen, wie Sie sich als Kind damals fühlten und warum Sie genau so gehandelt haben, wie Sie es taten. Es war die zur damaligen Zeit beste Lösung.

Sie lassen den Stift ruhen und überlegen einen Moment, was Sie als Kind aus dieser Situation geschlossen haben. „Ich darf nicht laut sein" oder „Gefühle sind was Schlechtes" oder etwas anderes. Schreiben Sie diese alten Glaubenssätze auf.

Dann beschreiben Sie dieselbe Situation mit einem anderen Ausgang. Sie lassen eine gute Fee auftreten oder eine Zauberin, welche die Weichen neu stellt, oder lassen das Schutzwesen, das für das Kind zuständig ist, eingreifen. Sie können das Verhalten der anderen Beteiligten ändern. Sie sind ganz frei beim Erfinden der positiven Wendung, welche die Geschichte nehmen soll. Sie schreiben für Ihr Inneres Kind eine neue Geschichte mit Happy End. Welche positive Botschaft vermittelt die neue Geschichte? Lassen Sie die Fee, den Zauberer, den netten Gnom, die Erdmutter, die Eltern oder wen auch immer in Ihrer Geschichte diesen positiven Satz wiederholen. Sagen Sie ihn Ihrem Inneren Kind in der nächsten Zeit immer wieder.

3. *Diesen neuen Satz verankern*

Schauen Sie diesen neuen Satz, den Sie durch eine der vorhergehenden Übungen gefunden haben, noch einmal an. Haben Sie ihn positiv formuliert? (Ein Beispiel: Statt „Ich muss mich nicht mehr anstrengen, um geliebt zu werden", suchen Sie eine passende positive Formulierung: „Ich werde geliebt, so wie ich bin" oder „Ich bin liebenswert, was ich auch tue und lasse".) Lesen Sie ihn sich selbst laut vor. Hört er sich richtig an? Tut er Ihrem Inneren Kind gut? Oder wollen Sie noch etwas daran ändern?

Schreiben Sie diesen Satz dann groß auf ein Zeichenblattpapier. Bunt, geschmückt mit Herzen und Blumen, oder was Ihnen sonst einfällt. Vielleicht finden Sie auch ein Foto von sich als Kind zu der Zeit, in der diese Unterstützung gefehlt hat, und stellen es dazu oder hängen es auf. Sie finden dann einen Platz im Körper, an dem der neue Satz positive Körperempfindungen erzeugt. Sie legen eine Hand dorthin. Oder Sie finden eine Geste, eine Haltung, die zum neuen Satz passen.

Platzieren Sie diesen bunten Satz so, dass er Ihnen während des Tages immer wieder ins Auge fällt. Sagen Sie ihn Ihrer Kleinen vor dem Einschlafen oder nach dem Aufwachen. Wenn Sie meditieren, lassen Sie diesen Satz schwingen. Finden Sie eine kleine Melodie und singen Sie diesen Satz beim Spazierengehen oder beim Tanzen. Dabei entsteht ein Rhythmus, der hilft, dass sich der Satz einprägt. Sie können ihn auch beim Kochen, Aufräumen oder Staubsaugen vor sich hin singen oder sagen. Und zwar laut. Bleiben Sie dran.

Die neuen Inneren Eltern

■ Schenken Sie Ihrem Inneren Kind ideale Eltern

Eines der größten Geschenke für das Innere Kind neben den Schutzwesen sind ideale Innere Eltern! Eltern, die bedingungslos lieben und die dem Kind genau das geben können, was es jeweils braucht. Es sind transzendente Kräfte, die Sie damit einladen, die aus Annahme, Liebe, Wertschätzung, innerem Frieden und Güte bestehen. Ich möchte Ihnen hier die Gelegenheit geben, diese Wunscheltern in Ihrer Inneren Welt zu finden und zu etablieren.

Wir haben ja unsere leiblichen Eltern verinnerlicht. Das heißt, die inneren Bilder von ihnen sind entstanden aus den Erfahrungen, die wir als Kind mit ihnen gemacht haben. Wir tragen sie weiter in uns, ob unsere Eltern noch leben oder nicht, ob wir sie lieben oder hassen, ob wir sie sehen oder nicht, ob wir gute erwachsene Beziehungen zu ihnen entwickeln konnten oder nicht. Sie sind zu Inneren Eltern geworden. Und die beeinflussen uns heute mehr als die realen Eltern, obwohl sie nicht unbedingt identisch mit diesen sind.

Wenn Sie als Kind immer wieder Angst vor Ihrem cholerischen Vater hatten, so wie ich, dann bleibt dieses Bild oft hartnäckig in Ihnen bestehen, auch wenn er inzwischen gar nicht mehr aufbrausend ist, schon Jahre nicht mehr gebrüllt hat. Sie schrecken trotzdem zusammen, wenn jemand sie laut anspricht oder unfreundlich anschnauzt, weil dieser Jemand gerade schlechte Laune hat.

■ Die Bilder, die wir uns von unseren Eltern gemacht haben, sind jetzt Teil von uns

Was wir an uns oder an anderen gut finden und was wir ablehnen, ist bestimmt von den Inneren Eltern in uns. Wie wir auf unsere eigenen Gefühle (und die der anderen) reagieren, wie wir selbst uns belohnen und bestrafen, was wir an uns wertschätzen, was wir fürchten, was wir uns trauen, was wir von uns halten, das und noch viel mehr ist geprägt von den verinnerlichten realen Eltern, die oft unser Verhalten weit mehr steuern, als uns lieb ist.

Die Inneren Eltern sind also der Gegenpart sowohl zum verletzten als auch zum geliebten Inneren Kind. Die liebevolle Erwachsenenseite hat als Vorbild das liebevolle Verhalten ihrer Eltern. Die lieblose Seite - die Innere Kritikerin, der innere Richter, der innere Antreiber in uns - lebt die lieblose Seite der Inneren Eltern aus und speist sich unter anderem aus dieser Quelle.

Eine liebevolle Erwachsene für unsere kindlichen Anteile zu werden, um diese zu integrieren, ist eines unserer Ziele. Im Grunde ist es das größte Ziel dieser Reise mit dem Inneren Kind. Und deshalb lohnt es sich, wenn wir uns mit dem verinnerlichten Elternbild befassen, die Bilder verwandeln und so neue Innere Eltern erschaffen. Denn Sie wissen ja: Wir sind Meister und Meisterinnen unserer Inneren Welt und haben die Freiheit, sie uns so zu erschaffen, dass wir glücklich werden.

■ Die lieblosen Inneren Eltern durch liebevolle ersetzen

Wir können also die lieblose Seite der Inneren Eltern ersetzen. Um das hier klarzustellen: Wir ersetzen nicht unsere wirklichen Eltern, sondern nur das kindliche Bild der Eltern in uns. Wir machen unseren leiblichen Eltern damit keine Vorwürfe, kritisieren sie auch nicht, wir verleugnen damit auch nicht, was sie für uns getan haben. Wir lösen nur ein sowieso schon längst überholtes inneres Bild von ihnen auf, das unser Inneres Kind noch hat, und setzen an diese Stelle ein durch und durch unterstützendes Bild, das auf unser Inneres Kind aufbauend wirkt.

Neue ideale Eltern können uneingeschränkt lieben und das nachnähren, was noch in uns im Mangel lebt. Manchmal werden sie auch als die göttlichen oder kosmischen Eltern bezeichnet, da sie keine menschlichen Begrenzungen haben, sondern höhere Qualitäten verkörpern. Wir Menschen tragen diese zwar auch in unserem Kern in uns, scheitern jedoch immer wieder darin, sie im täglichen Leben umzusetzen. Diese Qualitäten sind Akzeptanz, Mitgefühl und eben bedingungslose Liebe.

Die neuen Eltern in uns Gestalt annehmen zu lassen, bedeutet auch, dass wir als Erwachsene nicht immer weiter an unseren leiblichen Eltern zerren müssen (es ist das bedürftige Kind, das da zerrt), damit wir das kriegen, was wir als Kind nicht bekommen haben. Wir müssen uns nicht mehr an ihnen rächen oder sie ändern wollen, so dass sie den Bedürfnissen unseres Inneren Kindes wenigstens jetzt noch entgegenkommen. Wir können die eigenen Eltern einfach so lassen, wie sie sind, und schauen, welche Verbindung als Erwachsene heute zu ihnen möglich ist. Denn wir haben ja die neuen Eltern in uns, die genau das tun und geben, was unser Inneres Kind braucht.

▪ *Warum neue Eltern finden?*

Auf unserer Reise haben Sie ein Schutzwesen für das Innere Kind gefunden und eine weise Ratgeberin für die Erwachsene. Sie sind unterschiedliche Wege gegangen, um die liebevolle Erwachsene zu stärken, die kritischen Stimmen leiser zu drehen und zu verwandeln.

Die Auseinandersetzung mit den Inneren Eltern, die Gespräche mit ihnen und deren Verwandlung in neue Eltern fügt noch eine Vertiefung hinzu. Manche Inneren Kinder sehnen sich nach liebevollen Eltern, und für die Erwachsenenseite ist es manchmal leichter, die liebevollen Eltern agieren zu lassen, als selbst Mutter und Vater für die Kleine zu sein.

Ich erzähle Ihnen hier die Geschichte von Silke, eine Geschichte mit einem Happy End.

Silke merkt, dass sie immer wieder, wenn sie mit ihren Eltern zu tun hat, den Wunsch hat, Aufmerksamkeit und Anerkennung zu bekommen, was ihr aber nicht gelingt. Sie spürt, dass es kindliche Bedürfnisse sind, die jedes

Mal aufs Neue frustriert werden. Ihr erklärtes Ziel ist es, sich von dieser Forderung an ihre alten Eltern zu verabschieden. Sie ist die Große von insgesamt vier Geschwistern (als sie eineinhalb war, kamen die Zwillinge!) und musste, wie viele Erstgeborene, die Vernünftige sein. Zudem stritten sich ihre Eltern viel. Es gab sogar eine Situation, in der die Eltern Silke nachts aus dem Bett zerrten und das völlig verwirrte Kind zwingen wollten zu sagen, wer Recht habe, während sie sich immer weiter stritten und anbrüllten. Außerdem muss sie sich bis heute die unverarbeiteten, schlimmen Fluchterfahrungen ihrer Mutter und Großmutter anhören.

Sie geht mit meiner Begleitung auf eine innere Reise, bei der sie sich an viele schöne Erlebnisse mit ihrem Opa in dessen Garten erinnert. Der Eingang zum Lieblingsort für das Innere Kind besteht aus einem Bogen voller weißer Rosen und ist mit viel warmen Sand gefüllt. Hier tauchen drei Innere Kinder unterschiedlicher Altersstufen auf. Die älteren sind etwas scheu, aber können schnell durch ein gemeinsames Spiel, das die Erwachsene initiiert, aus der Reserve gelockt werden. Aber da ist noch ein eineinhalbjähriges Kind, zu dem die erwachsene Silke keine Verbindung aufbauen kann. Es ist klar, es muss von jemand anderem versorgt werden. Der Opa oder ein anderer netter Nachbar, der immer so freundlich war? Nein, das reicht nicht, das Kind will die Eltern.

Silke möchte zuerst, dass ihre leiblichen Eltern in ihren Inneren Garten kommen (das entspricht dem immer wiederkehrenden unbewussten Wunsch, die Eltern mögen doch wieder da sein) und die Kleine halten. Sie lädt sie ein. Ich empfehle ihr, ebenfalls eine Kraft oder eine Gestalt zu rufen, die sich hinter die Eltern stellt und ihnen hilft, das Kleinkind wirklich voll und ganz zu lieben, unbelastet von ihrer eigenen, schweren Vergangenheit, ihrer schwierigen Beziehung und ihrer Überforderung (manchmal eine gute Möglichkeit, die inneren Eltern zu verwandeln und so zu den idealen Eltern zu machen).

Zuerst scheint das gut zu gehen. Sie sieht eine große warme Sonne hinter den Eltern und die Kleine schaut jetzt glücklicher aus. Sie wendet sich den anderen Kindern zu, die immer lustiger werden, sich vor Lachen im Sand rollen, sich damit bewerfen und einen Riesenspaß haben. Alle Schüchternheit ist verschwunden. Ich schlage vor, dass alle gemeinsam ein Schild übermalen, auf dem steht: DAS GROßE LEIDEN. Dies ist das Familienmotto, das Silke in unserem Gespräch vorher durchschaut und benannt hatte und worüber sie lachen musste, als es ihr in dieser Deutlichkeit bewusst wurde. Die drei größeren Kinder übermalen diese Schrift nun mit bunten Farben und überlegen, was sie jetzt auf das Schild schreiben wollen. Sie kritzeln: „Wir lachen und es geht uns gut!"

Wie reagieren nun die Eltern, die immer noch das Kleinkind halten, auf diese neue Botschaft?

Sie schauen kritisch, die Mutter wirkt zudem neidisch, und somit wird deutlich, dass diese Eltern zu nah an der alten Erfahrung sind. Sie gehören nicht in Silkes Inneren Garten, der ein Platz der Heilung sein und nicht wieder die alten, schmerzlichen Dinge beinhalten soll. Ich ermutige Silke, die Eltern aus ihrem Inneren Garten in ihre eigenen Inneren Gärten zu entlassen. Nun können aus der Sonne die neuen Eltern hervortreten. Und denen gefällt das fröhliche Spiel der Kinder. Sie sind begeistert. Es erscheint ein Lächeln und eine tiefe Zufriedenheit auf Silkes Gesicht. Sie zählt auf, was die neuen Innern Eltern alles mit den Kindern tun und erleben. Und das Schönste kommt am Schluss. Die Abschlussszene, das wirkliche Happy End, wie sie sagt: Die Eltern sitzen Arm in Arm nebeneinander auf einer Bank und sind glücklich miteinander, während sie das kleine Kind halten und liebevoll die glücklichen anderen Kinder betrachten. Ist das nicht schön?

Ich habe Ihnen diese Geschichte so ausführlich erzählt, weil sie deutlich macht, wie die Suche nach einer wirklichen Unterstützung für das Innere Kind aussehen kann, gerade dann, wenn die Erwachsene noch keinen Bezug dazu hat; welchen Unterschied es ausmacht, ob die alten Bilder wirken oder neue Eltern installiert werden können; welche Befreiung es sein kann, die alten Elternbilder zu entlassen. Spannend ist, wie Silke ihren leiblichen Eltern nun begegnen wird. Sie möchte vor dem nächsten Kontakt das Bild der neuen Eltern in sich pflegen, indem sie sich immer wieder vorstellt, wie diese sich um das Kleinkind kümmern.

■ Übungen

1. Fantasiereise

Gehen Sie in Ihren Inneren Garten und finden Sie da einen großen starken Baum. Bitten Sie die neuen Inneren Eltern rechts und links hinter dem Baum hervorzukommen und begrüßen Sie sie. Rufen Sie Ihr Inneres Kind. Vielleicht gehen alle zusammen zum Lieblingsort.

Sie schauen zu, wie die neuen Eltern mit dem Inneren Kind umgehen. Versetzen Sie sich in das kindliche Selbst und seine Erfahrungen und fühlen die Gefühle, die in ihm auftauchen wie Freude, Geborgenheit, Spaß, Liebe. Dann wechseln Sie wieder in den Körper der Erwachsenenseite und bedanken sich bei den neuen Eltern für Ihr Dasein. Sie verabschieden sich, sehen, wie das Innere Kind sich verändert hat durch die neuen Eltern.

Sie können danach die neuen Eltern mit Ton formen, sie malen oder die Gefühle, die diese wecken, in Farbe ausdrücken.

2. Dem Inneren Kind eine Geschichte erzählen

Beginnen Sie mit: „Es war einmal eine kleine Maus ..." (welches Tier Ihnen auch immer einfällt). Dann erzählen Sie Ihrem Inneren Kind eine Geschichte über dieses kleine Tier, seine lieben Eltern und seine Familie. Vielleicht gerät es zwischendurch mal in Not, aber seine Eltern helfen ihm, unterstützen es, lieben es. Erzählen Sie dieses Märchen Ihrer Kleinen vor dem Einschlafen.

Eine neue Ankunft auf der Erde

■ *Eine neue Geburt*

Wir können noch einen Schritt weiter zurückgehen und uns selbst als Neugeborene noch einmal auf der Erde empfangen. Wir geben uns damit einen anderen Start ins Leben, der bestimmt ist von Liebe, Freude und guten Wünschen.

Mari hatte ein Traum. Darin lag sie im Bett und fand unter ihrer Decke ein gerade geborenes Baby. Liebe durchströmte sie und sie war voller zärtlicher Gefühle für diesen Neuankömmling.

Die Tage danach nahm sie das Neugeborene immer wieder in ihr Herz, besonders bei ihrer morgendlichen Meditation. Und jedes Mal kam diese große Zärtlichkeit zu ihrem Inneren Kind wieder. Das Bild dieses Babys veränderte sich. Einmal sah sie es in einem Meer von Liebe schwimmen, lächelnd und sich weich bewegend.

Heißen wir uns selbst noch einmal aus vollem Herzen willkommen. Jetzt können wir in uns die Welt selbst erschaffen, die dieses Kind empfängt. Wir geben dem neuen Ankömmling alle unsere guten Wünsche mit, wie die Märchenfeen, die das Neugeborene segnen. Wir selbst können dem Frischling sagen, dass er oder sie beschützt und geliebt wird auf dieser Erde und dass wir alles dafür tun werden, dass es wachsen und sich entwickeln kann. Damit schaffen wir die Voraussetzungen, unser eigenes, tiefes Wesen willkommen zu heißen.

Besonders wenn es für unsere Mütter oder Familien schwierig war, sich voll und ganz über unser Kommen zu freuen, ist es wichtig, noch einmal unsere Ankunft auf dieser Erde zu feiern.

■ *Die eigenen Potenziale annehmen*

Wenn wir uns in unseren eigenen Armen auf der Erde empfangen, heißen wir damit auch unser Wesen willkommen: die Schätze, die wir mitgebracht haben und unsere ganz spezielle Energie. Dass es diese Energie gibt, kann jeder bestätigen, der bei einer Geburt dabei war und das Kind in den ersten Stunden und Tagen betrachten durfte. Schon wenn sie kommen, sind diese kleinen Wesen so unterschiedlich.

Und dieses ganz „Spezielle" an uns können wir annehmen. Wir können uns sagen: „Es hat einen Sinn, dass ich gekommen bin. Genau so, wie ich bin, habe ich einen Platz auf dieser Erde und bin gewollt. Genau so, wie ich bin, bin ich Teil des Ganzen und sind meine Potenziale gefragt. Ich muss nichts anderes tun, als das, was in mir angelegt ist, sich enfalten zu lassen. Dafür entscheide ich mich nun: Mein ganz Eigenes, das was mich besonders macht, bringe ich in die Welt."

■ *Eine tiefe Erfahrung*

Im Innere-Kind-Kurs wünscht sich Hanna, dass sie noch einmal mit Freude auf der Erde willkommen geheißen wird. Sie will ihre Geburt neu erleben. Sie wählt einige der ihr inzwischen vertraut gewordenen Kursteilnehmerinnen aus. Von drei Frauen wird sie in Empfang genommen. Die sagen: „Oh, welche Freude, dass du gekommen bist." „Wir sind so glücklich über dich!" „Oh, bist du schön!" „Was für ein wunderbares Wesen ist zu uns gekommen!" „Wir geben dir unseren Segen, mögest du ein glückliches Leben führen." Sie staunen über die kleinen Hände und Füße, streicheln über das Köpfchen und ein seliges Strahlen taucht auf Hannas Gesicht auf. Nach diesen Worten und nach dieser Bewunderung hat sie sich so gesehnt. Eine Frau drückt ganz spontan mit einer mütterlichen Geste Hannas Kopf an sich und Hanna entspannt sich noch mehr. Alle anderen Frauen haben währenddessen einen großen Kreis um Hanna und die Frauen in der Mitte gebildet und eine beginnt zu summen, ganz zart, andere stimmen ein. Wie ein sanfter Klangteppich breiten sich die Töne im Raum aus und Hannas Atem vertieft sich. „Ich bin endlich angekommen", sagt sie nach einer langen Weile, öffnet die Augen und schaut uns alle offen und dankbar an.

■ Das göttliche Innere Kind als der Urgrund des kindlichen Potenzials

Diese Erfahrung von Hanna miterleben und begleiten zu dürfen, war ein großes Geschenk. Es war für alle deutlich, dass hier etwas ganz Besonderes passiert war. Eine Teilnehmerin hat es als einen „heiligen Moment" bezeichnet und ich habe verstanden, warum sie das so ausgedrückt hat. Hanna war in dieser Situation ihrem heilen Kind ganz nahe. Und heil und heilig haben den gleichen Wortstamm und meinen das Gleiche.

Das göttliche oder heile Innere Kind ist der tiefste Kern unseres Inneren Kindes, das Kind, das sein ganzes Potenzial in bedingungsloser Offenheit und in Unschuld mitbringt und weiß, dass es willkommen ist, im Universum und auf dieser Erde. Es weiß, dass alles, aber auch alles an ihm gut ist. Es verströmt einfach seine Liebe, geht mit offenen Augen in die Welt und ist in dieser Liebe und Offenheit völlig geschützt. Ein Kind mit Augen so tief wie der weite Himmel. Mit einem Lächeln, das sich über das ganze Gesicht ausbreitet und alle Menschen anstrahlt, die nicht anders können, als das Lächeln zu erwidern.

Das göttliche Kind ist der Teil in uns, dessen Herz andere Herzen öffnet, einfach so, ohne Absicht, einfach durch sein Sein. Diesem Kind in uns zu begegnen ist wie die eigene Seele zu berühren, die wie eine klare Quelle ist, immer war und immer sein wird.

Teil 6 . Dem Inneren Kind eine neue Geschichte geben

■ Übungen

Wichtiger Hinweis: Machen Sie Übung 1 nicht ohne professionelle Begleitung, wenn Sie selbst eine traumatische Geburt/Säuglingszeit erfahren haben oder als Mutter ein Kind zur Welt brachten, dessen Geburt für Sie traumatisch war, und sie dies noch nicht verarbeiten konnten. Entscheiden Sie sich in diesem Fall für Übung 2.

1. Das Neugeborene willkommen heißen

Nehmen Sie sich viel Zeit, falls Sie sich diese Erfahrung schenken wollen. Sie brauchen einen absolut ungestörten, sicheren Raum ohne plötzliche Geräusche und andere unerwartete Störungen. Sie entspannen sich …

Sie haben gerade ein Kind geboren: sich selbst. Sie nehmen das Neugeborene an sich, legen es auf Ihren nackten Bauch und legen sanft die Hände auf die Haut, die bis jetzt noch nie direkt berührt wurde und sich doch so nach Berührung sehnt … Sie spüren die Erschöpfung, aber auch das große Glück, dieses Wesen auf Ihrem Bauch zu spüren. Sie schauen sich alles an dem Säugling an und streicheln es: die kleine Hände, die einzelnen Finger, alles schon entwickelt, ein Wunder! Sie nehmen die Füßchen in Ihre Hand und streichen die Beine entlang … Sie sind entzückt über die Nase, den Mund, die offenen Augen. Sie küssen die weiche Haut und riechen diesen frischen Babygeruch … Es ist ein beglückendes Gefühl für Sie, für dieses Wesen sorgen zu dürfen, es gibt in diesem Moment nichts, was Sie glücklicher machen könnte. Für das Kleine da zu sein fühlt sich natürlich und leicht an. In diesem Moment werden Sie von dem überwältigenden Gefühl ergriffen, dass es in nächster Zeit nichts Wichtigeres für Sie gibt als dieses kleine, schutzbedürftige und gleichzeitig so unschuldige Wesen, das in Frieden, Vertrauen und Freude in das Menschsein hineinwachsen möchte. Sie legen es an Ihre Brust und stillen es. Sie sind ganz und gar im Einklang mit diesem Kind.

Sie sind umgeben von wohlmeinenden Menschen. Die Atmosphäre ist voller Harmonie und bildet einen warmen, schützenden Kreis um Sie und Ihr Baby. Nun laden Sie die Feen oder Ihnen nahe stehende Menschen ein, die Ihrem Baby alles Gute für sein Leben wünschen.

Was sagen sie? Welche Segenswünsche bekommt das Neugeborene mit auf den Weg? Wenn Sie alle gehört haben, sprechen Sie eigene Wünsche aus. Dann schauen Sie Ihrem Baby in die Augen, was können Sie darin sehen? Welches Wesen erkennen Sie darin?

Nehmen Sie dieses winzige Wesen in Ihr Herz und lassen langsam die Bilder verschwinden. Sie nehmen sich viel Zeit, um langsam wieder aufzutauchen und ganz in Ihrem erwachsenen Körper anzukommen.

2. Das göttliche Kind empfangen

Entspannen Sie sich. Betreten Sie Ihren Inneren Garten durch das Tor. Sie folgen einem Weg, der Sie zuerst an einem Wasser vorbeiführt. Sie baden darin. Es wäscht Ihre Anstrengungen als Erwachsene ab und hilft Ihnen, den Alltag hinter sich zu lassen. Sie bereiten sich so darauf vor, das göttliche Kind in Empfang zu nehmen. Dann gehen Sie weiter und kommen zu einem ganz besonderen Platz in der Mitte Ihres Gartens. Es ist ein heiliger Ort, ein wunderschöner Platz in der Natur mit einem großen Baum oder mit vielen alten Steinen, einem Tempel oder einer Kapelle. Lassen Sie sich überraschen. An diesem Platz entspringt eine Quelle mit heilendem Wasser.

Dann werden Sie still an diesem besonderen Platz in Ihrem Garten. Laden Sie die Stille ein. Ihre Ohren hören die Stille, die hinter und unter und über allem ist. Die Stille, aus der heraus jedes Geräusch entsteht und wieder dahin zurückfällt. Die Stille, die der Urgrund ist von allem, was lebt. Lauschen Sie auf diese Stille. Wenn Sie das möchten, stehen neben Ihnen die neuen Eltern oder andere hilfreiche Gestalten, die auch auf das Kind warten, um es zu empfangen.

Und dann öffnen Sie die Arme und breiten Sie aus. Sie hören ein Summen oder ein Brausen oder Klänge und sehen ein Wesen zu Ihnen kommen aus einer anderen Welt. Es hält in seinen Armen ein kleines Kind, Ihr ursprüngliches Wesen, das in einem hellen Licht strahlt. Es legt es an Ihr Herz. Sie schauen dem Kind in die Augen. Was sehen Sie? Das Kind verschmilzt nun mit Ihrem Herzen und es ist, als würde es da hingehören und wäre schon immer da gewesen.

3. Gute Wünsche für den Säugling in sich finden

Falls Sie Übung 1 gemacht haben, nehmen Sie die guten Wünsche aus der Fantasiereise. Ansonsten finden Sie gute Wünsche für Ihre Ankunft auf der Erde. Schreiben Sie sie auf und lesen Sie sie eine Zeitlang jeden Tag und sprechen Sie die Wünsche nach innen. Wie möchten Sie sich selbst auf der Erde empfangen?

„Ich freue mich, dass es dich gibt."
„Ich bin glücklich über deine Ankunft hier."
„Du bist ein wunderbares Wesen."
„Du bist etwas ganz Besonderes."

„Ich wünsche dir Glück und Zufriedenheit."
„Mögest du dich nie einsam und verloren fühlen."

Oder gibt es andere Worte? Finden Sie die Wünsche, die für Sie passen. Sie können ein Foto von sich als Baby nehmen, es aufkleben, das Blatt mit Farben gestalten und die guten Wünsche drum herum schreiben.

Rastplatz zwischen Bäumen: Wer kommt denn da?

Wir kommen in ein sanftes Tal und suchen uns da einen Platz zum Rasten. Wir entdecken eine Gruppe von Bäumen, die in einem weiten Kreis stehen. Da zieht es uns hin. In ihrer Mitte wächst weiches Gras und wir legen uns zuerst in den Schatten einer Eiche und genießen die Frische. Wir wollen heute nicht mehr weiter. Wir dämmern etwas vor uns hin, das Kind schläft in seinem Schlafsack. Wir haben schon eine lange Strecke zurückgelegt. Als es Abend wird, mache ich mich auf die Suche nach Holz und Steinen für eine Feuerstelle. Bald brennt ein Feuerchen. Wir setzen uns dazu und schauen in die Flammen, es zischt und knistert und wir können in der Glut immer wieder neue Formen erkennen. Es dauert nicht lange und zwischen den Bäumen tauchen kleine und große Gestalten auf. Wir laden sie ein, sich zu uns zu setzen. Es sieht so aus, als käme hier eine größere Versammlung zustande. Ich setze schon mal Wasser für eine große Kanne Tee auf.

Verschiedene kindliche Anteile treffen sich und können sich ergänzen und unterstützen

Wir haben also einen Treffpunkt erreicht, an dem die unterschiedlichen kindlichen und erwachsenen Anteile sich begegnen und miteinander ins Gespräch kommen! Die liebevolle Erwachsene ist diejenige, die das Treffen initiiert und die Kinder (und anderen Anteile) zum Zusammensein einlädt. Es kann sein, dass sich der Kontakt unter den kindlichen Anteilen ganz einfach und wie von selbst ergibt, es kann aber auch sein, dass die Erwachsene vermittelnd eingreift.

Natürlich können die hilfreichen Wesen dazu geladen werden. Jedes dieser Inneren Kinder hat ein Potenzial und vertritt eine bestimmte Entwicklungsphase. Auch die verletzten Inneren Kinder tragen, wie Sie schon erfahren haben, einen Schatz in sich. Sie haben eine schwierige Situation oder eine schwierige Zeit überlebt und sind auf ihre eigene Art damit zurechtgekommen, haben Stärken entwickelt.

Wenn nun die Inneren Kinder mit der Erwachsenen zusammentreffen, dann kommen diese ganzen Potenziale zusammen. Es ergibt sich ein größeres Ganzes, und so besteht die Chance, dass daraus ein harmonisches Miteinander wird, man sich gegenseitig ergänzt und unterstützt.

Hanne hat sich in meiner Praxis Plätze eingerichtet: einen für die Erwachsene und je einen für ein verletztes, sehr sensibles Inneres Kind und für ein ganz starkes Kind mit vielen Ideen und großem Mut. Die beiden hatten irgendwann einmal den Kontakt zueinander verloren. Hanne möchte sehen, was geschieht, wenn beide nun zusammenkommen. Sie wechselt dabei die Plätze und fühlt sich in den jeweiligen Anteil ein. Zuerst brauchen beide Seiten die Anerkennung durch die Erwachsene. Das starke Mädchen ist zwar nah bei der Erwachsenen, aber richtig sehen tut diese sie doch nicht. Deshalb schauen sich die beiden aus etwas Abstand an. Die Erwachsene wertschätzt dieses Innere Kind (was sie im Alltag oft zu wenig tut), und dann wendet sie sich der sensiblen Seite zu, die eher im Hintergrund agiert. Sie lehnt sie im Alltag manchmal sehr ab, aber durch die Wertschätzung ihrer Sensibilität kommt die Kleine näher. Nun tritt die Erwachsene einen Schritt zurück und überlässt den zwei Inneren Kindern den Kontakt. Die brauchen ein bisschen, aber da sie beide von der Erwachsenen bestärkt wurden, finden sie zueinander. Das mutige Innere Kind nimmt die eher Ängstliche an die Hand und diese zeigt wiederum dem starken Inneren Kind, was sie mit ihrer feinen Wahrnehmung alles sieht und hört. Sie spielen dann ganz glücklich miteinander.

Wie ein größeres Treffen ablaufen kann

Im folgenden Beispiel sehen Sie, wie mehrere unterschiedliche Innere Kinder und Jugendliche Schritt für Schritt zusammenfinden und sogar im Kontakt zwischendurch die Führung übernehmen.

Gudruns Jugendliche und drei ihrer Inneren Kinder treffen sich in einer Fantasiereise. Die Erwachsene hat sie zusammengeholt. Es gibt da eine ganz verschüchterte Kleine, die sich der Erwachsenen kaum zeigen mag. Sie sitzt im Gebüsch und schaut vorsichtig zwischen den Zweigen hervor. Eine sehr ausgelassene Kleine spielt mit einem Hund und die Jugendliche schaut eher gelangweilt zu. Ein verletztes Inneres Kind, das von der liebevollen Erwachsenen schon Fürsorge bekommen hat, hält die Hand der Erwachsenen. Die beiden gehen zu dem ausgelassenen Mädchen und das schaut freundlich auf und freut sich, dass da noch ein Kind kommt. Sie möchte mit ihm spielen und es dauert eine kleine Weile, bis das andere Kind sich von der Hand der Erwachsenen löst und auch den Hund streichelt. Die Erwachsene spricht aufmunternde Worte und bleibt in der Nähe. Als die zwei Kleinen dann gut miteinander zurechtkommen, geht die Erwachsene zur Jugendlichen, die schon ein bisschen aufmerksamer schaut. Die Jugendliche sagt zur Großen, dass sie ihre Ruhe brauche und selbst entscheiden wolle, ob sie dazukomme. Als die Erwachsene das akzeptiert, ist sie sichtlich erleichtert und als dann der Hund zu ihr springt, streichelt sie ihn auch.

Die Erwachsene ist unruhig. Sie spürt, wie diese ganz verschüchterte Kleine im Gebüsch zu ihr herschaut und sie möchte sie so gerne rauslocken. Doch wie? Sie ist etwas ratlos. Doch da kommen die zwei spielenden Kinder zu ihr. Sie haben das andere Kind auch entdeckt und sind neugierig geworden. Als die drei näher kommen, verschwindet das kleine Gesicht wieder hinter den Büschen. Die Erwachsene fragt die zwei anderen Kinder, ob sie das dritte kennen lernen möchten. Sie wollen und die Erwachsene geht ein paar Schritte zurück. Die Kinder schicken den Hund hin und der schnüffelt im Gebüsch. Da hören sie eine helle Stimme, die sagt: „Du bist aber lieb." Die zwei anderen Mädels trauen sich nun zu der Kleinen und die Erwachsene hört die drei miteinander sprechen. Dann öffnet sich das Gebüsch und die drei kommen heraus, zusammen mit dem Hund. Die Erwachsene geht zu ihnen, hockt sich hin und streckt ihre Hand aus. Die verschüchterte Kleine nimmt sie, und die Jugendliche ruft von Weitem: „Wow!"

Manchmal braucht es Zeit, bis die Kinder sich gegenseitig kennen lernen
Manchmal wissen die Kinder unterschiedlicher Altersstufen und Ausprägungen nichts oder wenig voneinander. Das liegt daran, dass es zu einer bestimmten Zeit der Kindheit wichtig war, eine Seite abzuspalten. Wenn zum Beispiel

> Weinen überhaupt nicht erwünscht war, dann wurden diese Gefühle unter großer Anstrengung weggepackt. Das fröhliche, angepasste Kind war dagegen von den Eltern gewollt und hat sozusagen das andere weggeschoben. Meistens gibt es eine Beziehung, in der der Kontakt leicht fällt und dann können Schritt für Schritt die anderen Anteile integriert werden. Natürlich sind auch bei diesen Treffen die Schutzwesen, die neuen Eltern und andere hilfreiche Gestalten äußerst unterstützend, wie der fröhliche, verspielte, kontaktfreudige Hund im vorangegangenen Beispiel. Die Erwachsene kann auch eine spezielle Begleitung für sich mit dazunehmen und sich dadurch stärken und beraten lassen.

■ *Übungen*

Vorgehen: *Sie können sich zwischen Übung 1 und Übung 2 entscheiden*

1. *Fantasiereise: Mehrere Innere Anteile am Versammlungsort treffen*
Entspannen Sie sich. Betreten Sie durch das Tor Ihren Inneren Garten. Schauen Sie sich um und freuen Sie sich daran, wie vertraut der Innere Garten Ihnen inzwischen schon geworden ist. Doch es gibt immer wieder Neues zu entdecken. Heute gehen Sie an einen Ort, den Sie noch nicht kennen. Sie finden eine Stelle, die sich als Versammlungsplatz eignet. Hier soll Raum für alle sein: Sie nehmen Ihren Zauberstab und richten ihn ein. Zünden Sie in der Mitte ein Feuer an, um das sich alle versammeln können. Kochen Sie einen Tee oder Kakao. Laden Sie erwachsene Seiten, die Inneren Eltern, die Inneren Kinder und hilfreichen Wesen ein, mit denen Sie kommunizieren möchten, und beginnen Sie das Gespräch. Es kommen vielleicht nicht alle, sondern nur diejenigen, die heute wichtig sind. Schauen Sie, dass langsam alle miteinander in Kontakt kommen. Wem fällt es leichter? Wer kann wen unterstützen? Wer hat gerade Kraft und wer braucht eher Zuwendung von den anderen?

2. *Symbole oder Bodenanker für die unterschiedlichen Anteile*
Nutzen Sie, was auch immer sich anbietet, um den unterschiedlichen Anteilen, die Sie einladen möchten, einen Platz zu geben: Stühle, Stofftiere, Biegepüppchen, Symbole, Papier. Arrangieren Sie die Plätze intuitiv, ohne viel nachzudenken, eher im inneren Spüren. Sie beginnen mit den Plätzen der liebevollen Erwachsenen und der hilfreichen Wesen. Sie spüren, wie die

Erwachsene Unterstützung bekommt. Dann erst wechseln Sie auf die anderen Plätze und beginnen Gespräche. Zum Beispiel spricht die Erwachsene zuerst mit einer kraftvollen Kleinen, dann mit einer bedürftigen. Sie wechseln so lange hin und her, bis möglichst alle miteinander in Kontakt sind und der Anteil, der am meisten braucht, von den anderen unterstützt wird. Probieren Sie es aus, es ist einfacher, als es sich vielleicht hier anhört.

Teil 7
Weiter die Verbindung gestalten

Das Innere Kind und die anderen

■ *Das Innere Kind bringt Leichtigkeit und Spontaneität in Beziehungen*
Wir sind soziale Wesen. Bindungen sind von unserem ersten Atemzug an existenziell. Auch wenn Alleinsein sowohl für Kinder als auch für Erwachsene wichtig ist, gehören Kontakte zu unserem Leben wie das tägliche Brot.

Das Innere Kind kann Leichtigkeit, Spaß, Verspieltheit und Spontaneität in Beziehungen aller Art einbringen. Wenn sich nur die erwachsenen Persönlichkeitsanteile begegnen würden, wären unsere Begegnungen eher nüchtern. Das lebendige Innere Kind hat Lust zu necken, den oder die andere zum Lachen zu bringen, hat gute Einfälle und kann zur Freude am Zusammensein zurückführen, egal, was drum herum für alltägliche Anforderungen bestehen mögen. In Liebesbeziehungen hat es das Bedürfnis zu kuscheln, am Kopf gekrault zu werden, zu streicheln, spielerisch und freudig mit dem Körper umzugehen. Es möchte gehalten und getröstet werden. Tiefes Vertrauen, Hingabe – auch da ist das geliebte Innere Kind mit dabei.

Das Innere Kind bereichert Beziehungen, ja es ist ein Teil davon, ob es sich um Partnerschaften, Freundschaften oder auch um Arbeitsbeziehungen handelt (auch da kann Spaß und Verspieltheit die Stimmung um einiges verbessern). In nahen Beziehungen erfahren wir einen ständigen Wechsel zwischen erwachsenen und kindlichen Seiten, einen Tanz zwischen den Polen der kindlichen Unbefangenheit und der Reife. Und was geschieht, wenn nicht nur das geliebte Innere Kind, sondern auch das verletzte Innere Kind in Beziehungen mitspielt?

■ *Auch das verletzte Innere Kind prägt unsere Beziehungen*
In einer Zeit, in der Partnerschaften immer häufiger zerbrechen, in schmerzhafter Trennung und Trauer enden, in der die Zahl der Scheidungen zunimmt und in der

viele Menschen das Miteinander als unbefriedend empfinden, stellt sich die Frage, wie wir heilsame und auf Vertrauen aufbauende Beziehungen gestalten können. Die Art, wie wir uns auf andere beziehen, wurde durch unsere Kindheitserfahrungen geprägt: was wir unter Liebe und Zuneigung verstehen, was uns enttäuscht, durch was wir verletzt werden können, was unsere größten Sehnsüchte sind. Gerade in Liebesbeziehungen ist unser Inneres Kind angesprochen und mit dabei, mit all seinen früheren Erfahrungen. Wir öffnen uns für unsere eigenen unterschiedlichen Seiten und für die unseres Partners oder unserer Partnerin – auch die kindlichen. Wenn nun das verletzte Innere Kind auf dem Hintergrund seiner alten schmerzvollen Erfahrungen reagiert, hat Neues oft keine Chance.

Die bedürftige Seite des Inneren Kindes sucht in Beziehungen oft das, was uns als Kind früher gefehlt hat. Es schleicht sich hinter unserem Rücken hervor und will vom Gegenüber das, was wir unserem eigenen Innere Kind eigentlich selbst geben sollten. Es wird irgendwann zwangsläufig enttäuscht werden, denn keine Person kann und will einem erwachsenen Gegenüber diese Art von Zuwendung so beständig geben, wie es ein bedürftiges Inneres Kind braucht. Die Partnerin oder der Partner wird über kurz oder lang überfordert sein, sich irgendwann abwenden und bewusst oder unbewusst merken, dass er oder sie ein Loch stopfen soll, das aus der Vergangenheit rührt. Was können wir da tun?

■ Wir können Beziehungen als Spiegel verwenden

Wir können uns die Bedürfnisse unseres Inneren Kindes bewusst machen und uns immer wieder uns selbst zuwenden. Was sagen meine Beziehungen über mich aus? Fürchte ich mich zum Beispiel, immer wieder verlassen zu werden? Rühren andere Menschen an diese alte Angst, die doch gleichzeitig immer noch so lebendig in mir ist? Es ist, als würde die unverarbeitete Erfahrung jede Chance nutzen, um sich uns wieder zu zeigen. Wir können die Schuld beim anderen suchen (fühlt sich zuerst mal gut an, weil wir ja dann „besser" sind, aber führt meist zu endlosen gegenseitigen Schuldzuweisungen – und wir bleiben das Opfer – also doch nicht so gut!), wir können uns über uns selbst ärgern, dass wir diese kindlichen Gefühle noch haben und versuchen, sie wegzubekommen(tut nicht besonders gut, da wir dann gegen uns selbst arbeiten), oder wir können etwas ganz anderes tun: Wir können die Not der verletzten kindlichen Seite in uns verstehen, ihre Gefühle ernst nehmen und sie respektieren. Wir suchen einen Weg, unser Inneres Kind nicht mehr selbst zu verlassen und geben ihm Sicherheit. Wir lassen also nicht mehr zu, dass unsere Kleine auf das Gegenüber starrt, sondern wenden uns ihr zu und sagen: Ich bin da und ich bleibe da (oder was auch immer diese Kleine hören und erfahren muss, um diesen ewig alten Hunger zu stillen).

Angelika wundert sich, dass sie immer wieder auf Liebespartnerinnen stößt, die sich nach ein, zwei Jahren einer anderen Frau zuwenden. Ihr selbst sind Treue und eine lebenslange Partnerschaft sehr wichtig. In einem Kurs über Beziehungen und das Innere Kind entdeckt sie eine Kleine in sich, die sich immer dann von ihr im Stich gelassen fühlt, wenn sie tiefer in eine Liebesbeziehung eintaucht. Ihr Inneres Kind erinnert sich dann an Gefühle aus der Vergangenheit, in denen es abgelehnt und die jüngere Schwester vorgezogen wurde. Das Kind, das sie war, hat den Schluss daraus gezogen: Mit mir hält man es nicht lange aus. Andere sind liebenswerter. Im Gespräch mit ihrem Inneren Mädchen kann sie ihr versprechen, dass sie ihr „treu bleiben will", dass sie ihre Gesellschaft schätzt und ihre tollen Fähigkeiten sieht. Falls sie sich wieder verlieben sollte, will sie gleichzeitig den Kontakt zu ihrem Inneren Kind weiter pflegen und diesen nicht wegen der Nähe zu ihrer Liebsten aufgeben. Mit dieser wiedergefundenen Verbindung und diesem Versprechen stehen die Chancen gut, auf eine Partnerin zu treffen, die bleibt und die nicht mehr Spiegel für das Verlassenwerden des Inneren Kindes durch die Erwachsene ist.

Es kann auch umgekehrt sein. Die Erwachsenenseite schätzt die andere Person sehr und möchte eine Verbindung. Doch die Person erinnert das verletzte Innere Kind an unangenehme Erfahrungen und das Innere Kind hat Angst und ist misstrauisch. Manchmal ist auch das spontane Innere Kind ganz lebendig in einer Beziehung, aber die Erwachsene ist zu wenig präsent.

Eine Kursteilnehmerin hatte zum Beispiel herausgefunden, dass sie in ihren Liebesbeziehungen hauptsächlich Spaß und Lebensfreude suchte und dann völlig geschockt war, wenn ihre Partner sich jedes Mal relativ abrupt von ihr trennten. Ihr Inneres Kind bat sie in einem Brief, doch besser auf es aufzupassen und auch mit ihrem erwachsenen Verstand die Beziehungen zu betrachten, um einzuschätzen, ob die Beziehung auch Tiefe habe und der Andere sich wirklich auf alle Seiten einlassen wolle. Es möchte geschützt werden.

▪ Die Verantwortung für das eigene Innere Kind übernehmen

Meiner Erfahrung und Beobachtung nach können Beziehungen, gerade Liebesbeziehungen, wirklich heilsam sein, heilsamer als jede andere Medizin für unser inneres Wachstum. Aber dazu müssen wir die Herausforderungen annehmen, die Schwierigkeiten als Chance begreifen und in den Spiegel schauen, der uns vorgehalten wird. In dem Spiegel werden wir dann eine kindliche Seite entdecken. Für die sind wir an erster Stelle selbst zuständig. Es ist schön und heilsam, wenn Ihr Gegenüber zwischendurch auch dafür sorgen kann. Das geht gut, wenn wir es als Geschenk annehmen, und es nicht für selbstverständlich halten, unsere kindlichen Seiten zum Partner oder der Partnerin abzuschieben. Uns ist bewusst, dass die Fürsorge und das Nachnähren der kindlichen Seiten in unserer eigenen Verantwortung liegt. Dennoch dürfen wir fragen: „Nimmst du mich mal in den Arm? Meine Kleine ist grad so traurig." Weinen Sie in den Armen Ihres Liebsten, wenn er damit umgehen kann. Nehmen Sie den Trost Ihrer Partnerin an, wenn Sie ihn aus freiem Herzen gibt. Doch danach umarmen Sie noch einmal selbst Ihr Inneres Kind und geben ihm dann Ihre ganze Liebe.

Umgekehrt gilt dasselbe: Wir sind nicht für die kindlichen Verletzungen des Gegenübers zuständig. Wenn wir es unbewusst oder bewusst doch tun, passieren viele unglückliche Verwicklungen, gerade in Liebesbeziehungen.

Gertrud entschuldigt ständig ihren Mann, der sie manchmal sehr ungerecht behandelt und seine schlechte Laune an ihr abreagiert. Am Frühstück sieht sie dann nur die Rückseite der Zeitung. Sie weiß, dass der Vater ihres Mannes sehr streng mit ihm war und ihn oft geschlagen hat. Sie hat Mitgefühl mit dem Inneren Kind ihres Mannes, aber sie lässt sich auch von diesem Kind terrorisieren. Sie begreift im Lauf der Zeit, dass sie sich selbst und auch der Beziehung nichts Gutes tut, wenn sie bei jeder noch so verletzenden Bemerkung lieb und nett bleibt und hinterher in ihrem Zimmer weint. Sie lernt, den erwachsenen Mann anzusprechen, sehr klar zu vermitteln, wie es ihr geht und auch mal: „Jetzt reicht´s!" zu sagen, um danach zu telefonieren und mit einer guten Freundin einen schönen Konzertbesuch abzumachen.

Das verletzte Innere Kind kann auch verhindern, dass wir uns öffnen und anvertrauen, da es Angst hat, erneut verletzt, bevormundet oder missverstanden zu werden.

Dieses Thema füllt ein neues Buch. Doch ich hoffe, dass ich Ihnen an dieser Stelle schon ein paar Anregungen geben konnte.

■ Übungen

1. Schreibübung: An wen erinnerst du mich?

Sie wählen aus, mit welcher Ihrer Beziehungen Sie sich beschäftigen wollen: einer Liebesbeziehung, Freundschaft, Arbeitsbeziehung, Beziehung zum eigenen Kind etc.

Zuerst schreiben Sie auf, was Ihnen an dieser Person gefällt. Dann notieren Sie, was Sie an der Person ärgert, stört, verletzt. Wie, meinen Sie, sollte diese Person sich stattdessen verhalten? Was wünschen Sie sich? Dann spüren Sie nach und schreiben auf, welche Person aus Ihrer Vergangenheit auch schon diese Art von Gefühlen ausgelöst hat.

Und dann bitten Sie diesen kindlichen Teil, der diese Gefühle damals hatte, zu kommen. Sie fragen die kindliche Seite – in einem Brief, im inneren Gespräch, in einer Fantasiereise – was sie Ihnen erzählen möchte, was sie von Ihnen braucht, um diese Verletzung zu heilen, und Sie finden zusammen heraus, wie das ganz konkret aussehen könnte (Sie können, wenn nötig, hier eine Übung anschließen, um dem Inneren Kind in der Vergangenheit beizustehen.).

2. Aufstellung mit Bodenankern zur Beziehungsklärung

Mit dieser Übung klären Sie, welche Rolle Ihr Inneres Kind in einer Beziehung spielt: in einer Partnerschaft, in der Beziehung zu eigenen Kindern, im Verhältnis zu Arbeitskollegen und -kolleginnen etc.

Sie nehmen einige leere Bögen Papier. Diese dienen als Platzhalter oder Bodenanker. Sie beschreiben jeweils eines mit: meine Erwachsenenseite, mein Inneres Kind, Name der anderen Person, sein oder ihr Inneres Kind.

Sie stellen sich jetzt eine schwierige Situation vor, die Sie mit dieser Person immer wieder erleben.

Sie verteilen zuerst die Bodenanker für Ihre Erwachsenenseite und für die Erwachsenenseite Ihres Gegenübers intuitiv so, wie Sie die Konstellation empfinden. Sie fügen jeweils die Inneren Kinder dazu und suchen für diese auch intuitiv die passenden Plätze. Vertrauen Sie darauf, dass Ihre Anordnung die momentane Beziehung zwischen Ihnen und dieser Person widerspiegelt. Im Verlauf der Übung werden Sie fast sicher diese Plätze verschieben, weil es Ihnen durch den Prozess der Klärung passender erscheinen wird.

Sie stellen sich zuerst auf die Stelle, die Sie für Ihr Erwachsenen-Ich reserviert haben. Sie spüren den Boden unter Ihren Füßen und erinnern sich an mindestens drei Ihrer Stärken. Wie ist das Körpergefühl jetzt, wie Ihr Stand, Ihre Körperhaltung? Wenn Sie wollen, können Sie sich vorstellen, dass Ihre hilfreiche Gestalt in Ihrer Nähe ist und Sie unterstützt.

Die andere Person steht nun in Ihrer Vorstellung auf dem ihr zugehörigen Blatt Papier. Wie reagieren Sie auf diese? Wie fühlt es sich in diesem Körper an? Welche Körperhaltung nehmen Sie ein? Um sie genauer zu untersuchen, verstärken Sie die Haltung bewusst für einen Moment und lassen dann wieder los. Welche Gefühle haben Sie? Was würden Sie am liebsten sagen und tun? Auf welche Seite Ihres Gegenübers beziehen Sie sich stärker: auf die erwachsene oder die kindliche? Und welche Gefühle lösen diese beiden Seiten in Ihnen aus?

Sprechen Sie möglichst laut aus, was Sie jetzt fühlen, und richten Sie die Worte direkt an das Gegenüber. Wollen Sie an dem Abstand der Plätze jetzt etwas ändern?

Und nun spüren Sie zu Ihrer eigenen kindlichen Seite hin, für die Sie ja schon ein Blatt Papier auf den Boden gelegt haben. Welchen Kontakt hat Ihre Erwachsenenseite zu Ihrem Inneren Kind? Benennen Sie die Qualität des (Nicht-)Kontaktes, den Sie in diesem Moment haben. Sprechen Sie Ihr Inneres Kind direkt an.

Nun stellen Sie sich auf das Papier, das den Platz der kindlichen Seite markiert, und fühlen sich dort ein. Wie sind die Körperempfindungen? Welche Gefühle spürt die kindliche Seite? Wie nimmt sie die Verbindung zur Erwachsenenseite wahr? Wie empfindet sie die andere Person und deren Inneres Kind? Würde Ihr Inneres Kind gerne seinen Platz verändern?

Sie gehen wieder auf Ihr Erwachsenenblatt, wenden sich bewusst von der anderen Person ab und beziehen sich nun ganz auf Ihre kindliche Seite. Sie sprechen mit ihr, fragen, was sie in dieser Situation von Ihnen braucht. Dann gehen Sie wieder auf den Platz des Inneren Kindes. So können Sie mehrmals hin und her wechseln und klären: Was braucht das Innere Kind von der

Erwachsenen? Auf was will es aufmerksam machen? Geben Sie ihm in Ihrer Vorstellung, was es möchte. Finden Sie Gesten, sprechen Sie laut. Und dann suchen Sie für das Innere Kind einen Platz, an dem es sich wirklich wohl fühlt und eindeutig zu Ihnen gehört. Sie verschieben also seinen Bodenanker.

Dann erst wenden Sie sich wieder der anderen Person zu. Wie ist das Verhältnis jetzt, nachdem Sie mit Ihrem Inneren Kind die Verbindung geklärt haben? Welche Worte kommen Ihnen nun in den Sinn? Was sind Ihre Impulse? Was hat sich geklärt? Welche Verantwortung möchten Sie ab jetzt für Ihren kindlichen Teil übernehmen? Wie würde die Situation dann ablaufen, wenn Sie das täten?

Falls die kindliche Seite danach verlangt, können Sie auch noch einen Platz für deren Schutzwesen auswählen. Falls es Ihnen nicht zu kompliziert wird, kann auch die andere Person hilfreiche Wesen und ein Schutzwesen bekommen.

Finden Sie nun die beste Anordnung der Papiere. Schauen Sie diese noch mal von außen an. Schreiben Sie auf, was Sie herausgefunden haben.

Die Verbindung mit dem Inneren Kind im Alltag

▪ *Eine neue Phase bricht an*

Sie haben im Lauf unserer Reise nun viel entdeckt. Ihr Inneres Kind und Sie sind eine Beziehung eingegangen, die sich durch das, was Sie auf Ihrer Reise erlebt haben, verändert hat. Sie kennen unterschiedliche Seiten Ihres Inneren Kindes, Sie wissen, wie Sie Verbindung aufnehmen, wie Sie unterstützen, trösten, Schutz geben, Bedürfnisse umsetzen, miteinander eine gute Zeit verbringen, Konflikte klären und vieles mehr. Sie haben durch die Übungen herausgefunden, wie Sie am leichtesten mit Ihren kindlichen Seiten in Beziehung bleiben. Vielleicht haben Sie eine intensive Zeit mit den vorhergehenden Übungen verbracht. Es kann sein, dass Sie nun nicht mehr so viel Zeit dem Kontakt mit Ihrem Inneren Kind widmen wollen wie bisher. Die Gefahr an dieser Stelle könnte sein, dass Sie Ihr Inneres Kind wieder vernachlässigen und seine Signale nicht beachten.

Nun geht es darum, weiter im – vielleicht nicht mehr ganz so intensiven – Kontakt zu bleiben und auch im Alltag einen Weg zu finden, die Signale des Inneren Kind zu verstehen. Das kraftvolle Innere Kind will sich weiter zeigen und es kann viel zu einem lebendigen, kreativen Alltag beitragen. Auch das verletzte Innere Kind wird vielleicht immer wieder durch alltägliche Situationen angesprochen und braucht weiterhin Ihre Zuwendung.

■ Was ist nun alles im Reisegepäck?

Wie können Sie nun mit dem bisher Erfahrenen und Geübten die Verbindung mit Ihrem Inneren Kind weiter gestalten? Wie können Sie die Begegnungen vertiefen? Wie können Sie dies in Ihrem Alltag anwenden? Welche Form können diese Begegnungen annehmen? Auf was konzentrieren Sie sich?

Sie haben nun eine solide Reiseausrüstung, mit der Sie sich immer sicherer auf weiteren Wegstrecken fühlen und können von jetzt ab auch ohne Reiseleitung, Wege und Gegenden auf eigene Faust erkunden! Auf Ihre ganz eigene Art, mit Ihren Vorlieben, Ihren Bedürfnissen und auf Ihre innere Stimme hörend, die aus Ihrer Sehnsucht nach Ganzheit und Integrität spricht.

Wenn Sie an der Liste bemerken, dass Ihnen etwas fehlt, schlagen Sie in den entsprechenden Kapiteln nach und suchen sich die Übungen heraus, um Ihr Reisegepäck zu vervollständigen. Ich zähle noch einmal auf, was Ihnen bis jetzt alles zu Verfügung steht:

1. Ihr Reisetagebuch, randvoll mit Erfahrungen, Reiseberichten, Briefen und Geschichten
2. Gemalte Bilder und Symbole aus Knetmasse oder Ton
3. Ihre Materialkiste mit Farben, Papier, Ton, Klebstoff, Fotos, Bilder etc.
4. Ein Platz für das Innere Kind in Ihrer Wohnung
5. Ein Symbol für das Innere Kind: eine Puppe, ein Stofftier oder etwas anderes
6. Kuscheltiere, Spielzeug, Bücher, CDs etc. für das Innere Kind
7. Eine Liste mit den Kraftquellen der Erwachsenenseite und eine mit Ihren Fähigkeiten
8. Ein Kraftort im Inneren Garten für die Erwachsenenseite
9. Eine weise Gestalt für die Erwachsenenseite
10. Ein Lieblingsort für das Innere Kind im Inneren Garten
11. Ein oder mehrere Schutzwesen für das Innere Kind
12. Eine Liste mit Unternehmungen, Aktivitäten und Vorlieben Ihres Inneren Kindes

13. Erfahrungen mit den Innere-Kind-Zeiten
14. Erfahrungen mit verschiedenen Dialogformen, die Sie kennen gelernt haben
15. Ihre persönlichen Prioritäten bei den Dialogformen
16. Übungen für den Dialog mit dem kraftvollen Inneren Kind
17. Die Fähigkeit, zum verletzten Inneren Kind Abstand zu halten
18. Übungen für den Dialog mit dem verletzen Inneren Kind
19. Übungen, wie Sie dem Kind in der Vergangenheit beistehen
20. Neue Innere Eltern
21. Ein Versammlungsort im Inneren Garten
22. Der vorliegende Reiseführer, um ihn immer wieder zu Rate zu ziehen

Ich hoffe, dass Sie mit einigem Stolz auf Ihr Reisgepäck schauen und darauf, dass Sie dies alles gesammelt und mit vielen Erfahrungen bereichert haben. Ich möchte Ihnen noch ein paar Hilfestellungen geben, wie Sie diese Errungenschaften weiter gut nutzen und wie Sie in einem bewegten Alltag in Verbindung zu Ihrem Inneren Kind bleiben können.

■ Das kreative, verspielte Innere Kind hat bereichernde Ideen

Wie können Sie weiterhin dem kraftvollen, kreativen Inneren Kind in Ihrem Alltag einen Platz geben? Hören Sie auf seine Impulse, die Spiel in den Ernst des Lebens bringen können, auf seine Ideen, wie die Arbeit mehr Spaß bereiten und wie die Erwachsenenroutine durchbrochen werden könnte. Wenn es anfängt zu prickeln, wenn Sie Begeisterung spüren, wenn es in Ihnen sprüht, dann begrüßen Sie die Kleine oder den Kleinen und fragen Sie, was diese Seite Ihnen sagen und zeigen will. Vielleicht sind Sie inzwischen schon so vertraut, dass Sie die Stimme in sich direkt hören und mit der kindlichen Seite mitten im Alltag ein kurzes Gespräch führen können: „Was willst du sagen, Kleine? Ich soll lieber jetzt aufhören zu arbeiten und mit dem Hund der Nachbarin rausgehen? War es das? Und danach mal wieder Akkordeon spielen. Ja, das Lied mit dem Kaktus willst du mal wieder hören. O.k., ich schreibe diese Seite noch fertig? Abgemacht?"

Es kann aber auch sein, dass Sie entscheiden, sich zurückzuziehen und eine der Ihnen vertrauten Dialogformen zu wählen, um Genaueres zu erfahren. Vielleicht bekommen Sie eine Meldung aus dem Inneren, die sagt: „Oh, ich fühle mich schon eine Weile vernachlässigt, wir müssen mal reden." Wenn Sie in dem Moment keine

Zeit haben für ein ausführliches Gespräch oder eine Fantasiereise, dann sagen Sie der kindlichen Seite: „Heute Abend nehmen wir uns Zeit, o.k.?"

Eines Tages hört Anna beim Zugfahren auf dem Weg zur Arbeit eine kindliche Stimme in sich: „Zeig mir was Schönes". Sie war gerade in irgendwelche Gedanken verstrickt: Was muss ich morgen alles machen? Ob ich es schaffe, noch die Fenster zu putzen vor dem Termin mit meinem Kollegen? Besser wäre, ich könnte ... Warum habe ich heute denn nicht .... Es könnte passieren, dass ... Wenn nun ... Ich hoffe nicht, dass ... Sie kennen das wahrscheinlich auch, dieses Gedankenkarussell.

Und mitten in dieses Gewusel platzt nun die Stimme des Inneren Kindes. Anna ist verdutzt und plötzlich stehen ihre Gedanken still und sie schaut das erste Mal heute bewusst aus dem Fenster auf den Fluss, der sich durch die grüne Landschaft windet. Und auch als sie nachher durch die Stadt geht, mit der Straßenbahn fährt, schaut sie aus nach Schönem und spricht mit der kleinen Anna. Sie sagt: „Schau mal, sieht das hier nicht lustig aus?" Oder: „Gefällt dir das da?" So wird eine ansonsten langweilige Fahrt zu einem Ausflug, bei dem es etwas zu entdecken gibt.

▪ *Wenn das verletzte Innere Kind sich im Alltag meldet*

Doris kennt das aus stressigen Situationen mit ihren Kindern: Wenn die zwei Kleinen, die zwei und fünf Jahre alt sind, nicht auf sie hören, wird sie aggressiv. Sie merkt gleichzeitig, dass diese starken Gefühle der Situation nicht angemessen sind. Inzwischen weiß sie, dass ihr Inneres Kind reagiert: Es fühlt sich von ihren Kindern nicht ernst genommen, das Verhalten ihrer Kinder rührt also an eine alte Wunde in ihr. Sie bemerkt dies inzwischen ziemlich bald. Ihre beobachtende Seite ist sehr ausgeprägt, besonderes seit sie regelmäßig meditiert. Sie versucht dann, ihren Ärger zurückzuhalten. Sobald sie einen Moment Zeit hat, zieht sie sich in ihr Zimmer zurück und gibt ihrem Inneren Kind die volle Aufmerksamkeit. Sie sagt ihm, dass sie es sieht. Sie legt sich für einige Minuten auf ihr Bett und legt dabei ihre warmen Hände auf den Bauch. Danach ist sie ruhiger und kann dann mit ihren Kindern gelassener umgehen.

Es gibt viele solcher Situationen, ob wir bei der Arbeit sind, uns mit Freundinnen oder Freunden treffen, einen Beziehungsstreit haben oder auch, wenn wir allein sind. Es gibt immer wieder Auslöser, die das verletzte, gekränkte Kind auf den Plan rufen können, auch wenn wir uns ihm schon intensiv zugewandt haben. Früher, vor dieser Reise, haben wir uns vielleicht darüber geärgert, wenn wir uns nicht vernünftig und erwachsen verhalten konnten. Doch jetzt wissen wir, dass eine kindliche Seite gesehen werden will, und werden neugierig auf sie. Denn wir kennen ja jetzt Methoden, um in Kontakt zu treten.

▪ Die Chance nutzen, das verletzte Kind zu bemerken und sich ihm zuzuwenden

So werden diese für uns unangenehmen Alltagssituationen zu einer Chance, einen weiteren kindlichen Teil zu erlösen und zu noch mehr bedingungsloser Selbstliebe zu kommen. Wir übernehmen damit auch radikal die Verantwortung für uns selbst. Anstatt die anderen anzuklagen, dass sie uns kränken, geben wir uns zuerst einmal selbst die Zuwendung, die wir brauchen. Wenn unsere beobachtende Seite feststellt, dass im Alltag eine kindliche verletzte Seite unser Fühlen und Verhalten bestimmt, dann halten wir am besten inne. Dafür gibt es verschiedene Möglichkeiten:

Wir können auch im größten Gewühle ein paar Mal tief durchatmen. Wir können uns auch unauffällig irgendwo selbst berühren, zum Beispiel mit der einen Hand die andere halten oder die Arme um uns selbst legen oder mit den Händen über die Oberschenkel streichen, um damit über den Körper tröstend Verbindung mit der kindlichen Seite aufzunehmen. Wir können uns auf unserem Stuhl zurücklehnen und bewusst die Stuhllehne spüren oder, wenn wir stehen, die Füße auf dem Boden spüren. Das alles sind Möglichkeiten, mit denen wir unser automatisches Verhalten für einen Moment stoppen. Das heißt, wir bringen uns über unseren Körper ins Hier und Jetzt.

Wenn es möglich ist, können wir die Situation, in der die verletzte kindliche Seite auf den Plan gerufen wurde, wenigstens für einen Moment verlassen, indem wir z. B. auf die Toilette gehen oder an die frische Luft.

> Birgit arbeitet als Altenpflegerin in einem Team. Die Teamsitzungen sind manchmal von Querelen bestimmt. Alle sind überarbeitet und dann geschieht es leicht, dass die eine der anderen für etwas, das schiefgelaufen ist, die Schuld zuschiebt. Das erinnert ihr Inneres Kind immer wieder an Situationen in der Vergangenheit, in der ihre Mutter und ihr Vater sich endlos stritten. Auch wenn

sie sich damit schon öfter befasst hat, ist eine Empfindlichkeit geblieben. Ihr Inneres Kind möchte nicht dauernd ähnlichen Situationen ausgesetzt sein, es braucht Schutz, damit die alte Wunde in Ruhe heilen kann. Deshalb hört Birgit auf die Unruhe, die sich dann breit macht. Sie steht auf, geht in den Hof des Gebäudes und atmet die frische Luft, schlendert ein paar Schritte über den Rasen und riecht an den Rosen. Ihre Kleine bekommt gute Laune und die Große sagt ihr: „Das hat alles nichts mit dir zu tun. Du darfst dich freuen." Sie bringt ihre Kleine dann noch zum Schutzwesen in den Inneren Garten und geht dann wieder in den Teamraum. Und jetzt hat sie mehr Distanz.

Wenn wir an dieser Stelle abbrechen und uns für länger zurückziehen, dann können wir uns direkt unserem Inneren Kind zuwenden und unsere Dialogformen anwenden. Wir bekommen dann mit, ob wir die kindlichen Bedürfnisse erfüllen können, ob es eine neue Lösung für eine vergangene Situation braucht, ob wir schreiben, dem Inneren Kind und der Erwachsenenseite verschiedene Plätze geben oder eine Fantasiereise machen. Geht das alles nicht oder ist es in dieser Ausführlichkeit gar nicht nötig, können wir der Kleinen zuflüstern: „Ich bin da. Ich pass auf dich auf. Es ist alles gut. Keine Panik. Ich kümmere mich um dich."

▪ *Manchmal braucht ein verletztes Inneres Kind die volle Aufmerksamkeit*

Es kann natürlich Phasen geben, in denen eine verletzte kindliche Seite vielleicht noch viel Aufmerksamkeit braucht, z. B. wenn ein Verlust sie trifft, jemand aus der näheren Umgebung schwer erkrankt oder stirbt, ein Kind das Haus verlässt, ein Partner oder eine Partnerin sich trennt. Auch dann, wenn Sie selbst krank werden, kann es sein, dass kein Weg an dem verletzten Inneren Kind vorbeiführt, wollen Sie seelisch und körperlich gesunden. Das kann dann eine Phase sein, in der Sie sich auf dieses Innere Kind konzentrieren und vielleicht täglich mit ihm in den Dialog gehen. Auch da gilt, immer wieder ganz bewusst Abstand zu finden, das heißt, diesen kindlichen Anteil an seinen Lieblingsort zu bringen oder anderweitig gut zu versorgen und etwas zu tun, was die Erwachsene stärkt.

Britta ist in einem recht heftigen Prozess. Eine kindliche Verletzung nach der anderen drängt ans Licht. Sie versucht, sich jeden Tag Zeit zu nehmen und erlaubt sich zu weinen, aufzuschreiben, was in ihr vorgeht und sich mit Hilfe eines Stofftiers dem Inneren Kind im Dialog zuzuwenden. Doch dann wieder stürzt sie sich ganz bewusst in ihre Arbeit und ist voll da. Sie geht ins Kino und trifft sich mit Freundinnen im Café und plaudert da über unterschiedlichste, manchmal eher „banale" Dinge, um den Prozess, der da mit Macht angestürmt kommt, etwas zu bremsen und auszugleichen.

▪ *Beobachten, was geschieht*

Schärfen Sie Ihre Aufmerksamkeit, mit der Sie die Signale der kindlichen Seiten erkennen können! Oft sind das Körpergefühle: eine positive Aufgeregtheit oder Magendrücken, eine spürbare Unruhe. Oder Gefühle wie Ängstlichkeit, Ärger, Traurigkeit, Begeisterung. Oder eine plötzliche Idee, ein Bild, das auftaucht. Haben Sie Zeichen abgesprochen, mit denen sich Ihr Inneres Kind meldet?

Je wacher Sie werden für das Auftauchen der kindlichen Gefühle und Bedürfnisse im Alltag, desto leichter wird es Ihnen fallen, direkt zu reagieren. Sie üben mehr und mehr, was Sie in den jeweiligen Situationen tun können. Sie werden beobachten, dass sich langsam Ihre Reaktionen auf für Sie schwierige Situationen ändern. Selbstverantwortlich bedeutet hier nicht, dass Sie sich die Schuld für alles geben und anderen nicht mehr Ihre klare Meinung sagen oder Ihre Bedürfnisse vermitteln. Verantwortung für sich selbst bedeutet, unterscheiden zu können, wann kindliche Gefühle Ihre Reaktionen bestimmen und diese Gefühle nicht auf andere Menschen zu projizieren und sie nicht mehr dafür verantwortlich zu machen.

Sie können so vorgehen, dass Sie darauf vertrauen, dass die kindlichen Seiten sich melden, die noch Zuwendung und Annahme brauchen. Ich stelle immer wieder fest, dass die Begegnung mit dem Inneren Kind bei jedem Menschen ihren eigenen, ganz persönlichen Verlauf hat, auch wenn es grundsätzlich viele Gemeinsamkeiten gibt. Der Prozess steuert sich dann sozusagen selbst. Die entsprechenden kindlichen Seiten zeigen sich in der Reihenfolge, in der sie wichtig sind, und zu dem Zeitpunkt, an dem die Erwachsene auch in der Lage ist, sie zu integrieren. Doch manchmal kann es auch wichtig sein, den Dialog zu steuern und gezielt bestimmte kindliche Anteile anzusprechen.

▪ *Sie können wählen, wohin Sie Ihre Aufmerksamkeit richten*

Sie müssen also nicht darauf warten, dass das Innere Kind sich meldet und etwas braucht. Sie können den Kontakt weiter aktiv gestalten und den Dialog vertiefen. Wenn Sie zum Beispiel bemerken, dass Ihnen Lebensfreude fehlt und dass Sie wieder einmal in einem „erwachsenen Trott" gelandet sind, dann nehmen Sie bewusst Kontakt mit dem kraftvollen Inneren Kind auf. Sie laden diese Seite ein: in einem Brief, in einer Fantasiereise, im Körper. Oder sie lassen dieses Kind sich ausdrücken: im Malen, mit Knete, in Bewegung. Im Brief könnte sich das so anhören:

> Liebe Kleine,
> ich glaube, ich brauche gerade deine Lebendigkeit. Ich bin grad so vernünftig, das macht keinen Spaß.
> Deine Große

> Au ja, lass uns heute Abend mit Brigitte und Petra Malefiz spielen.
> Deine Kleine

Es kann sein, dass Sie sich entscheiden, eine Zeitlang ganz intensiv Ihr kraftvolles, fantasievolles, kreatives Inneres Kind einzuladen. Vielleicht wollen Sie sich beruflich umorientieren und suchen danach, welche Potenziale noch in Ihnen stecken. Oder Sie wollen Ihrer Kreativität mehr Ausdruck geben. Vielleicht haben Sie eine Neigung, niedergeschlagen zu sein, und möchten bewusst einen Ausgleich dazu schaffen. Oder Sie sind beruflich und/oder familiär so eingespannt, dass Sie dringend einen Ausgleich dafür brauchen, zu dem das fröhliche Innere Kind viel beitragen kann. Wenn Sie jedoch den Verdacht haben, dass in Ihnen kindliche Traurigkeit, Ängste, Wut und andere Gefühle unter der Oberfläche wirken, dann suchen Sie bewusst den Dialog mit diesem inneren Anteil, am besten, bevor er sich ganz vehement melden muss.

> Liebe traurige kleine Karin,
> ich merke, dass du da bist und immer, wenn Tobias sich zurückzieht, spüre ich, dass du Angst kriegst, allein zu sein. Was kann ich für dich tun? Deine Große

> Liebe große Karin,
> ja ich bin soooo traurig und habe ganz viel Angst, allein gelassen zu werden. Sag mir, dass du bei mir bleibst. Bitte!
> Deine traurige Karin

Das Steuern des Dialogs durch die Erwachsene kann in Bezug auf das verletzte Innere Kind auch bedeuten, ihm im Dialog zu sagen, dass Sie gerade nicht in der Lage sind, sich ihm zuzuwenden, vielleicht so:

> Liebe Kleine,
> es tut mir leid, dass ich mich gerade nicht um dich kümmern kann. Ich bin zu beschäftigt damit, diese Abrechnung für die Arbeit fertig zu kriegen und möchte am Freitag mit meinem Chef ein wichtiges Gespräch führen. Danach bist du dran, ja?
> Deine Große

■ Manche Innere Kinder tauchen immer wieder auf

Sie werden im Lauf Ihrer Selbstheilungsreise mit dem Inneren Kind festgestellt haben, dass unterschiedliche kindliche Anteile immer wieder auftauchen. Da ist vielleicht eine Fünfjährige, die über viele Ressourcen verfügt. Dann eine Dreijährige, die einen schmerzvollen Abschied erlebt hat und noch trauert. Vielleicht gibt es noch ein Kleinkind, das immer wieder ganz viel Geborgenheit braucht. Und noch eine Jugendliche, die viel Power hat, sich abzugrenzen. Das bedeutet, dass diese Teile noch mehr Annahme brauchen oder auch noch mehr zusammengebracht werden wollen. Diese Seiten verwandeln sich durch Ihre Zuwendung, das kann schnell gehen, aber es kann auch Zeit brauchen. Vielleicht ist eine der Seiten im Lauf der Zeit gut integriert und meldet sich nicht mehr so deutlich und eine andere taucht auf, weil sich etwas in Ihrem Leben verändert hat. Auch da können Sie gezielt Kontakt aufnehmen, wenn Sie spüren oder ahnen, um welchen inneren kindlichen Anteil es gerade geht. Das könnte folgendermaßen aussehen:

> Liebes Inneres Kind,
> was ist es, dass du mir gerade zeigen möchtest? Ist es wichtig, dass du jeden Tag malen kannst und dass wir viel Spaßiges machen oder brauchst du gerade eher, dass wir auf dem Sofa liegen und ich dich in den Arm nehme, damit du weinen kannst?
> Deine große Susanne

Teil 7 . Weiter die Verbindung gestalten

Liebe große Susanne,
ich möchte heute so gerne was Schönes machen. Am liebsten rausgehen und die Bäume angucken. Vielleicht kommt ja das Eichhörnchen wieder. Und es kann sein, dass ich dann heute Abend weinen möchte und es tut mir gut, dass du mich die letzten Tage immer wieder einfach hast weinen lassen, wenn ich traurig war und mich nicht wegschiebst, indem du ganz viel und hektisch arbeitest oder dich sonst von mir ablenkst.
Deine kleine Susanne

■ Die Integration der kindlichen Bedürfnisse in den Alltag

Durch die Innere-Kind-Zeiten haben Sie Erfahrungen gesammelt und wissen, was Ihr Inneres Kind im Alltag braucht. Sie haben Aktivitäten gefunden, die Ihr Inneres Kind liebt und in denen es seine Qualitäten ausleben kann. Es fühlt sich dadurch gesehen und geschätzt und im Lauf der Zeit werden Sie herausfinden, welche Dinge und Unternehmungen sich leicht in Ihren Alltag integrieren lassen, auch wenn Sie sich vielleicht nicht mehr so viel Zeit für Ihr Inneres Kind nehmen können. Versuchen Sie einige der Aktivitäten beizubehalten, auch wenn es vielleicht nicht mehr so viele sind wie auf unserer gemeinsamen Reise. Ein Gleichgewicht zwischen Arbeit und Spiel, Ernsthaftigkeit und Leichtigkeit, Verantwortung und Loslassen könnte ein Ziel sein, das unserem Leben mehr Harmonie und überhaupt mehr Lebensqualität verleiht.

Carola hat sich eine Zeitlang sehr intensiv mit ihrem Inneren Kind beschäftigt. Sie hat jeden zweiten Tag mit einem Brief den Dialog fortgeführt und dann die Bedürfnisse ihres Inneren Kindes, die dabei zu Tage traten, versucht zu erfüllen, indem sie sich viel Ruhe und Zeit gegönnt hat, mit ihrem Teddy auf dem Sofa lag und viele Kinderkassetten gehört hat. Sie ist auch mindestens einmal am Wochenende in den Wald gegangen und hatte da einen Lieblingsbaum mit dicken, verzweigten Wurzeln. Da hat sie sich immer hingesetzt und sich an den Stamm gelehnt. Ihr Inneres Kind fühlte sich dort sehr geborgen. In dieser Zeit beschäftigte sie sich auch mit einigen Verletzungen aus ihrer Kindheit, von denen ihr Inneres Kind ihr berichtet hat. Sie ist mit ihm in die Vergangenheit gereist und sie haben sie zusammen verändert.

Sie hat eine Weile recht viel geweint und dabei sich selbst im Arm gehalten. Danach wurde es ruhiger in ihr und auch ihre Umgebung empfand sie als ausgeglichener. Seitdem schreibt sie so einmal in der Woche einen Brief an ihre Kleine, manchmal vergisst sie es auch. Das findet sie jetzt aber nicht weiter tragisch, denn sie weiß jetzt, wie sie wieder in Kontakt kommen kann. Sie hat eine Reise in die Berge geplant, weil sich ihr Inneres Kind so sehr gewünscht hat, in einer Holzhütte im Gebirge zu sein.

Hanna hatte sich angewöhnt, einmal alle zwei Wochen eine Fantasiereise zum Inneren Kind zu machen. Das Schutzwesen war für sie ganz wichtig geworden. Immer wenn sie Unruhe und Unsicherheit spürte, stellte sie sich das Schutzwesen in ihrer Nähe vor. Doch dann hat sie viel zu tun und hört auf mit den regelmäßigen Treffen mit ihrem Inneren Kind. Nach drei Monaten fühlt sie sich sehr erschöpft. Ihr Reisetagebuch fällt ihr wieder in die Hände und sie beschließt, in Kontakt zu gehen mit einer Fantasiereise. Ihr Inneres Kind fühlt sich vernachlässigt und so nimmt sie sich jeden Morgen nach dem Aufwachen und jeden Abend vor dem Einschlafen Zeit, die Hände auf den Bauch zu legen und zu sagen: „Ich bin da und ich hab dich lieb." Sie reduziert ihre Arbeit und klärt den belastenden Kontakt mit einem Freund, um den sie sich zu sehr gekümmert hat. Danach geht es ihr besser, sie behält die täglichen kurzen Sequenzen bei und nimmt sich vor, in größeren Abständen eine Fantasiereise zu machen.

Evi kann gut mit ihren Inneren Kindern sprechen. Manchmal meldet sich eine forsche Vierjährige und dann wieder eine eher ängstliche Achtjährige. Sie kann die Stimmen der beiden in ihrem Inneren hören, wenn sie sich in ihre ruhige Ecke setzt, die sie sich im Schlafzimmer eingerichtet hat. Sie antwortet und sagt ihnen das, was sie aus ihrem Mitgefühl und Verständnis heraus sagen möchte. Auch während des Tages, wenn sie ängstliche Gefühle wahrnimmt, setzt sie sich kurz in diese Ecke und zieht sich für einen Moment von der Hausarbeit und ihren eigenen Kindern zurück.

Noch ein paar Ideen, wie Sie auf leichte Art mitten im Alltag den Kontakt halten können

1. Das Arbeitsblatt im Anhang nutzen,

wenn Sie spüren, dass ein kindlicher Anteil auftaucht und Sie herausfinden wollen, welcher es ist und was er braucht.

2. Mit dem Inneren Kind sprechen

Sie können immer wieder mal nach innen sprechen und sagen: „Hallo, Schatz, ich hab dich lieb!" „Wie geht's dir, meine Kleine?" Sie hören dann auf die Antwort als Bild, als Worte, als Empfindung, als Gefühl. Ein paar liebevolle Worte hier und da zu Ihrem Inneren Kind helfen Ihnen, gut mit sich selbst umzugehen und Ihre kindlichen Anteile nicht zu vergessen. Sie können das auch jeden Morgen und/oder jeden Abend tun. Natürlich können Sie auch mit Ihrer Puppe, Ihrem Stofftier sprechen, welche/s das Innere Kind vertritt. Sie können sich vornehmen, einmal in der Woche Briefe zu schreiben.

3. Plätze machen

Sie können zwei Stühle oder Bodenanker nehmen und so ein kurzes oder längeres Gespräch führen, in dem Sie die Positionen wechseln.

4. Ein Symbol bei sich haben

Sie suchen sich einen Stein, einen Halbedelstein, einen Anhänger, eine Murmel oder ähnliches als Stellvertretung für Ihr Inneres Kind. Sie stecken es sich in die Hosentasche, in die Handtasche oder den Rucksack und berühren den Gegenstand immer wieder, fühlen, dass er da ist und nehmen so kurz Kontakt zu Ihrem Innern Kind auf. Sie sagen vielleicht ein paar mitfühlende, tröstende oder liebe Worte dazu.

Sie können auch ein extra Täschchen für das Innere Kind in Ihrer Handtasche oder Ihrem Rucksack tragen, in dem Sie einen Lieblingsduft, eine bunte Perle, einen Stein, eine Muschel etc. aufbewahren.

5. Den Körper berühren

Finden Sie eine Stelle am Körper, die Sie immer wieder mal berühren und sagen Sie etwas ähnliches, wie: „Hallo, ich bin für dich da, wenn du mich brauchst." Vielleicht kennen Sie die Innere-Kind-Stelle am Körper schon gut und halten diese regelmäßig. Oder Sie können als Kontakt mit der einen Hand die andere halten. Die eine ist das Kind, die andere die Erwachsene. Wenn Sie spazieren gehen, stellen Sie sich vor, Sie hätten Ihr Inneres Kind an der Hand.

6. Rettungsübung und Visualisierung

Sie sind nun geübt in der Visualisierung des Inneren Gartens, des Lieblingsortes und der hilfreichen Gestalten. Sie können üben, in Sekundenschnelle da zu sein, um das Innere Kind entweder dort in Sicherheit zu bringen oder dort mit ihm für kurz oder länger zusammen zu sein.

7. Meditation „In Liebe baden"

Diese Meditation ist in einem der Rastplätze beschrieben

Sie können auch andere heilsame Bilder finden, die Sie sich immer wieder vorstellen. Wie Ihr Inneres Kind in Ihrem Herz glücklich lächelt. Wie Ihr Inneres Kind in einem Blütenregen tanzt. Wie Ihr Kind von tausend Lichtpunkten der Liebe überschüttet wird. Festigen Sie diese Bilder durch Wiederholung.

▪ Übungen

1. Sich im Alltag selbst beobachten und Kontakt mit dem Inneren Kind aufnehmen

Werden Sie im Alltag wach für das Auftauchen Ihres Inneren Kindes. Nehmen Sie sich vor, darauf zu achten, und notieren Sie die Zeichen und Signale.

Sie haben im Lauf der Reise Ihre verschiedenen kindlichen Seiten kennen gelernt und können diese viel leichter identifizieren. Schreiben Sie auf, was sie bemerkt haben. Taucht ein kraftvolles Inneres Kind auf, das seinen Raum im Alltag möchte? Oder ein verletztes?

Nehmen Sie nun eine dieser Situationen heraus. Was geschieht genau in dieser Situation? Wie könnten Sie Kontakt mit Ihrem Inneren Kind aufnehmen? Was braucht es wohl oder was will es geben? Nehmen Sie eine der Dialogformen und geben dem Inneren Kind Ihre Aufmerksamkeit. Schreiben Sie dann auf, was Sie in diesen Situationen das nächste Mal tun könnten.

Wenn es Ihnen gelingt, Verantwortung für Ihr Inneres Kind zu übernehmen, wie würde die Situation sich ändern? Ihre Wahrnehmung dessen, was geschieht, Ihre Handlungsmöglichkeiten?

Probieren Sie diese dann aus, wenn so eine ähnliche Situation in Ihrem Alltag wieder auftaucht. Wenn es sich um Situationen mit anderen Menschen handelt, können Sie die Übung mit Bodenankern aus dem Kapitel „Das Innere Kind und die anderen" nutzen.

Alternativ können Sie auch das Arbeitsblatt im Anhang verwenden.

2. Wie möchten Sie weitermachen?

Wo möchten Sie weitergehen? Was möchten Sie intensivieren? Welche Schätze Ihres Inneren Kindes und welche Verletzungen brauchen noch mehr Aufmerksamkeit? Was soll Ihre Innere-Kind-Zeiten füllen? Welche Kraftquellen stärken die Erwachsene weiterhin?

Mit dem Inneren Kind in die Zukunft

■ *Unser letzter gemeinsamer Schritt führt in die Zukunft*

Ich möchte Ihnen noch eine letzte Übung mit auf den weiteren Weg geben. Sie nehmen darin die Heilung voraus, die in Zukunft geschehen kann. Genauso, wie Sie Ihrem Inneren Kind eine neue Vergangenheit gegeben haben, können Sie ihm und sich jetzt auch eine wunderbare Zukunft schenken. Unsere Einstellungen, unsere Gedanken und die damit verbundenen Gefühle prägen unser Leben. Wenn wir mit Hoffnung, positiven Gedanken und aufbauenden Visionen an die Zukunft denken, dann lenken wir unser Leben in diese Richtung. Auf der Reise in die Zukunft lassen Sie das Innere Kind wachsen mit all den Erfahrungen von Liebe, Anerkennung und Fürsorge, die Sie ihm im Lauf dieser Reise haben angedeihen lassen.

■ *Übung*

Fantasiereise

Sie entspannen sich und fühlen Ihren Körper, wie immer, wenn Sie sich in Ihre Innere Welt begeben. Sie sehen dann das Tor zum Inneren Garten vor sich und betreten ihn. Sie freuen sich, wieder hier zu sein, atmen genüsslich die frische

Luft und spüren die weiche Erde unter Ihren Füßen – auch das ist schon vertraut. Wie schaut Ihr Garten heute aus? Langsam gehen Sie bis zur Kreuzung und folgen dann dem Weg, der zu Ihrem Versammlungsort führt. Sie kommen dort an und spüren, dass dieser heute mit einem besonders heilsamen Licht erfüllt ist. Welche Farbe hat es? Bald tauchen die kindlichen Anteile auf, die mit Ihnen heute in die Zukunft reisen wollen. Sie begrüßen sich gegenseitig. Alle fühlen sich wohl in dieser Atmosphäre und sie sehen, wie gut es allen geht, da das heilsame Licht jetzt schon seine Wirkung tut. Falls eines von ihnen noch einen Rucksack mit alten Lasten trägt, zieht es ihn jetzt aus und wirft ihn ins Feuer, das in der Mitte des Kreises brennt. Dieses Feuer hat die Kraft, Altes zu verwandeln.

Die Erwachsenenseite erklärt dann das Reiseziel und schon landet der fliegende Teppich, ein UFO, ein anderer Flugkörper, ein großer Vogel, eine Drachin oder ein Drache in der Nähe des Versammlungsortes. Sie steigen auf und es geht los! Nach einiger Zeit landen Sie in einer wunderschönen Umgebung. Kaum steigen alle aus dem Gefährt, verändern sie sich auf der Stelle. Denn dort, an diesem wunderbaren Ort der Zukunft ist die Heilung der verschiedenen Seiten schon geschehen, jede der Seiten hat ihr ureigenstes Potenzial gefunden und strahlt.

Sie halten sich alle an den Händen, vielleicht tanzen Sie zusammen, singen oder lachen sich einfach nur an. Sie können in jedes Gesicht blicken. Während Sie sich gegenseitig anschauen, wachsen vor Ihren Augen die kindlichen Seiten mit Ihren erlösten Potenzialen und werden zu erwachsenen Seiten, die sich im Leben ausdrücken und verwirklichen können. Sie öffnen Ihr Herz und lassen alle ein. In Ihrem Inneren verschmelzen diese unterschiedlichen Seiten in einem hellen Leuchten.

Dann schauen Sie sich um. Vor Ihnen ist ein Weg. Wo führt er Sie hin? Folgen Sie ihm und erfahren Sie, was Ihnen als Ganzheit mit so vielen wunderbaren, einzigartigen Seiten in Ihrer Zukunft begegnet. Bleiben Sie, so lange Sie wollen, und lassen Sie sich dann von dem Gefährt in die Gegenwart zurückbringen.

Schreiben Sie einen Reisebericht, malen Sie ein Bild, und spüren Sie Ihren Körper.

Auf Wiedersehen

Nun sind wir angekommen und unsere gemeinsame Reise ist zu Ende. Die Sonne geht gerade unter. Am Horizont fließen gelbe, rote und rosa Farben ineinander. Wir setzen uns auf ein paar große, von der Sonne durchwärmte Steine und schauen zu. Allmählich wird es kühl und wir ziehen los, um trockenes Holz zu sammeln. Bald brennt ein Feuer und im Kessel kocht das Wasser für den letzten gemeinsamen Tee auf dieser Reise.

Ich freue mich, dass Sie und Ihr Inneres Kind dabei waren.

Ich möchte Ihnen danken für Ihr Vertrauen in meine Reiseleitung. Und ich wünsche Ihnen, dass die Verbindung mit Ihrem Inneren Kind immer leichter und freudvoller wird und dass sie zu einem Gefühl von Ganzheit und Zufriedenheit beiträgt.

Auch von Ihrem Inneren Kind möchte ich mich verabschieden. Leiten Sie diesen Gruß bitte weiter?

> Hallo du,
> schön, dass du dich mit auf diese Reise getraut hast. Ich hoffe, dass du es spüren konntest, wie sehr du geliebt wirst. Und ich wünsche dir, dass du ganz viel spielen kannst, dass deine Wünsche gehört werden, dass du immer öfter ins Leben eingeladen wirst und gesehen wird, was für ein großer Schatz du bist. Du bist ganz wunderbar, genau so, wie du bist! Und ich hoffe so sehr, dass du weißt, dass du etwas ganz Einzigartiges bist, etwas, das es nicht ein zweites Mal im ganzen großen Universum gibt. Wärest du nicht auf die Welt gekommen, dann würde im Teppich des Lebens eine wunderschöne Farbe fehlen. Alles freut sich an dir: die Bäume, die Tiere, die Blumen, die Sterne, die Engel und die Menschen um dich herum.
>
> Und ich bin sicher, dass viele alte Lasten von dir abgefallen sind und das weiter tun werden. Melde dich, wenn du Zuwendung und Hilfe brauchst, so dass die Erwachsene dafür sorgen kann, dass du glücklich bist. Sie hat ja diesen Reiseführer und kann ihn immer wieder zur Hilfe nehmen.

Ich hab zum Abschied noch eine kurze Geschichte für dich

Es war einmal ein kleiner, junger Stern. Er war noch heiß und aufgeregt und flackerte hell durch den Himmel. Alle älteren Sterne hatten ein Menschenkind auf der Erde, auf das sie aufpassten, dem sie abends in aller Ruhe ein Lied sangen, zu dem sie ihre hellen Strahlen schickten und es dadurch fröhlich machten. Dieser kleine Stern hatte noch kein Kind, um das er sich kümmern konnte. Zuerst dachte er, dass das auch ganz gut wäre, denn dann konnte er die ganze Zeit mit andern Sternen plaudern und Ball spielen und nachts durch den Himmel stromern, in schwarzen Löchern Trampolin springen, auf Lichtstrahlen im Turbotempo von hier nach da flitzen, in Spiralgalaxien Rutschbahn fahren, sich in Sternennebeln verstecken und lauter solche Dinge tun. Doch irgendwann wurde ihm das alles langweilig. Die anderen erzählten so begeistert von ihren Menschenkindern und wie toll die waren und was die alles erlebten. Sie kitzelten sie abends mit ihren Strahlen am Bauch oder strichen über ihre Köpfe und machten Sternenmusik für sie. Der kleine Stern fing plötzlich an, ein Lied vor sich hin zu summen. Die Melodie hüpfte vor sich hin, als würde sie ausprobieren, wie es wäre, von einer kleinen weißen Wolke zur anderen zu hüpfen und dann die helle Sonne zu küssen. Er war selbst darüber erstaunt, wie er jede Nacht suchend seine Strahlen auf die Erde richtete und sie in die Häuser der Menschen scheinen ließ. Wo war ein Menschenkind, das noch keinen Stern für sich hatte? Zuerst fand er keines und wurde richtig betrübt. Er mochte den anderen Sternen gar nicht mehr zuhören, wenn sie von den Kindern erzählten, die sie behüteten. Und eines Nachts, als er etwas gelangweilt vor sich hin strahlte, hörte er ein leises Weinen von der Erde herauf. Oh, sein Herz wurde traurig und warm zugleich. Diesem Kind wollte er helfen, vielleicht fühlte es sich einsam! Er schickte sein Lied in den Traum des Kindes, das jetzt fest eingeschlafen war und von einem kleinen, lustigen Stern träumte. Am Morgen hörte der kleine Stern das Kind lachen. Von jetzt ab beschützte er es und sah, wie es wuchs und jeden Tag fröhlicher wurde und viele Spielgefährten fand. Und es war so toll und einzigartig und so besonders, dass auch er jeden Tag glücklicher wurde!

Du weißt, dass du auch einen Stern hast!

Deine Susanne

Danksagung

Mein Blick schweift von meinem Arbeitstisch zur Altenburg, deren Bäume heute zart von Schnee bestäubt sind. Wenn ich den Kopf ein wenig wende, schaue ich in die Weite des – zum ersten Mal in diesem Jahr – verschneiten Schwalmtals. Wie so oft in letzter Zeit bin ich von tiefer Dankbarkeit und Freude erfüllt. Endlich kommen die Grundlagen von RIKA in diesem Arbeitsbuch als meine dritte Veröffentlichung in die Welt. Seit über sieben Jahren ist es im Entstehen: Mal wurde nach einer Sitzung in meiner Praxis ein berührendes Fallbeispiel notiert, dann tauchte morgens überraschend ein ganzes Kapitel zu irgendeinem der Themen auf, dann gab es wieder längere Schaffenspausen. Entstanden ist die Idee aus der Nachfrage vieler Kursteilnehmerinnen nach einem aktuellen Arbeitsbuch über die Grundlagen meiner ressourcenorientierten Methode und aus meinem Wunsch, das, was ich tagtäglich anwende, in eine übersichtliche Struktur zu bringen. Ein großer Dank an die vielen Klientinnen, (wenigen) Klienten, Gruppen-, Kurs-, und Fortbildungsteilnehmerinnen, die sich im Lauf der letzten zwanzig Jahre für die Reise mit ihrem Inneren Kind entschieden und meiner Reiseleitung vertraut haben. Besonderen Dank an diejenigen, deren Erfahrungen ich als anschauliche Beispiele in diesem Buch verwenden durfte.

Ich danke Ulrich Magin, ehemals Lüchow Verlag – Sie sind auf die Idee angesprungen. Anne Petersen vom Verlag J. Kamphausen – Sie haben die Idee aufgegriffen – und besonders Frau Monika Gehle, die sich als Projektleiterin dieses Buches angenommen hat. Es war wirklich eine rundum konstruktive Zusammenarbeit! Danke!

Regina Rademächers war genau die richtige Lektorin, auf die ich gehofft hatte. Danke Regina, es war wunderbar fließend, klärend und leicht, mit dir zu arbeiten! Dass Kima Andrea Truzenberger auch dieses meiner Bücher illustriert hat, hat mich so sehr gefreut. Danke, Kima, ohne deine ausdrucksstarken und verspielten Zeichnungen wäre das Buch nicht wirklich rund!

RIKA hat ihre Wurzeln in meiner Ausbildung zur Hakomi-Therapeutin. Ich danke meinen Ausbildern und Ausbilderinnen: Helga und Ulrich Holzapfel, Halko Weiß und Ute Dobiasch. Danke auch an Gerda Boyesen, der bereits verstorbenen Begründerin der Biodynamik, von der ich lernen durfte, und danke an Lawrence Heller für alles, was ich über Somatic Experiencing erfahren habe.

Danksagung

Und ein Dank an alle anderen meiner Lehrer und Lehrerinnen im Bereich Psychotherapie und Meditation. Und ein großes Dankeschön an alle vor mir, die die Innere-Kind-Arbeit entwickelt und bekannt gemacht haben: Chopich/Paul und Bradshaw in den USA, in Deutschland besonders Frau Dr. Luise Reddemann in ihrer eigenen Methode der Psychotraumatologie. In diese gut vorbereitete und fruchtbare Erde durfte ich meine RIKA-Samen setzen.

Die Geburt von RIKA als kompetentes „Hebammenteam" begleitet hat meine Intervisionsgruppe, die mir seit vielen Jahren als kontinuierliche berufliche und persönliche Unterstützung einen unverzichtbaren Halt gibt. An dieser Stelle einen ganz großen Dank an die Freundinnen und Kolleginnen: Anne van den Boom, Dr. Cornelia Gerber, Marion Linse, Ute Harbeck und Maria Stolz.

Und ein ganz großes Dankeschön an alle, die sich mit dem Manuskript beschäftigt und mir viele anregende und ermutigende Rückmeldungen dazu gegeben haben: Barbara Beer, Jürgen Dittmar, Hans Eitle, Dr. Cornelia Gerber, Dr. Birgit John, Rava S. Katz, Astrid Krafft, Dr. Barbara Moos, Petra Roeske, Maria Stolz, Jutta Thanner, Anne van den Boom, Juliane van der Erden, Adelheid Urbancyk. Euer Engagement hat mir Mut gemacht!

Ein großer Dank direkt aus meinem Herzen geht auch an meine guten und nahen Freundinnen, mit denen ich reden, spielen, singen, tanzen, lachen und weinen kann.

Und einen Dank, für den ich keine Worte finde, an dich, Barbara, nicht nur dafür, dass du dich in den letzten Wochen so gründlich und intensiv in Teile des Manuskripts vertieft hast.

Dem Dank an die Quelle, durch die wir leben und von der wir ein Teil sind, versuche ich jeden Tag Ausdruck zu geben.

Susanne Weik

Bad Zwesten, den 30. November 2010

Zur Autorin

Susanne Weik
Erziehungswissenschaftlerin, Heilpraktikerin für Psychotherapie und Hakomitherapeutin mit eigener Praxis in Bad Wildungen.
Sie begleitet seit nahezu 20 Jahren Menschen mit der „Innere-Kind-Arbeit", entwickelte die ressourcenorientierte RIKA-Methode und hält bundesweit Seminare zum Thema.

Wenn Sie Interesse an Fortbildungen, Supervision, Seminaren, Gruppen und Einzelsitzungen haben, erreichen Sie mich unter:

Susanne Weik . Heinrich-Heine-Str. 28 . 34596 Bad Zwesten . Tel: 05626/922320
www.susanne-weik.de . Email: kontakt@susanne-weik.de

Von mir durchgeführte Fortbildungen und Seminare zur Innere-Kind-Arbeit nach RIKA und zu anderen Themen wie
   Der liebevolle Umgang mit uns selbst –
   die Innere Kritikerin und der Innere Kritiker,
   Beziehungen leben mit Hilfe der Innere-Kind-Arbeit,
   Aus Kraftquellen schöpfen – Ressourcen aktivieren
finden Sie in folgenden Instituten
   www.frauenbildungshaus-zuelpich, de
   www.frauenbildungshaus-altenbuecken.de
   www.Odenwaldinstitut.de
   www.osterberginsitut.de

Psychotherapeuten und Psychotherapeutinnen, Heilpraktiker und Heilpraktikerinnen, die mit dem Inneren Kind arbeiten, finden Sie unter anderem in der Adressenliste von: **www.hakomi.de**

Zur Illustratorin

Kima Andrea Truzenberger
lebt und arbeitet als Illustratorin und Kunst- und Gestalttherapeutin mit eigener Praxis in Bremen.

www.kreative-schritte.de.to

Anhang

Zum Thema Traumatisierung

▪ Wie erkenne ich eine Traumatisierung in der Kindheit?

Zur Behandlung von traumatischen Erfahrungen in der Kindheit ist – neben anderen Methoden – die Innere-Kind-Arbeit geeignet. Sie braucht allerdings eine spezielle Vorgehensweise, deren Ausführung den Rahmen dieses Buches sprengen würde.

Wenn Sie als Kind sexuellen Übergriffen oder physischer Gewalt ausgesetzt waren (oder Zeuge davon wurden, wie dies jemand anders geschah), wenn Sie früh stark vernachlässigt wurden, ein Elternteil in Ihrer Kindheit gestorben ist, Sie als Kind längere Heimaufenthalte oder Krankenhausaufenthalte erlebt haben oder einen schweren Unfall hatten und sich noch nicht in einem psychotherapeutischen Prozess damit befasst haben, sollten Sie mit dieser Reise vorsichtig sein. Auch wenn RIKA Ressourcen erschließt und aufbaut, können diese schmerzlichen Erfahrungen wieder angesprochen werden und Sie überfordern.

Deshalb empfehle ich Ihnen in diesem Fall eine psychotherapeutische Begleitung, mit deren Unterstützung Sie Übungen aus diesem Buch zusätzlich zur Psychotherapie verwenden können.

Wenn Sie nicht wissen, ob Sie unter einer Traumatisierung leiden, habe ich Ihnen einige der wesentlichsten Symptome zusammengestellt.

▪ Anhaltspunkte, um das traumatisierte Innere Kind zu erkennen

Plötzliche, sich aufdrängende Erinnerungen, in denen Sie reagieren, als wäre die Bedrohung in diesem Augenblick wieder da, sogenannte Flashbacks. Sie fühlen sich ausgeliefert, sind sehr gereizt, reagieren mit großer Unruhe oder mit körperlichen Symptomen. Sie haben eventuell sehr starke Schreckreaktionen und sind ständig „auf der Hut".

Wiederkehrende Albträume von Gewalt

Wenn sich Situationen bedrohlich anfühlen und Sie innerlich aus den Situationen aussteigen, um die alten Gefühle von Ohnmacht und Bedrohung nicht mehr zu spüren (sogenannte Dissoziation).

Wenn Sie sich von anderen abgetrennt fühlen. Sie sind sich selbst fremd, auch Ihr Körper kommt Ihnen fremd vor. Sie scheinen sich „wegbeamen" zu können und haben plötzlich einen „Riss" in der Zeit, Ihnen fehlt also z. B. eine Stunde und Sie wissen nicht, was in dieser Zeit gewesen ist.

Wenn Sie Erinnerungslücken haben oder nur schwer in Kontakt mit Ihren eigenen Gefühlen kommen.

Es gibt noch andere Symptome der Posttraumatischen Belastungsstörung PTBS, wie beispielsweise starke Essstörungen, massive Ängste, Panikattacken, Selbstverletzungen, Schlafstörungen und viele andere Beschwerden. Doch diese sind einzeln nicht spezifisch und können auch andere Ursachen haben. Falls Sie vermuten, dass Sie unter einer PTBS leiden, lassen Sie sich beraten und suchen Sie Hilfe.

▪ *Adressen, um geeignete traumatherapeutisch ausgebildete Fachkräfte zu finden*

Wildwasser Beratungsstellen: www.wildwasser.de
Deutschsprachige Gesellschaft für Psychotraumatologie: www.degpt.de
Traumatherapie mit EMDR: www.emdr-institut.de
Körpertraumatherapie nach Peter Levine: www.somatic-experiencing.de
Traumatherapie nach Dr. Luise Reddemann: www.luise-reddemann.de

Arbeitsblatt zum Umgang mit dem Inneren Kind in alltäglichen Situationen

Zur Unterstützung in alltäglichen Situationen, in denen Sie Ihr Inneres Kind bemerken, habe ich für Sie auf den folgenden Seiten eine Kopiervorlage erstellt.

Sie können sie nutzen, wenn ein verletzter kindlicher Anteil „angesprungen" ist: Bei der Arbeit hat Sie vielleicht eine große Unsicherheit gepackt und Sie spüren, dass sich eine kindliche Seite zeigt. Oder bei einer Auseinandersetzung mit Ihrem Partner sind Sie unglaublich wütend geworden und ahnen, dass Ihr Inneres Kind dabei mitgespielt hat. Vielleicht werden Sie unruhig, weil das verspielte Innere Kind Raum braucht.

Ich habe die wichtigsten Fragen so zusammengestellt, dass Sie die angefangenen Sätze spontan weiterführen können. Grübeln Sie nicht nach, sondern lassen Sie sich von dem überraschen, was auftaucht: ein Wort, ein Satz, mehrere Sätze … Sie sollten mindestens 15 Minuten Zeit haben, das Arbeitsblatt auszufüllen. Es ersetzt nicht die beschriebenen Übungen im Reiseführer und das Beantworten der Fragen bedeutet nicht unbedingt, dass das Innere Kind schon versorgt und integriert ist. Wenn Sie dieses Arbeitsblatt regelmäßig einsetzen, wird Ihnen die Vorgehensweise in „Fleisch und Blut" übergehen und bald werden Sie das Blatt gar nicht mehr benötigen, um in den eingangs erwähnten Situationen klarzusehen. Sie werden dadurch viel schneller die kindlichen Gefühle identifizieren und von den Gefühlen der Erwachsenen unterscheiden können und wissen, was Sie in diesem Moment – oder später – brauchen, um das Innere Kind zu versorgen und selbst wieder in Ihre Erwachsenenseite zu kommen.

Anhang

1. Beschreiben Sie die Alltagssituation, in der Sie Zeichen Ihres Inneren Kindes bemerkt haben. Wer war beteiligt und was ist geschehen?

- Die Situation war folgendermaßen:

_____
_____
_____
_____

- Meine Körperempfindungen in dieser Situation …

_____
_____
_____

- Meine Körperhaltung war …

_____
_____
_____

- Meine Gefühle in der Situation waren …

_____
_____
_____

- Was ich in dieser Situation von mir selbst halte oder über mich denke, ist …

_____
_____
_____
_____

- Meine Umgebung und die anderen Personen empfinde ich als …

_____
_____
_____

2. **Wenn diese Gefühle und Empfindungen die eines Kindes sind, das nun vor mir steht und mich anschaut, wie sieht es aus, was fühlt und tut es?**

- Sein Gesichtsausdruck ist …

_____
_____

- Seine Körperhaltung ist …

_____
_____

- Es fühlt …

_____
_____

- Es ist ca. … Jahre alt.

_____

- Das Kind möchte gerne, dass …

_____
_____
_____

- Es hat das dringende Bedürfnis …

_____
_____
_____

- Es sagt zu mir …

_____
_____
_____
_____
_____

Anhang

3. Wenn ich nun als Erwachsene(r) diesem Kind gegenüberstehe und es anschaue, was geht in mir vor?

- Ich fühle …

___

- Ich möchte …

___

- Ich sage zu ihm …

___

- Wenn das Schutzwesen kommt, dann …

___

4. Wie reagiert das Kind auf meine Aufmerksamkeit und die des Schutzwesens?

- Das Kind zeigt in seinem Gesicht …

___

- Seine Körperhaltung ist nun …

___

- Es fühlt …

___

- Es sagt …

___

- Es tut …

___

5. Wenn nun das Innere Kind bekommen hat, was es braucht, wie könnte die obige Alltagssituation dann anders ablaufen?

- Beschreibung ...

- Meine Gefühle wären dann ...

- Meine Körperempfindungen wären dann ...

- Ich würde Folgendes sagen und tun ...

- Mein Inneres Kind wäre ...

- Meine Einstellung mir selber gegenüber wäre ...

- Meine Einstellung gegenüber meiner Umgebung wäre ...

Literaturverzeichnis

■ Weiterführende Literatur für die Erwachsenen

Inneres Kind
Chopich, Erika J./Paul Margaret: Aussöhnung mit dem Inneren Kind
Bauer, Freiburg 1995
Bradshaw, John: Das Kind in uns . Knaur, München 1994
Samuels, Arthur/Lukan, Elisabeth: Im Einklang mit dem Inneren Kind
Herder, Freiburg 1993
Bunz-Schlösser, Gabriele: Hand in Hand mit dem Inneren Kind
mvg, München 2003
Hellwig, Mike: Befreie dein inneres Kind . Lüchow, Stuttgart 2007
Jannes, Kim-Anne: Das innere Kind umarmen . Droemer/Knaur, München 2008
Adams, Christine A.: Dein inneres Kind erinnern . Silberschnur, Güllesheim 2010

Eltern, Familie und Versöhnung
Bays, Brendan: The Journey – der Highway zur Seele . Heyne, München 2003
Bishop, Jacqui/Grunte, Mary: Wie vergeben, wenn man nicht weiß, wie
Lüchow, Freiburg 1996
Bloomfield, Harold H.: In Frieden mit den Eltern . rororo, Reinbeck 1985
Glöckner, Angelika: Lieber Vater, liebe Mutter . Herder, Freiburg 2000
Ley, Katharina: Versöhnung mit den eigenen Eltern . Walter, Düsseldorf 2005
Ulsamer, Berthold: Wie Sie alte Wunden allein heilen und neue Kraft schöpfen
Kösel, München 2010

Kindheit
Björk, Cristina: Von Kletterbäumen, Sachensuchern und kitzeligen Pferden
Oetinger, Hamburg 2007
Bode, Sabine: Die vergessene Generation . Klett-Cotta, Stuttgart 2004
Boie, Kirsten: Monis Jahr . Oetinger, Hamburg 2005
Liedloff, Jean: Auf der Suche nach dem verlorenen Glück
C. H. Beck, München 1990
Lindgren, Astrid: Das entschwundene Land . Oetinger, Hamburg 2003

Achtsamkeit und Meditation
Thich Nhat Hanh: Und ich blühe wie die Blume . Aurum, Braunschweig 1993
Tolle, Eckhart: Jetzt. Die Kraft der Gegenwart, J. Kamphausen, Bielefeld 2000
Kornfield, Jack: Einsicht durch Meditation, Arbor, Freiburg 2006
Weiß, Halko: Das Achtsamkeitsbuch, Klett-Cotta, München 2010

Traumabewältigung
Levine, Peter A.: Traumaheilung – Das Erwachen des Tigers
Synthesis, Essen, 1998
Rothschild, Babette: Der Körper erinnert sich . Synthesis, Essen 2002
Spangenberg, Ellen: Dem Leben wieder trauen . Patmos, Mannheim 2008

Hirnforschung und Ressourcenorientierung
Bauer, Joachim: Warum ich fühle, was du fühlst . Heyne, München 2006
Bauer, Joachim: Das Gedächtnis des Körpers . Eichborn, Frankfurt a. M. 2010
Goleman, Daniel: Emotionale Intelligenz . dtv, München 1997
Goleman, Daniel: Die heilende Kraft der Gefühle . dtv, München 2000
Hüther, Gerald: Bedienungsanleitung für ein menschliches Gehirn
Kösel, München 2009
Hüther, Gerald: Die Macht der Inneren Bilder
Vandenhoeck & Ruprecht, Göttingen 2009
Seligmann, Martin E. P.: Der Glücksfaktor . Bastei Lübbe, Bergisch-Gladbach 2005
Servan-Schreiber, David: Die neue Medizin der Emotionen
Goldmann, München 2006

Methoden der Psychotherapie
Bucay, Jorge: Komm, ich erzähl dir eine Geschichte . Fischer, Frankfurt a. M. 1999
Johanson, Greg/Kurtz, Ron: Sanfte Stärke . Kösel, München 1995
Kurtz, Ron: Hakomi . Kösel, München 1990
Reddemann, Luise: Eine Reise von tausend Meilen beginnt mit dem ersten Schritt
Herder, Freiburg 2010
Reddemann, Luise: Imagination als heilsame Kraft
Pfeiffer bei Klett-Cotta, Stuttgart 2001

Anhang

Zu Kraft der Gedanken
Brown, Byron: Befreiung vom Inneren Richter . J. Kamphausen, Bielefeld 2001
Byron Katie: Was wäre ich ohne mein Drama . Goldmann Arkana, München 2009
Hay, Louise: Du kannst es! Durch Gedankenkraft die Illusion und Getrenntheit überwinden . Heyne, 2010

Kommunikation und Aggression
Berckhan, Barbara: Jetzt reichts mir . Kösel, München 2009
Lerner, Harriet: Wohin mit meiner Wut? . Fischer, Frankfurt 2008
Rosenberg, Marshall: Gewaltfreie Kommunikation
Jungfermann, Paderborn 2004
Rosenberg, Marshall: Konflikte lösen durch Gewaltfreie Kommunikation
Herder, Freiburg 2004
Schulz von Thun, Friedemann: Miteinander reden 1-3 . Rowohlt Taschenbuch, Hamburg 1998

Zu Beziehungen
Boerner, Moritz: Gemeinsam lieben . Goldmann, München 2001
Moeller, Michael Lukas: Die Wahrheit beginnt zu zweit . Rowohlt, Hamburg 1992
Welwood, John: Durch Liebe reifen . dtv, München 2002

Kreativität
Cameron, Julia: Der Weg des Künstlers . Knaur, München 1996
Platsch, Anna: Schreiben als Weg . Theseus, Bielefeld 2009
Rico, Gabriele L.: Garantiert Schreiben lernen . Rowohlt, Hamburg 1984

Die hier nicht extra aufgeführten Bücher von Louise Hay, Thich Nhat Hanh und Gerald Hüther sind ebenfalls lesenswert.

Bücher für die Kleinen, die auch die Großen gerne lesen

Caroll, Lewis: Alice im Wunderland . Anaconda, Köln 2009
Ende, Michael: Momo, Piper . München 2009
Ende, Michael: Die unendliche Geschichte . Piper, München 2009
Jansson, Tove: Geschichten aus dem Mumintal . Arena, Würzburg 2007
Kästner, Erich: Emil und die Detektive . Dressler, Hamburg 2006
Kästner, Erich: Das doppelte Lottchen . Welt Edition, Berlin 2009
Milner, A. A.: Pu der Bär, Gesamtausgabe . dtv Junior, München 1997
Preussler, Ottfried: Die kleine Hexe . K. Thienemanns, Stuttgart 1957
Pressler, Mirjam: Novemberkatzen . Beltz, Weinheim 2010
Schami, Rafik: Erzähler der Nacht . Beltz, Weinheim 1989
Schwarz, Andrea: Der kleine Drache Hab-mich-lieb . Herder, Freiburg 1987
Steinhöfel, Andreas: Rico, Oskar und die Tieferschatten . Carlsen, Hamburg 2008
Weik, Saheta S.:, Drachinnengesänge
Verlag Anke Schäfer, 1992; Christel Göttert, Rüsselsheim 2001
Wölfel, Ursula: Mond, Mond, Mond . Omnibus, Stuttgart 2000

Auch die hier nicht genannten Bücher von Cornelia Funke, Michael Ende, Tove Jansson, Astrid Lindgren, Mirjam Pressler und die Kindergedichte von Josef Guggenmoos kann ich empfehlen.

CD

Antara, Gila: Das Kind in dir . Pan Tao 2000
Ellipsis arts: Mama´s Lullaby . Ellipsis arts 2004
Ellipsis arts: World music for little ears . Ellipsis arts 2004
Reddemann, Luise: Imagination als heilsame Kraft . Klett-Cotta 2007
Reddemann, Luise: Dem Inneren Kind begegnen . Klett-Cotta 2007
Noll, Shaina: Songs for the Inner Child . Singing Heart Productions 2003
Wiegenlieder CD-Sammlung Vol. 1 und Vol. 2 . Carus 2009

Mike Hellwig
Befreie dein inneres Kind
Wie Sie sich selbst geben,
was Ihnen Ihre Eltern nicht gaben
200 Seiten, Broschur
ISBN 978-3-89901-314-6
€ (D) 16,95 | € (A) 17,50

Familientherapeut Mike Hellwig stellt hier erstmalig detailliert seine Methode der Erlaubnisimagination vor. Behutsam und liebevoll werden wir angeleitet, die verinnerlichten Eltern und unser inneres Kind räumlich abzubilden und uns so von den Lasten unserer Herkunft zu befreien.

Wir werden uns selbst die Eltern, nach denen wir uns schon immer gesehnt haben!

www.luechow-verlag.de